Hochschultext

Jacques Loeckx

Algorithmen-theorie

Springer-Verlag
Berlin Heidelberg New York 1976

Prof. Dr. Jacques Loeckx
Institut für Informatik
Universität des Saarlandes
6600 Saarbrücken

ISBN-13: 978-3-540-07933-0   e-ISBN-13: 978-3-642-66490-8
DOI: 10.1007/978-3-642-66490-8

Library of Congress Cataloging in Publication Data. Loeckx, JJC
Algorithmentheorie. (Hochschultext) Bibliography: p. Includes index.
1. Turing machines. 2. Recursive functions. 3. Algorithms.
4. Formal languages. I. Title.
QA267.L6 621.3819'594 76-41897

Gesamtherstellung: Beltz Offsetdruck, Hemsbach/Bergstr.

an Ursula

Vorwort

Die Algorithmentheorie ist Ende der dreißiger Jahre entstanden in Verbindung mit Problemen der mathematischen Logik. Mit dem Aufkommen einer
wissenschaftlich fundierten Informatik hat sie, insbesondere in den
letzten zwanzig Jahren, an Bedeutung und Tragweite gewonnen. Das wird
begreiflich, wenn man bedenkt, daß ein Programm für eine elektronische
Rechenanlage im wesentlichen ein Algorithmus ist und daß Resultate der
Algorithmentheorie deshalb auch auf Programme anwendbar sind. Insbesondere gibt es eine enge Verbindung zwischen der Algorithmentheorie und
anderen für die Informatik bedeutsamen Zweigen, wie der Automatentheorie,
der Theorie der formalen Sprachen und der sich in den letzten Jahren
heranbildenden Theorie der Programmierung.

Während die meisten Bücher über Algorithmentheorie sich an Studenten
der mathematischen Logik richten, ist dieses Buch für Informatikstuden-
ten bestimmt. Zwar wird das Thema mit mathematischer Schärfe behandelt,
aber es werden keine besonderen mathematischen Kenntnisse vorausgesetzt
und die zahlreichen Kommentare zielen daraufhin, ein gutes intuitives
Verständnis zu ermöglichen; außerdem hebt das Buch regelmäßig die Bedeutung der Resultate für die Informatik hervor. Schließlich sind die
Notationen und bestimmte Beweismethoden der Automatentheorie und der
Theorie der formalen Sprachen entnommen; insbesondere wird grundsätzlich mit Worten statt mit natürlichen Zahlen gearbeitet.

Das erste Kapitel bringt die Grundbegriffe Algorithmus, berechenbare
Funktion und Abzählung. Das zweite Kapitel führt den formalen Begriff
"berechenbare Funktion" an Hand der Turing-Maschine ein. Das dritte Kapitel bringt zwei andere Formalisierungen dieses Begriffes: die rekursiven Funktionen und die Markov-Algorithmen; für jeden dieser Formalismen wird die Äquivalenz mit den Turing-Maschinen gezeigt. Das letzte
Kapitel bespricht die Verbindung zwischen diesen Formalismen und den
Grammatiken.

VIII

Diesem Buch liegen Vorlesungen zu Grunde, die ich an der Technische
Hogeschool Twente und an der Universität des Saarlandes gehalten habe.
Viele anregende Diskussionen über den Stoff hatte ich mit J. Engelfriet
und W. Barth. Die Zusammenstellung der Übungsaufgaben besorgte H.J. Jean-
rond.

Danken möchte ich an dieser Stelle Professor F.L. Bauer, daß er mich an-
geregt hat, diese Vorlesungen in Buchform herauszubringen, für seine
kritischen Bemerkungen und Verbesserungsvorschläge. Professor M. Paul
bin ich ebenfalls für die Durchsicht des Manuskriptes verpflichtet.

Die Typographie wurde besorgt von St. Neurohr.

Saarbrücken, Mai 1976   Jacques Loeckx

Inhaltsverzeichnis

XIV

An den Leser

Die Begriffe und Notationen bezüglich Mengen und Funktionen, die in
diesem Buch benutzt werden, sind die aus der klassischen Mengenlehre.
Die Begriffe und Notationen bezüglich Zeichen und Worten sind in der
Regel die aus *Informatik - Eine einführende Übersicht* von F.L. Bauer
und G. Goos (Heidelberger Taschenbücher, Springer-Verlag); bei Zweifel
schlage der Leser ebenfalls in Kapitel 0 nach.

Absätze, die mit * gekennzeichnet sind, können beim ersten Durchlesen
überschlagen werden.

Für manche Begriffe werden verschiedene Benennungen eingeführt. Davon
wird in der Regel nur die erste in diesem Buch weiter benutzt; die anderen kommen gelegentlich in der Fachliteratur vor.

Das Zeichen ⌋ deutet das Ende eines Beweises, eines Beispiels oder
eines Algorithmus an.

Zum gründlichen Verständnis der Materie werden dem Leser die Übungen
sehr eindringlich empfohlen; nur im Notfall oder zur Kontrolle möge er
die hinten im Buch angegebenen Lösungshinweise zu Rate ziehen.

Kapitel 0: Einige Begriffe und Notationen

In diesem kurzen Kapitel werden einige klassische Definitionen und Notationen aus der Mengenlehre und aus der Theorie der formalen Sprachen
angegeben. Der Leser wird sich möglicherweise mit einer flüchtigen Lek-
türe dieses Kapitels begnügen und nach Bedarf später in diesem Kapitel
nachschlagen.

0.1. Mengen und Funktionen

Die in diesem Buch benutzten Begriffe und Notationen bezüglich Mengen
und Funktionen sind die aus der klassischen Mengenlehre. Der Leser sei
aber auf folgende Punkte aufmerksam gemacht.

0.1.1. Mengen

Eine Menge wird in der Regel durch einen großen unterstrichenen Buchstaben dargestellt. Zum Beispiel ist $\underline{N}$ die Menge aller nicht-negativen
ganzen Zahlen.

Das Zeichen $\times$ wird benutzt, um das kartesische Produkt auszudrücken:

$$\underline{S} \times \underline{T} = \{ (x,y) \mid x \in \underline{S}, y \in \underline{T} \} ;$$

man vergesse dabei nicht, daß das kartesische Produkt nicht assoziativ
ist: so ist z.B.

$$(\underline{S} \times \underline{T}) \times \underline{V} \neq \underline{S} \times (\underline{T} \times \underline{V}) ,$$

denn die Elemente dieser Mengen sind Paare von der Form $((x,y),z)$, bzw.
$(x,(y,z))$. Das Zeichen $\times$ wird aber auch benutzt, um eine mehrstellige
Operation zu bezeichnen, die insofern eine Verallgemeinerung des karte-
sischen Produktes ist, als sie aus n Mengen $(n \geq 2)$ eine Menge von n-tupeln

konstruiert; ein Beispiel für n=3 ist:

$$\underline{S} \times \underline{T} \times \underline{V} = \{(x,y,z) \mid x \in \underline{S}, y \in \underline{T}, z \in \underline{V}\} \quad [1] \quad .$$

Die Notation $\underline{S}^n$ ist eine Abkürzung für den Ausdruck $\underline{S} \times \underline{S} \times \ldots \times \underline{S}$, in dem $\underline{S}$ n-mal auftritt ($n \geq 1$).

Die Notation card($\underline{S}$) bezeichnet die Kardinalzahl, d.h. die Anzahl der Elemente einer Menge $\underline{S}$.

Die Potenzmenge einer Menge $\underline{S}$ ist $2^{\underline{S}}$.

Wenn $\underline{A} \supseteq \underline{B}$, dann darf $\underline{A} - \underline{B}$ statt $\underline{A} \smallsetminus \underline{B}$ geschrieben werden, um die Differenz der Mengen $\underline{A}$ und $\underline{B}$ zu bezeichnen.

0.1.2. *Funktionen*

$\underline{DEF}_f$ bezeichnet den Definitionsbereich einer Funktion f, d.h. die Menge aller Argumente, für die der Wert von f definiert ist; $\underline{BIL}_f$ bezeichnet den Bildbereich der Funktion f.

Für eine Funktion

$$f : \underline{A} \twoheadrightarrow \underline{B}$$

gilt $\underline{DEF}_f = \underline{A}$ und $\underline{BIL}_f = \underline{B}$; für eine Funktion

$$f : \underline{A} \to \underline{B}$$

gilt $\underline{DEF}_f = \underline{A}$ und $\underline{BIL}_f \subseteq \underline{B}$; für eine Funktion

$$f \subset \underline{A} \times \underline{B}$$

gilt $\underline{DEF}_f \subseteq A$ und $\underline{BIL}_f \subseteq B$.

Die Notation

$$f \mid \underline{S}$$

bezeichnet die Einschränkung der Funktion f auf $\underline{S}$, nämlich die Funktion

$$g : (\underline{DEF}_f \cap \underline{S}) \to \underline{BIL}_f : g(x) = f(x) \quad .$$

Die Notation

$$f \circ g$$

bezeichnet die Komposition der Funktionen f und g; statt $(f \circ g)(x)$ schreibt man normalerweise $g(f(x))$.

Wenn f eine eineindeutige Funktion ist, dann ist $\bar{f}$ ihre inverse Funktion.

---

[1] Da das kartesische Produkt nicht assoziativ ist, können beim Gebrauch des Zeichens $\times$ keine Zweideutigkeiten auftreten.

<u>0.1.3. *Einige spezielle Funktionen*</u>

Sei $\underline{R}$ eine Menge; weiter seien $\underline{S},\underline{T}$ gegeben mit

$$\underline{T} \subseteq \underline{S} \subseteq \underline{R}^n \ , \ n \geq 1 \ ,$$

und sei $\{a_1,a_2\}$ eine beliebige 2-elementige Menge.

Die *Identitätsfunktion* für $\underline{S}$ ist

$$I_n : \underline{S} \rightarrow \underline{S} : I_n(x_1,x_2,\ldots,x_n) = (x_1,x_2,\ldots,x_n).$$

Die *i-te Projektionsfunktion* für $\underline{S}$ ($1 \leq i \leq n$) ist

$$U_i^n : \underline{S} \rightarrow \underline{R} : U_i^n(x_1,x_2,\ldots,x_n) = x_i.$$

Die *(a_1,a_2)-charakteristische Funktion* von $\underline{T}$ bezüglich $\underline{S}$ ist

$$C_T : \underline{S} \rightarrow \{a_1,a_2\}:$$
$$C_T(x_1,x_2,\ldots,x_n) = \begin{cases} a_1 & \text{wenn } (x_1,x_2,\ldots,x_n) \in \underline{T} \\ a_2 & \text{wenn } (x_1,x_2,\ldots,x_n) \in \underline{S} - \underline{T} \end{cases}$$

Die *leere Funktion* ist die leere Menge, nämlich $\{\}$.

<u>0.2. Zeichen und Worte</u>

Die in diesem Buch benutzten Begriffe und Notationen bezüglich Zeichen
und Worten stimmen i.a. mit denen aus *Informatik - Eine einführende
Übersicht* von F.L. Bauer und G. Goos (Heidelberger Taschenbücher, Springer-Verlag) überein. Der Leser achte insbesondere auf folgende Punkte.

<u>0.2.1. *Zeichenreihen und Worte*</u>

Ein *Zeichenvorrat* (oder: *Vokabular*) ist eine endliche Menge von *Zeichen*.

Eine *Zeichenreihe (über einem Zeichenvorrat)* (oder: *Kette*) ist eine
– möglicherweise unendliche – Folge von Zeichen aus dem Zeichenvorrat.
Ein *Wort* ist eine endliche Zeichenreihe, d.h. es besteht aus einer endlichen Folge von Zeichen.

Das *leere* Wort ist das Wort, das aus keinem Zeichen besteht; wenn es
dargestellt werden muß, wird dazu die Notation ε benutzt. Man beachte,
daß ε nicht ein Zeichen sondern ein Wort ist; insbesondere darf ε nicht
mit dem "leeren Zeichen" ("Zwischenraumzeichen") verwechselt werden,
das z.B. in einem geschriebenen Text benutzt wird, um die verschiedenen
Worte voneinander zu trennen. Man beachte ebenfalls den Unterschied
zwischen der leeren Menge, nämlich $\{\}$, und der Menge $\{\varepsilon\}$.

4

Wenn $\underline{V}$ ein Zeichenvorrat ist, dann ist $\underline{V}^*$ die Menge aller Worte über $\underline{V}$ einschließlich des leeren Wortes; $\underline{V}^*$ heißt die *(freie) Halbgruppe erzeugt von dem Zeichenvorrat* $\underline{V}$. [2] Eine weitere Notation ist

$$\underline{V}^+ = \underline{V}^* - \{\varepsilon\}.$$

Ein Wort ψ heißt ein *Teilwort* eines Wortes φ wenn es Worte w_1 und w_2 gibt, so daß

$$\varphi = w_1 \psi w_2 \; ;$$

das Teilwort heißt *echt*, wenn $w_1 w_2 \neq \varepsilon$, d.h. wenn $\varphi \neq \psi$.

Es ist wichtig, das Vorkommen eines Zeichens in einem Wort nicht zu verwechseln mit dem Zeichen selbst; es gibt z.B. nur ein einziges Zeichen a (in dem Zeichenvorrat {a,b}), aber es gibt drei Vorkommen dieses Zeichens in dem Wort abaa. Eine ähnliche Bemerkung gilt für ein Wort und sein Vorkommen als Teilwort in einem anderen Wort.

Die *Länge* eines Wortes, etwa x, ist die Anzahl seiner Zeichen (oder präziser, die Anzahl der Vorkommen von Zeichen); sie wird bezeichnet mit $l(x)$.

Das *Mengenprodukt* zweier Mengen von Worten, etwa $\underline{A}$ und $\underline{B}$, ist

$$\underline{A} \cdot \underline{B} = \{xy \mid x \in \underline{A}, y \in \underline{B}\} \; .$$

Man beachte den Unterschied zwischen $\underline{A} \cdot \underline{B}$ und $\underline{A} \times \underline{B}$; es gilt z.B. für $\underline{A} = \{a\}$ und $\underline{B} = \{a,bc\}$:

$$\underline{A} \cdot \underline{B} = \{aa,abc\}$$
$$\underline{A} \times \underline{B} = \{(a,a),(a,bc)\} \; .$$

Wenn a ein Zeichen und n eine ganze nichtnegative Zahl ist, dann stellt

$$a^n$$

das Wort dar, das aus n Vorkommen des Zeichens a besteht. Man beachte folgende Unterschiede:

$$a^3 = aaa$$
$$\{a\}^3 = \{a\} \times \{a\} \times \{a\} = \{(a,a,a)\}$$
$$\{a\}.\{a\}.\{a\} = \{aaa\} \qquad .$$

Ein *Alphabet* ist ein Zeichenvorrat mit einer totalen Ordnung; es wird dargestellt durch ein Paar $(\underline{V},A)$, wobei $\underline{V}$ der Zeichenvorrat und A eine eineindeutige Funktion.

$$A : \{i \in \underline{N} \mid 0 \leq i < \mathrm{card}(\underline{V})\} \twoheadrightarrow \underline{V}$$

---

[2] $\underline{V}^*$ zusammen mit dem Operator conc, der in Abschn. 0.2.2 definiert ist, bildet eine Halbgruppe im Sinne der Algebra; die Zeichen von $\underline{V}$ sind die Erzeugenden dieser Halbgruppe.

ist; A heißt die *Abzählung* des Alphabets. Ein Beispiel für ein Alphabet ist

$$(\{a,b\},\{(0,a),(1,b)\}) \ .$$

0.2.2. *Wortfunktionen*

Sei $\underline{V}$ ein Zeichenvorrat.

Eine *(V-)Wortfunktion* oder *V-Funktion* ist eine Funktion f mit $\underline{DEF}_f \subseteq \underline{V}^{*n}$ und $\underline{BIL}_f \subseteq \underline{V}^{*m}$, $n \geq 1$, $m \geq 1$. *Wortrelationen* werden in ähnlicher Weise definiert.

Eine V-Funktion f heißt *total*, wenn $\underline{DEF}_f = \underline{V}^{*n}$, $n \geq 1$; sie heißt *partiell*, wenn $\underline{DEF}_f \subseteq \underline{V}^{*n}$, $n \geq 1$. Jede Wortfunktion ist also partiell und der Ausdruck "partielle Wortfunktion" ist eine Tautologie; er wird dennoch manchmal benutzt, um den Nachdruck darauf zu legen, daß die Funktion nicht unbedingt total ist.

Es folgen die Definitionen einiger elementarer Wortfunktionen. Die Funktionen (1°) bis (7°) sind definiert für einen gegebenen Zeichenvorrat $\underline{V}$; z.B. entsprechen zwei verschiedenen Zeichenvorräten zwei verschiedene Funktionen conc. Die Funktion (8°) ist definiert für ein Paar $(\underline{V},a)$, wobei $a \in \underline{V}$; die Funktion (9°) ist definiert für $(\underline{V},n)$, wobei $n \in \underline{N}$.

(1°) conc: $\underline{V}^{*2} \rightarrow \underline{V}^*$: conc(x,y) = xy

    z.B.: conc(ab,ε) = ab

(2°) head: $\underline{V}^+ \rightarrow \underline{V}$: head(x) = das Anfangszeichen des Wortes x

    z.B.: head(abab) = a

        head(ε) ist undefiniert

(3°) bodytail: $\underline{V}^+ \rightarrow \underline{V}^*$: bodytail(x) = das Wort x, dessen Anfangszeichen abgetrennt worden ist

    z.B.: bodytail(abbab) = bbab

(4°) delete: $\underline{V} \times \underline{V}^* \rightarrow \underline{V}^*$: delete(a,x) = das Wort x, aus dem alle Vorkommen des Zeichens a entfernt sind

    z.B.: delete(a,abbab) = bbb

        delete(a,bbb)   = bbb

(5°) reverse: $\underline{V}^* \rightarrow \underline{V}^*$: reverse(x) = das an dem Anfangszeichen gespiegelte Wort x

    z.B.: reverse(abac) = caba

(6°) tail = reverse ∘ head

(7°) headbody = reverse ∘ bodytail ∘ reverse

(8°) $S_a : \underline{V}^* \to \underline{V}^+ : S_a(x) = xa$; die Funktion S_a heißt *Nachfolgerfunktion (für das Zeichen a)*.

(9°) $Z_n : \underline{V}^{*n} \to \underline{V}^* : Z_n(x_1, x_2, \ldots, x_n) = \varepsilon$; die Funktion Z_n heißt *Nullfunktion (für die Zahl n)*.

0.2.3. *Eine Bemerkung zur Interpretation*

Die *Interpretation* (oder: *Semantik*) eines Wortes ist die Information, die durch dieses Wort dargestellt wird.

Dieses Buch befaßt sich mit (Funktionen und Mengen von) Worten, ohne daß dabei ihre Interpretation beachtet wird.[3] Aus diesem Grund sind die in diesem Buch angeführten Definitionen und Eigenschaften unabhängig von einer möglichen Interpretation der Worte gültig.

---

[3] Genaugenommen stimmt dies nicht: z.B. wird in Abschn. 2.3.2.4 ein Wort interpretiert als die Beschreibung einer Turing-Maschine; diese Interpretation liegt aber "innerhalb" der Algorithmentheorie und ist deshalb anderer Natur als die hier gemeinte Interpretation.

Kapitel 1: Grundbegriffe

1.1. Algorithmen

Ziel dieses Abschnittes ist es, die Begriffe Algorithmus und berechenbare Funktion zu erläutern. Diese Begriffe, die später im Buch formal definiert werden, werden hier auf intuitiver Basis eingeführt.

Aus der Diskussion dieser Begriffe wird dann der Inhalt der Algorithmentheorie abgeleitet.

Zum Schluß folgt ein kurzer Überblick über die Geschichte der Algorithmentheorie, und es werden die Verbindungen der Algorithmentheorie zur Informatik besprochen.

1.1.1. *Der Begriff Algorithmus*

Wenn in irgendeiner Theorie - z.B. in einem Teilgebiet der Physik - eine Funktion eingeführt wird, dann geschieht dies normalerweise deshalb, weil man an den Werten dieser Funktion interessiert ist. Es wird dann implizit angenommen, daß es für jedes Argument möglich ist, den entsprechenden Funktionswert zu berechnen. Wenn nur endlich viele Argumente in Betracht kommen, d.h. wenn die Funktion endlich ist, genügt es, über eine Tabelle zu verfügen, die für jedes Argument den Funktionswert aufführt. Öfter ist aber die Menge der potentiell interessanten Argumente entweder unendlich oder so umfangreich, daß die Benutzung einer Tabelle unpraktikabel ist. In diesem Fall muß man für die Funktion über eine Berechnungsregel verfügen, die angibt, wie man für jedes Argument den Funktionswert berechnen kann. Diese Berechnungsregel besteht essentiell aus einigen elementaren Operationen, die in einer bestimmten Reihenfolge ausgeführt werden müssen; die Anwendung dieser Berechnungsregel auf ein Argument führt in einer endlichen Zeit zu dem entsprechenden Funktionswert. Eine solche

8

Berechnungsregel wird *Algorithmus* (oder: *operative Verarbeitungsvor-schrift*, oder: *effektive Prozedur* [4]) genannt.

Ein klassisches Beispiel, das dem Leser bekannt sein dürfte, ist der euklidische Algorithmus zur Berechnung des größten gemeinsamen Teilers zweier natürlicher Zahlen. Ein trivialeres Beispiel ist die Multiplikationsregel, die es ermöglicht, aus der dezimalen Darstellung zweier mehrstelliger Zahlen die dezimale Darstellung ihres Produkts zu konstruieren. Ein drittes Beispiel wird jetzt etwas ausführlicher beschrieben; dazu müssen aber vorerst einige Vereinbarungen eingeführt werden.

Der Algorithmus wird spezifiziert als eine Liste von Schritten, die mit Hilfe der Notation (i),(ii),(iii),... numeriert sind. Nach Ausführung eines Schrittes ist der Schritt mit der nächsthöheren Nummer auszuführen, ausgenommen wenn der Schritt eine Anweisung "geh nach Schritt ..." oder "halte mit ... als Resultat" enthält. In einem Algorithmus treten normalerweise Variablen auf, denen - wie in einer Programmiersprache - Werte zugewiesen werden können; eine solche Zuweisung ist zum Beispiel

> setze p zu p+1 ,

deren Bedeutung identisch mit der Bedeutung der Zuweisung

> p := p+1

aus der Programmiersprache Algol 60 ist. Ein Algorithmus, der die Fakultätsfunktion berechnet, ist dann der folgende; dabei sind p und q Variablen und ist n das Argument; es wird vorausgesetzt, daß das Argument eine beliebige nicht-negative ganze Zahl ist:

Schritt (i)   : setze p zu O und q zu 1 ;

Schritt (ii) : wenn p = n, halte mit q als Resultat ;

Schritt (iii): setze p zu p+1 ;

Schritt (iv) : setze q zu q × p und gehe nach Schritt (ii). _

Ein äquivalentes Programm oder, genauer, eine äquivalente Prozedur in Algol 60 ist zum Beispiel:

<u>integer</u> <u>procedure</u> f(n); <u>integer</u> n ;

<u>begin</u> <u>integer</u> p, q ;

1 : p := O ; q := 1 ;

2 : <u>if</u> p = n <u>then</u> <u>begin</u> f := q ; <u>goto</u> 5 <u>end</u> ;

---

[4] Dabei wird das Wort "Prozedur" in einem anderen Sinn benutzt als in der Programmiersprache Algol 60 zum Beispiel.

```
3 : p := p + 1 ;
4 : q := q × p ; goto 2 ;
5 :
end
```

1.1.2. *Der Begriff der berechenbaren Funktionen*

1.1.2.1 *Algorithmische und algebraische Definitionen*

Ein Algorithmus, der die Werte einer Funktion berechnet, stellt eine
Definition dieser Funktion dar, da er jedem Argument den entsprechenden Funktionswert zuordnet. Eine solche Definition heißt *algorithmische
Definition* einer Funktion im Gegensatz zu der klassischen *algebraischen
Definition*, bei der eine Funktion als eine Menge von Paaren definiert
wird. Zum Beispiel stellt der euklidische Algorithmus eine algorithmische Definition der Funktion dar, die jedem Paar natürlicher Zahlen
den größten gemeinsamen Teiler zuordnet; eine algebraische Definition
dieser Funktion ist

$$\{((n,m),t) \in \underline{N}_n^2 \times \underline{N}_n \mid t \text{ ist die größte Zahl unter den Teilern von } n \text{ und } m\}$$

wobei $\underline{N}_n = \underline{N} - \{0\}$ die Menge aller natürlichen Zahlen ist.

Der Unterschied zwischen den zwei Definitionsmethoden kann auch wie
folgt verdeutlicht werden: eine algebraische Definition einer Funktion
hat einen "statischen" oder "beschreibenden" Charakter, während eine
algorithmische Definition einen "dynamischen" oder "operativen" Charakter hat.

1.1.2.2 *Berechenbare Funktionen*

Eine Funktion heißt *berechenbar*, wenn sie mit Hilfe der algorithmischen
Definitionsmethode definiert werden kann, d.h. wenn es einen Algorithmus gibt, der für ein beliebiges Argument den entsprechenden Funktionswert berechnet.

Da man in der Praxis nur an Funktionen interessiert ist, deren Wert berechnet werden kann, ist es nicht erstaunlich, daß die "üblichen" Funktionen, die man aus dem klassischen Studium der Mathematik kennt, alle
berechenbar sind.

Es ist eine der Aufgaben dieses Buches, zu zeigen, daß es Funktionen gibt, die nicht berechenbar sind; genauer ausgedrückt, es wird gezeigt, daß es Funktionen gibt, für die es eine algebraische, aber keine algorithmische Definition gibt. Für eine solche Funktion ist es also nicht möglich, eine Berechnungsregel anzugeben, die die Funktionswerte bestimmt, obgleich diese Werte durch die algebraische Definition der Funktion eindeutig festgelegt sind! Da andererseits aus der algorithmischen Definition einer Funktion eine algebraische Definition abgeleitet werden kann, zeigt die Existenz nicht-berechenbarer Funktionen, daß die algebraische Definitionsmethode "mächtiger" ist als die algorithmische Definitionsmethode.

1.1.2.3 *Der Fall der partiellen Funktionen*

Von allen bisher betrachteten Funktionen ist implizit angenommen worden, daß sie total sind. Wie kann nun die algorithmische Definitionsmethode auf partielle Funktionen verallgemeinert werden?

Es genügt festzulegen, wie der Berechnungsvorgang zu verlaufen hat, wenn dem Algorithmus ein Argument angeboten wird, für das der Funktionswert undefiniert ist. Eine einfache Lösung bestände darin, bei der Konstruktion des Algorithmus dafür zu sorgen, daß er in solchen Fällen mit einer Fehlermeldung, etwa mit dem Resultat "UNDEFINIERT", hält. Wie später in diesem Buch gezeigt wird, würde aber eine solche Lösung die Klasse der berechenbaren Funktionen wesentlich einschränken. Statt dessen sorgt man dafür, daß der Algorithmus einen nie endenden Berechnungsvorgang ausführt für jedes Argument, für das der Funktionswert undefiniert ist.

Als Beispiel betrachte man die Funktion, deren Wert für jede nicht-negative ganze Zahl der Wert der Fakultätsfunktion ist und deren Wert für jede negative ganze Zahl undefiniert ist. Der in Abschnitt 1.1.1 beschriebene Algorithmus stellt eine algorithmische Definition dieser Funktion dar: man beachte insbesondere, daß der Algorithmus nie hält, wenn n negativ ist.

1.1.2.4 *Algorithmen und berechenbare Funktionen*

Aus der Definition der berechenbaren Funktionen geht hervor, daß jeder berechenbaren Funktion wenigstens ein Algorithmus entspricht. Es ist einfach einzusehen, daß jeder berechenbaren Funktion nicht nur ein, sondern unendlich viele Algorithmen entsprechen. In der Tat, wenn einem Algorithmus ein "unsinniger" Schritt wie zum Beispiel

   Schritt(...): wenn 1>2, halte mit dem Resultat 1;

hinzugefügt wird, dann bleibt die von dem Algorithmus definierte Funktion unverändert.

Andererseits definiert jeder Algorithmus genau eine - nicht unbedingt totale - Funktion.

Es gibt deshalb eine enge - aber nicht eineindeutige - Beziehung zwischen Algorithmen und berechenbaren Funktionen. Die Theorie der Algorithmen und die der berechenbaren Funktion sind daher verwandt, aber nicht identisch.

1.1.3. *Eine Präzisierung des Begriffes Algorithmus*

In Abschnitt 1.1.1 wurde ein Algorithmus als eine Berechnungsregel definiert. Es ist möglich, diese Definition zu präzisieren, indem man drei Bedingungen aufstellt, denen diese Berechnungsregel genügen soll:

(1°) Sie ist endlich, d.h. sie besteht aus einer endlichen Anzahl von Schritten, deren genaue Beschreibung nur endlich viel Platz benötigt;

(2°) Sie ist eindeutig, d.h. die Wirkung jeden Schrittes ist eindeutig definiert; ferner steht nach Ausführung eines Schrittes eindeutig fest, welcher Schritt als nächster auszuführen ist;

(3°) Sie ist effektiv, d.h. die Ausführung eines Schrittes nimmt nur endlich viel Zeit in Anspruch.

Die erste Bedingung ermöglicht es, die vollständige Beschreibung eines Algorithmus zu geben und verhindert z.B. den impliziten Gebrauch von unendlichen Tabellen. Die zweite Bedingung zwingt zur Klarheit. Aus der dritten Bedingung geht hervor, daß die Ausführung von endlich vielen Schritten nur eine endliche Zeit erfordert; ein Berechnungsvorgang kommt deshalb genau dann nicht zu einem Ende, wenn eine unendliche Anzahl von Schritten ausgeführt werden muß.

1.1.4. *Algorithmentheorie*

Trotz der Präzisierungen aus dem vorigen Abschnitt bleibt die Definition eines Algorithmus zu vage, als daß sie als Grundlage eines mit mathematischer Strenge durchgeführten Studiums dienen könnte. Eine erste Aufgabe der Algorithmentheorie besteht deshalb darin, eine mathematisch-strenge Definition eines Algorithmus zu geben; diese Definition muß dann selbstverständlich den drei Bedingungen aus Abschnitt 1.1.3 genügen. Gleichzeitig soll die Algorithmentheorie einen Formalismus für die Beschreibung von Algorithmen liefern; die Notwendigkeit, über eine formale Beschreibungsmethode für Algorithmen zu verfügen, geht aus dem Mangel an Präzision jeder informellen Beschreibungsmethode - wie zum Beispiel der in Abschnitt 1.1.1 benutzten Methode - hervor.

Mit Hilfe dieser Definitionen ist es der Algorithmentheorie dann möglich, eine Charakterisierung der berechenbaren Funktionen zu liefern. Weiter befaßt sich die Algorithmentheorie mit einer Charakterisierung von Mengen; dabei entsprechen den berechenbaren Funktionen die Mengen, deren Elemente durch einen Algorithmus als solche erkannt oder wenigstens aufgezählt werden können.

1.1.5. *Historischer Hintergrund der Algorithmentheorie*

Wie der Algorithmus von Euklid zeigt, waren Algorithmen schon im Altertum bekannt. Den Anlaß zur näheren Untersuchung der Algorithmen gab jedoch - Ende der dreißiger Jahre - ein Problem der mathematischen Logik; es bezieht sich auf die Axiomatisierung der Arithmetik und soll im folgenden kurz erläutert werden.

Eine axiomatische Theorie, wie z.B. die Geometrie, besteht im wesentlichen aus einer Menge von Ableitungsregeln. Wenn die Theorie vollständig ist, führt die Anwendung dieser Regeln auf die Axiome "automatisch" zu allen Sätzen dieser Theorie, z.B. zu allen Sätzen der Geometrie, m.a.W. zu allen wahren Aussagen über die Geometrie. Insbesondere während des 19. Jahrhunderts wurde von Mathematikern versucht, vollständige axiomatische Theorien für andere Zweige der Mathematik - vor allem für die Theorie der natürlichen Zahlen - aufzustellen.

1931 hat Gödel bewiesen, daß die Theorie der natürlichen Zahlen nicht durch eine solche axiomatische Theorie definiert werden kann; genauer gesagt: eine axiomatische Theorie für natürliche Zahlen ist entweder unvollständig (d.h. es gibt wahre Aussagen, die nicht als Satz aus den Axiomen abgeleitet werden können) oder inkonsistent (d.h. die Axiome führen zu Sätzen, die widersprüchliche Aussagen darstellen). Damit war bewiesen, daß es abzählbare Mengen gibt (z.B. die Mengen aller wahren Aussagen über die natürlichen Zahlen), deren Abzählung aber nicht durch ein axiomatisches System geleistet werden kann. Somit hat Gödel als erster eine Funktion entdeckt, die nicht berechenbar ist, nämlich die Abzählungsfunktion der Menge aller wahren Aussagen über die natürlichen Zahlen.

Um 1936 haben dann vier Mathematiker unabhängig voneinander einfache formale Definitionen des Begriffes Algorithmus vorgeschlagen: Turing mit Hilfe der Turing-Maschine, Church mit Hilfe der rekursiven Funktionen, Kleene mit Hilfe der allgemein-rekursiven Funktionen, und Post mit einem nach ihm benannten System, das Operationen auf Worten ausführt. Obschon diese vier Definitionen in ihrer Form sehr verschieden sind, haben sie sich als mathematisch äquivalent erwiesen. Später sind noch verschiedene andere - ebenfalls äquivalente - Formalismen vorgeschlagen worden, darunter 1951 die Markov-Algorithmen.

In den letzten zwanzig Jahren ist die Algorithmentheorie weiter ausgebaut worden. Andererseits haben sich aus der Verbindung der Algorithmentheorie u.a. mit der Linguistik und der Informatik neue Problemstellungen ergeben.

1.1.6. *Algorithmentheorie und Informatik*

Die Ähnlichkeit zwischen Programmen für elektronische Rechenanlagen und Algorithmen ist evident. Denn genau wie ein Algorithmus kann ein Programm als eine Abbildung der Eingabedaten in die Ausgabedaten aufgefaßt werden. Abgesehen von den (trivialen) Vorkehrungen für Eingabe- und Ausgabevorgänge, die es in manchen Programmiersprachen gibt, sind Algorithmen die von der Notation der Programmiersprachen abstrahierten Programme. Ein Algorithmus stellt deshalb ein mathematisches Modell dar, das es erlaubt, Eigenschaften von Programmen unabhängig von der verwendeten Notation zu erfassen. Die meisten Resultate der Algorithmentheorie sind deshalb ohne weiteres auf Programme übertragbar; wenn zum Beispiel eine Funktion nicht berechenbar ist, dann ist es auch nicht möglich, ein Programm aufzustellen, das den Wert dieser Funktion berechnet.

Eine zweite Beziehung der Algorithmentheorie zur Informatik liegt auf dem Gebiet der Programmiersprachen. Eine Programmiersprache kann definiert werden als die Menge aller Worte, die (syntaktisch korrekte) Programme darstellen. Resultate der Charakterisierung von Mengen sind also meistens ohne weiteres auf Programmiersprachen übertragbar; wenn es zum

Beispiel für eine Menge nicht möglich ist, ihre Elemente als solche zu erkennen, so ist eine solche Menge nicht als Programmiersprache geeignet; ein Übersetzer für diese Sprache könnte nämlich fehlerhafte Programme nicht von korrekten unterscheiden.

Beziehungen der Algorithmentheorie zu anderen Theorien wie z.B. zur Theorie der Automaten, der formalen Sprachen und darüber hinaus zur Informatik werden in der Schlußbemerkung dieses Buches kurz angedeutet.

Es folgen einige Eigenschaften von Abzählungen, die später benötigt werden. Mit Algorithmentheorie wird sich erst das zweite Kapitel befassen.

1.2. Abzählbarkeit

In diesem Abschnitt wird der klassische algebraische Begriff der Abzählbarkeit von Mengen wiederholt. Die Definition dieses Begriffes wird durch ein Beispiel und ein Gegenbeispiel illustriert. Einige Eigenschaften abzählbarer Mengen werden anschließend formuliert und bewiesen.

1.2.1. *Einleitung*

Die Elemente einer unendlichen Menge $\underline{S}$ können nicht in ihrer Gesamtheit angegeben werden. Hat man jedoch eine eineindeutige Abbildung

$$F : \underline{N} \twoheadrightarrow \underline{S}$$

so kann man wenigstens eine beliebige Anzahl von Elementen von $\underline{S}$ gewinnen, indem man F auf eine endliche Teilmenge von $\underline{N}$ anwendet (Welcher Art die Abbildung F ist, ist hierbei belanglos; sie braucht also nicht berechenbar im später zu definierenden Sinne zu definierenden Sinne zu sein.) Eine Menge, die entweder endlich ist oder für die es eine solche Abbildung F gibt, nennt man abzählbar [5]; dieser Begriff wird in Abschn. 1.2.2 noch präzisiert.

Der Begriff der Abzählbarkeit ist für die Algorithmentheorie insofern wichtig, als es in dieser Theorie ausschließlich um gewisse abzählbare Mengen geht. Diese Mengen spielen daher eine ähnliche Rolle wie die Funktionen: genau wie später in diesem Buch dem algebraischen Begriff der Funktion der algorithmische Begriff der berechenbaren Funktion ge-

---

[5] Das Wort "aufzählbar" wird für einen später einzuführenden verwandten Begriff, nämlich rekursiv aufzählbare Menge, reserviert.

genübergestellt wird, wird der abzählbaren Menge der algorithmische Begriff der rekursiv-aufzählbaren Menge - die eine abzählbare Menge ist - gegenübergestellt werden.

1.2.2. *Abzählbare Mengen*

1.2.2.1 *Definitionen*

Vorerst wird der Begriff einer Abzählungsfunktion eingeführt; um auch endliche Mengen miteinbeziehen zu können, ist die Definition in zwei Teile aufgegliedert. Eine *Abzählung* (oder: *Abzählungsfunktion*) für eine Menge $\underline{S}$ ist eine Funktion F, für die gilt:

(1°) wenn $\underline{S}$ endlich ist, dann ist F eine eineindeutige Funktion

$$F : \{i \in \underline{N} \mid i < \mathrm{card}(\underline{S})\} \rightarrowtail \underline{S} \; ;$$

(2°) wenn $\underline{S}$ unendlich ist, dann ist F eine eineindeutige Funktion

$$F : \underline{N} \rightarrowtail \underline{S} \; .$$

Eine Menge heißt *abzählbar*, wenn es für sie wenigstens eine Abzählung gibt.

Definitionsgemäß ist jede endliche Menge abzählbar. Auf der anderen Seite können die Elemente einer unendlichen abzählbaren Menge aufgeführt werden, wie in Abschnitt 1.2.1 erwähnt wurde: wenn F eine Abzählung dieser Mengen ist, dann ist

$$F(O), F(1), F(2), \ldots, F(i), \ldots$$

eine solche Aufführung.

1.2.2.2 *Beispiel*

Die Menge $\underline{N}^2$ ist abzählbar, denn eine Abzählung G für diese Menge läßt sich z.B. durch folgende Regeln definieren:

$$G(n) = \begin{cases} (O,O) & \text{für } n = O \\ (O,p+1) & \text{für } G(n-1) = (p,O) \\ (p+1,q-1) & \text{für } G(n-1) = (p,q), q \neq O \end{cases}$$

Mit anderen Worten: in der Liste

$$G(O), G(1), G(2), \ldots, G(n), \ldots$$

tritt erst das Paar (p,q) auf, für das p+q = O ist, dann die Paare (p,q), für die p+q = 1 ist, dann die Paare (p,q), für die p+q = 2 ist, usw.; außerdem, wenn

$$p_1+q_1 = p_2+q_2$$

und $p_1 < p_2$

gelten, dann tritt das Paar (p_1,q_1) vor dem Paar (p_2,q_2) auf. Man hat also

$$G(0) = (0,0); \quad G(1) = (0,1); \quad G(2) = (1,0);$$
$$G(3) = (0,2); \quad G(4) = (1,1); \quad G(5) = (2,0);$$
$$G(6) = (0,3); \quad \text{usw.}$$

Eine graphische Illustration der Funktion G findet man in Abb. 1.

Es wird nun eine Menge angegeben, von der bewiesen wird, daß sie nicht abzählbar ist. Die dabei verwendete Beweismethode ist in der Literatur unter dem Namen *Diagonalisierungsverfahren (von Cantor)* bekannt und wird auch später in diesem Buch noch verwendet.

<u>1.2.2.3 *Satz:*</u> Die Menge $\underline{M}$ aller Funktionen F : $\underline{N} \to \underline{N}$ ist nicht abzählbar.

Beweis

$\underline{M}$ enthält also alle Funktionen $F \subset \underline{N}^2$, die total bezüglich $\underline{N}$ sind. Angenommen, $\underline{M}$ wäre abzählbar; es wäre dann möglich, ihre Elemente in einer Liste

$$F_0,F_1,F_2,\ldots,F_i,\ldots$$

aufzuführen, d.h. es gäbe eine Funktion H : $\underline{N} \twoheadrightarrow \underline{M}$, für die $H(i) = F_i$, $i\in\underline{N}$, gilt.

Man führe jetzt die Funktion

$$K : \underline{N} \to \underline{N} : K(x) = F_x(x)+1 \tag{1}$$

ein; die Definition dieser Funktion wird illustriert durch Abb. 2. Da

$$K : \underline{N} \to \underline{N}$$

gilt, gehört K zu $\underline{M}$, d.h. es gibt $k\in\underline{N}$, so daß

$$K = F_k$$

ist; für jedes $x\in\underline{N}$ gilt also

$$K(x) = F_k(x) \tag{2};$$

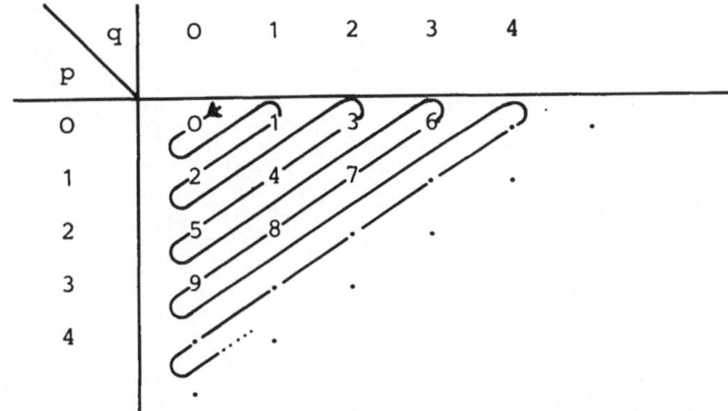

Abb. 1 Graphische Illustration der Abzählung G der Menge $\underline{N}^2$: die Tabelle liefert das Argument i, für das G(i) = (p,q).

F_i \ j	0	1	2	3 ...
F_0	$F_0(0)$	$F_0(1)$	$F_0(2)$	$F_0(3)$ ...
F_1	$F_1(0)$	$F_1(1)$	$F_1(2)$	$F_1(3)$ ...
F_2	$F_2(0)$	$F_2(1)$	$F_2(2)$	...
F_3	$F_3(0)$	...		
.	.			
.	.			
.	.			

Abb. 2 Illustration der Abzählung aller Funktionen F_i : $\underline{N} \to \underline{N}$: die Tabelle liefert den Wert $F_i(j)$ für jedes i,j≥0. Die im Text eingeführte Funktion K ist so konstruiert, daß K(0) = $F_0(0)$+1, K(1) = $F_1(1)$+1, usw..

18

Man betrachte jetzt den Wert der Funktion K für das Argument k; aus (1)
folgt, daß

$$K(k) = F_k(k)+1 \tag{3}$$

und aus (2), daß

$$K(k) = F_k(k) \tag{4};$$

(3) und (4) führen zu einem Widerspruch, da

$$F_k(k)+1 \neq F_k(k) \ .$$

Die Annahme, die Menge $\underline{M}$ wäre abzählbar, ist also falsch. $\quad\rfloor$

Übungen

1.2.2.-$\underline{1}$ Sei G die Funktion aus Abschnitt 1.2.2.2;
        a) gib einen Ausdruck für den Wert der inversen Funktion $\bar{G}$
           von G an;
        b) gib einen Ausdruck für den Wert der Funktionen G_i, $1 \leq i \leq 2$,
           wobei
$$G_i : \underline{N} \to \underline{N} : G_i(x) = U_i^2(G(x))$$
           und U_i^2 die im Abschn. 0.1.3 definierte Funktion ist.

1.2.2.-$\underline{2}$ Beweise durch Induktion über n, daß jede Menge $\underline{N}^n$ abzählbar
        ist, $n \geq 1$.

1.2.2.-$\underline{3}$ Beweise, daß die folgenden Mengen abzählbar sind:
        a) die Menge aller ganzen Zahlen;
        b) die Menge aller rationalen Zahlen.

1.2.2.-$\underline{4}$ Beweise, daß die Menge $\underline{2}^{\underline{N}}$ nicht abzählbar ist.

1.2.2.-$\underline{5}$ Beweise, daß die Menge aller reellen Zahlen x für $0 < x \leq 1$ nicht
        abzählbar ist.

In den nächsten Abschnitten werden einige Eigenschaften von abzählbaren
Mengen eingeführt. Diese Eigenschaften dürften dem Leser den Begriff abzählbare Menge deutlicher machen; außerdem erleichtern sie die Einsicht
in den Unterschied zwischen dem Begriff Abzählbarkeit und dem später in
diesem Buch einzuführenden Begriff der rekursiven Aufzählbarkeit.

1.2.3. *Satz:* Eine Teilmenge einer abzählbaren Menge ist abzählbar.

Beweis

Sei $\underline{T}$ eine Teilmenge einer abzählbaren Menge $\underline{S}$.

Für endliches $\underline{T}$ ist nichts mehr zu beweisen.

Wenn $\underline{T}$ unendlich ist, sei E eine Abzählung der Menge $\underline{S}$.

Eine Abzählung F von $\underline{T}$ kann wie folgt definiert werden:

(1°) für n = O gilt F(n) = E(k), wobei k definiert ist durch:

$\quad$ E(i)$\notin\underline{T}$ $\quad$ für $\quad$ O$\leq$i$\leq$k-1

$\quad$ E(k)$\in\underline{T}$ $\qquad\qquad$;

(2°) für n > O gilt F(n) = E(p+k), wobei p definiert ist durch

$\quad$ F(n-1) = E(p)

$\quad$ und k definiert durch:

$\quad$ E(p+i)$\notin\underline{T}$ $\quad$ für 1$\leq$i$\leq$k-1

$\quad$ E(p+k)$\in\underline{T}$ $\qquad\qquad$ ⌐

Der nächste Satz sagt aus, daß die Bedingung der Eineindeutigkeit der Abzählung überflüssig ist.

1.2.4.* *Satz:* Eine Menge $\underline{S}$ ist genau dann abzählbar, wenn sie der Bildbereich einer Funktion F : $\underline{N}$ ↠ $\underline{S}$ ist.

Beweis

Es genügt zu zeigen, wie man aus einer Funktion F : $\underline{N}$ ↠ $\underline{S}$ eine Abzählung für $\underline{S}$ konstruieren kann.

Wenn $\underline{S}$ endlich ist, ist die Konstruktion trivial.

Wenn $\underline{S}$ unendlich ist, kann eine Abzählung E von $\underline{S}$ wie folgt definiert werden:

(1°) für n = O gilt E(n) = F(O) ;

(2°) für n > O gilt E(n) = F(p+k), wobei p definiert ist durch

$\quad$ E(n-1) = F(p)

$\quad$ F(p) $\notin$ {F(q) | O$\leq$q<p}

und k definiert durch

$$F(p+j) \in \{F(q) \mid 0 \leq q < p+j\} \quad \text{für jedes } j, \ 1 \leq j \leq k-1$$

$$F(p+k) \notin \{F(q) \mid 0 \leq q < p+k\}$$

$\lrcorner$

Im nächsten Satz wird bewiesen, daß in der Definition einer abzählbaren Menge und im vorigen Satz die Menge $\underline{N}$ durch eine beliebige abzählbare Menge ersetzt werden kann.

<u>1.2.5.</u>* *Satz:* $\underline{T}$ sei eine abzählbare Menge und $\underline{F}$ eine Funktion

$$F : \underline{T} \twoheadrightarrow \underline{S} \ ;$$

dann ist $\underline{S}$ ebenfalls eine abzählbare Menge.

Beweis

Wenn die Menge $\underline{T}$ endlich ist, dann ist die Menge $\underline{S}$ auch endlich und daher abzählbar.

Wenn die Menge $\underline{T}$ unendlich ist, sei

$$E : \underline{N} \twoheadrightarrow \underline{T}$$

eine Abzählung von $\underline{T}$. Nun ist

$$\underline{BIL}_E = \underline{T} = \underline{DEF}_F \ .$$

Hieraus ergibt sich, daß die Funktion

$$G : \underline{N} \rightarrow \underline{S} : G(x) = F(E(x))$$

$\underline{N}$ auf $\underline{S}$ abbildet, d.h. daß G eine Funktion $G : \underline{N} \twoheadrightarrow \underline{S}$ ist. Nach Satz 1.2.4 ist die Menge $\underline{S}$ abzählbar.

$\lrcorner$

<u>1.2.6.</u> *Eine intuitive Erklärung*

Die Tatsache, daß eine Menge abzählbar ist, drückt aus, daß diese Menge nicht "mehr" Elemente besitzt als $\underline{N}$; dies erklärt, warum eine Teilmenge einer abzählbaren Menge selbst auch abzählbar ist.

Übungen

1.2.6.-<u>1</u> Zeige, daß die Menge aller (nicht notwendig totalen) Funktionen $f \subset \underline{N}^2$ nicht abzählbar ist.

1.2.6.-<u>2</u> <u>S</u> sei eine abzählbare Menge, deren Elemente abzählbare Mengen
sind. Beweise, daß die Menge

$$\underline{R} = \{x \mid \text{es gibt } \underline{P} \in \underline{S} \text{ mit } x \in \underline{P}\}$$

abzählbar ist.

1.2.6.-<u>3</u> <u>A</u> sei eine abzählbare Menge. Zeige die Äquivalenz der folgenden Aussagen:
a) A ist endlich;
b) für alle eineindeutigen Funktionen $f : \underline{A} \rightarrow \underline{B}$ mit $\underline{A} \supseteq \underline{B}$
ist $\underline{A} = \underline{B}$.

1.2.6.-<u>4</u> $\underline{S} \subset \underline{N}$ sei endlich mit card($\underline{S}$) > 1. Zeige, daß die Menge aller
Funktionen $f : \underline{N} \rightarrow \underline{S}$ nicht abzählbar ist.

<u>1.3. Abzählungen von Worten</u>

Seien $\underline{V}$, $\underline{W}$ zwei Zeichenvorräte und $n, m \geq 1$.

Zuerst wird eine Abzählung von $\underline{V}^*$ eingeführt. Aus dieser wird eine Abzählung von $\underline{V}^{*n}$ abgeleitet.

Anschließend wird eine Funktion VnWm definiert, die den Charakter einer
Abzählung hat und die in eineindeutiger Weise $\underline{V}^{*n}$ auf $\underline{W}^{*m}$ abbildet.

Zum Schluß folgen noch einige Bemerkungen. Insbesondere wird ein Satz
bewiesen, der es ermöglicht, die Resultate der Algorithmentheorie zu
verallgemeinern.

<u>1.3.1. *Eine Abzählung von $\underline{V}^*$*</u>

<u>1.3.1.1 *Einführung*</u>

Es wird nun eine einfache Abzählung der von einem Zeichenvorrat erzeug-
ten Halbgruppe eingeführt, die weiter in diesem Buch öfter benutzt wird.

Sei $(\underline{V}, A)$ ein beliebiges Alphabet. Seien a und h das erste bzw. das

22

letzte Zeichen in diesem Alphabet, d.h.

    A(O) = a

und A(card($\underline{V}$)-1) = h .

Die Abzählung, die jetzt eingeführt wird, wird NV genannt. Dabei soll
die Notation NV daran erinnern, daß die Abzählung $\underline{N}$ auf $\underline{V}$* abbildet;
man darf aber nicht vergessen, daß die Abzählung - wie aus der jetzt
folgenden Definition klar werden wird - nicht nur von $\underline{V}$ (und $\underline{N}$), sondern auch von A abhängt.

<u>1.3.1.2</u> *Definition*

Die Abzählung

    NV : $\underline{N} \to \underline{V}$*

der Menge $\underline{V}$* läßt sich mit Hilfe der zwei folgenden Regeln definieren:

(1°) für n = O gilt NV(O) = ε ;

(2°) für n > O gilt:

$$NV(n) = \begin{cases} a^{l(NV(n-1))+1} & \text{wenn } NV(n-1) \in \{h\}* ; \\ \varphi d a^{l(\psi)} & \text{wenn } NV(n-1) \in \underline{V}*-\{h\}*, \text{ wobei } \varphi, \psi \text{ und d definiert} \end{cases}$$

        sind wie folgt:

        $\psi \in \{h\}*$,

        NV(n-1) = $\varphi c \psi$ mit c $\in \underline{V}$-{h} ,

        d = A($\bar{A}$(c)+1) ;

c ist also das am weitesten rechts stehende Zeichen in dem Wort NV(n),
das ungleich h ist; $\bar{A}$ ist die inverse Funktion von A; d ist das Zeichen, das in dem Alphabet auf c folgt.

Weniger formal ausgedrückt: in der Liste

    NV(O), NV(1), NV(2), NV(3),...

tritt erst das Wort der Länge null (d.h. das leere Wort) auf, dann die
Worte der Länge eins, dann die Worte der Länge 2, usw.; außerdem treten Worte derselben Länge in "alphabetischer Reihenfolge" (d.h. geord-
net wie die Wörter in einem Wörterbuch) auf.

Sei z.B. $\underline{V}$ = {a,b} und

    A = {(O,a),(1,b)} ;

dann wird NV durch die folgende Tabelle illustriert:

$$
\begin{array}{c|ccccccccc}
x & 0 & 1 & 2 & 3 & 4 & 5 & 6 & 7 & 8 & \ldots \\
\hline
NV(x) & \varepsilon & a & b & aa & ab & ba & bb & aaa & aab & \ldots
\end{array}
$$

Die inverse Funktion von NV wird ebenfalls im weiteren Verlauf des Buches benutzt; entsprechend der oben erwähnten notationellen Konvention wird sie VN geschrieben.

Übung

1.3.1.-**1** (**V**,A) sei ein Alphabet.
    a) Gib einen Ausdruck für den Wert der Funktion VN an.
    b) Ein Wort x aus $\underline{V}^+$ kann interpretiert werden als die Darstellung einer Zahl aus $\underline{N}$ in einem System mit der Basis card(**V**), wobei jedes Zeichen a aus **V** die Zahl $\bar{A}(a)$ darstellt. Gib einen Ausdruck an für den Wert der Funktion

$$E : \underline{V}^+ \to \underline{N} : E(x) = \text{die von dem Wort x dargestellte Zahl.}$$

1.3.1.-**2** Sei $\underline{S}_N$ die Menge aller endlichen Teilmengen von $\underline{N}$ und sei F die Funktion

$$F : \underline{S}_N \to \underline{N} : F(\{s_1, s_2, \ldots, s_k\}) = 2^{s_1} + 2^{s_2} + \ldots + 2^{s_k}$$

    a) Leite aus F eine Abzählung E von $\underline{S}_N$ ab.
    b) Berechne den Wert E(77).
    c) Zeige, warum der Beweis von Übung 1.2.2.-**4** nicht gilt, wenn man $\underline{2}^N$ durch S_N ersetzt.
    d) Sei **V** ein Zeichenvorrat und $\underline{S}_V$ die Menge aller endlichen Teilmengen von $\underline{V}^*$; gib eine Abzählung von $\underline{S}_V$ an.

1.3.2. *Eine Abzählung von $\underline{V}^{*n}$*

1.3.2.1 *Einleitung*

Sei (**V**,A) ein Alphabet und $n \geq 2$. Es wird nun aus Abzählungen von $\underline{N}^2$ und $\underline{V}^*$ eine Abzählung von $\underline{V}^{*n}$ abgeleitet.

Eine Abzählung von $\underline{N}^2$ wurde schon in Abschn. 1.2.2.2 eingeführt; zur Vereinheitlichung der Notation wird diese Abzählung ab jetzt als

    NN2

geschrieben; diese Notation soll daran erinnern, daß NN2 die Menge $\underline{N}$ auf die Menge $\underline{N}^2$ abbildet.

In Abschn. 1.3.2.2 wird nun vorerst aus der Abzählung NN2 eine Abzählung NNn von $\underline{N}^n$ abgeleitet. In Abschn. 1.3.2.3 wird dann aus NNn und NV eine Abzählung NVn von $\underline{V}*^n$ abgeleitet.

1.3.2.2 *Eine Abzählung von* $\underline{N}^n$

Zur Definition der Abzählung NNn von $\underline{N}^n$ genügt es, die n Funktionen

$$\text{NNn}_i = \text{NNn} \circ U_i^n \qquad , \ 1 \leq i \leq n \qquad\qquad [6]$$

zu definieren; dazu benutzt man die zwei Funktionen

$$\text{NN2}_i = \text{NN2} \circ U_i^2 \qquad , \ 1 \leq i \leq 2 \qquad\qquad [6]$$

Genauer gesagt, man definiert

$$\text{NNn}_i = \underbrace{\text{NN2}_2 \circ \text{NN2}_2 \circ \ldots \circ \text{NN2}_2}_{(i-1)\,\text{mal}} \circ \text{NN2}_1 \qquad\qquad \text{für} \quad 1 \leq i \leq n-1$$

und

$$\text{NNn}_n = \underbrace{\text{NN2}_2 \circ \text{NN2}_2 \circ \ldots \circ \text{NN2}_2}_{(n-1)\,\text{mal}} \ .$$

Die auf diese Weise definierte Funktion NNn wird durch Abb. 3 veranschaulicht; es wird deutlich, daß NNn die Menge $\underline{N}$ auf die Menge $\underline{N}^n$ abbildet und daß außerdem NNn eineindeutig ist. Man beachte, daß die Definition auch für n=2 gültig ist.

Die Werte der Funktion NNn werden durch Abb. 4 illustriert.

Ähnlich wie in Abschn. 1.3.1.2 stellt N2N die inverse Funktion von NN2 dar. Man beachte, daß es für jedes n > 2 eine einfache Beziehung zwischen den Funktionen NnN und N[n-1]N gibt: für jedes $(x_1, x_2, \ldots, x_n) \in \underline{N}^n$ gilt

$$\text{NnN}(x_1, x_2, \ldots, x_n) = \text{N[n-1]N}(x_1, \ldots, x_{n-2}, \text{N2N}(x_{n-1}, x_n)) \ ;$$

zum Beispiel

$$\text{N4N}(1,0,0,1) = \text{N3N}(1,0,\text{N2N}(0,1))$$
$$= \text{N3N}(1,0,1)$$

(siehe Abb. 4).

---

[6] Die Funktionen U_i^n sind in Abschn. 0.1.3. definiert.

Wenn die Tatsache, daß $NN2(z) = (x_1, x_2)$, dargestellt wird durch

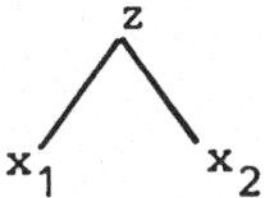

dann kann die Tatsache, daß $NNn(z) = (x_1, x_2, \ldots, x_n)$ ist, wie folgt dargestellt werden:

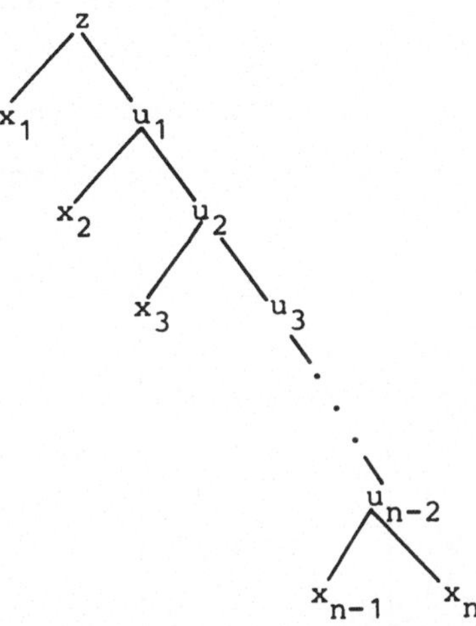

Abb. 3 Illustration der Definition der Abzählung NNn, n≥2.

z	NN2(z)	NN3(z)	NN4(z)	NN5(z)	...
0	(0,0)	(0,0,0)	(0,0,0,0)	(0,0,0,0,0)	
1	(0,1)	(0,0,1)	(0,0,0,1)	(0,0,0,0,1)	
2	(1,0)	(1,0,0)	(1,0,0,0)	(1,0,0,0,0)	
3	(0,2)	(0,1,0)	(0,1,0,0)	(0,1,0,0,0)	
4	(1,1)	(1,0,1)	(1,0,0,1)	(1,0,0,0,1)	
5	(2,0)	(2,0,0)	(2,0,0,0)	(2,0,0,0,0)	
6	(0,3)	(0,0,2)	(0,0,1,0)	.	
.	.	.	.	.	
.	.	.	.	.	
.	.	.	.	.	

Abb. 4 Illustration der Werte der Funktionen NNn für n≥2.

1.3.2.3 *Eine Abzählung von $\underline{V}*^n$*

Zur Definition der Abzählung NVn von $\underline{V}*^n$ definiert man die n Funktionen

$$NVn_i = NVn \circ U_i^n \qquad , \ 1 \leq i \leq n$$

wie folgt:

$$NVn_i = NNn_i \circ NV \qquad , \ 1 \leq i \leq n$$

Weniger formal ausgedrückt: wenn man die Elemente von $\underline{V}*^n$ abzählen will, zählt man die Elemente von $\underline{N}^n$ ab und "übersetzt" dann jede Zahl aus den so erhaltenen n-tupeln mit Hilfe der Abzählung NV in ein Wort aus $\underline{V}*$.

Die Abb. 5 illustriert die Werte der Abzählung NVn.

Ähnlich wie oben stellt VnN die inverse Funktion von NVn dar.

z	NV2(z)	NV3(z)	NV4(z)	NV5(z)	...
0	$(\varepsilon,\varepsilon)$	$(\varepsilon,\varepsilon,\varepsilon)$	$(\varepsilon,\varepsilon,\varepsilon,\varepsilon)$	$(\varepsilon,\varepsilon,\varepsilon,\varepsilon,\varepsilon)$	
1	(ε,a)	$(\varepsilon,\varepsilon,a)$	$(\varepsilon,\varepsilon,\varepsilon,a)$	$(\varepsilon,\varepsilon,\varepsilon,\varepsilon,a)$	
2	(a,ε)	$(a,\varepsilon,\varepsilon)$	$(a,\varepsilon,\varepsilon,\varepsilon)$	$(a,\varepsilon,\varepsilon,\varepsilon,\varepsilon)$	
3	(ε,b)	$(\varepsilon,a,\varepsilon)$	$(\varepsilon,a,\varepsilon,\varepsilon)$	$(\varepsilon,a,\varepsilon,\varepsilon,\varepsilon)$	
4	(a,a)	(a,ε,a)	$(a,\varepsilon,\varepsilon,a)$	.	
5	(b,ε)	$(b,\varepsilon,\varepsilon)$	.	.	
6	(ε,aa)	.	.	.	
.	.	.	.		
.	.	.			
.	.				

Abb. 5 Illustration der Werte der Funktionen NVn für $\underline{V}$ = {a,b} , A = {(0,a),(1,b)} und n≥2; die Tabelle kann einfach abgeleitet werden aus Abb. 4 (und aus der Tabelle von Abschn. 1.3.1.2, die den Wert der Funktion NV liefert).

1.3.2.4 *Bemerkung*

Aus der Existenz der Funktion NV und NVn geht hervor, daß für jeden Zeichenvorrat $\underline{V}$ und für jedes n≥1 die Menge $\underline{V}*^n$ abzählbar ist. Insbesondere ist also auch $\underline{V}*$ abzählbar. Wenn man aber statt $\underline{V}*$ die Menge aller Zeichenreihen über $\underline{V}$ (einschließlich der unendlichen Zeichenreihen) betrachtet, gilt die Eigenschaft nicht, wie in der Übung 1.3.2.-<u>4</u> bewiesen wird.

Übungen

1.3.2.-**1** Gib einen Ausdruck für den Wert der Funktion NnN, n≥2, an.

1.3.2.-**2** Gib einen Ausdruck für den Wert der Funktionen

$$NN3_i = NN3 \circ U_i^3 \ , \ 1 \leq i \leq 3 \ ,$$

an.

1.3.2.-**3** Sei (V,A) ein Alphabet. Gib einen Ausdruck für den Wert der Funktion VnN, n≥2, an.

1.3.2.-**4** V sei ein Zeichenvorrat mit card(V)>1 und V^∞ sei die Menge aller Zeichenreihen über V, die aus abzählbar vielen Zeichen bestehen. Zeige, daß die Menge V^∞ nicht abzählbar ist.

1.3.3. *Die Funktionen VnWm*

Seien (V,A) und (W,B) zwei - nicht unbedingt verschiedene - Alphabete und seien weiter m,n≥1.

Die Funktion NVn bildet N auf $V*^n$ ab. Ihre inverse Funktion VnN bildet entsprechend $V*^n$ auf N ab; sie stellt eine Art der Abzählung von N dar, wobei die "Basis" der Abzählung nicht die Zahlen aus N sondern die n-tupel aus $V*^n$ sind. Der Grundgedanke bei der Konstruktion der Funktion VnWm ist es, eine solche "Abzählung" der Elemente von $W*^m$ zu realisieren.

Man definiert

$$VnWm = VnN \circ NWm \ ;$$

es ist einfach einzusehen, daß VnWm eine Funktion ist, die $V*^n$ auf $W*^m$ abbildet und die eineindeutig ist.

Man beachte, daß WmVn die inverse Funktion von VnWm ist.

Zur Vereinfachung der Notation (und in Übereinstimmung mit den oben eingeführten Notationen) läßt man in VnWm die Zahl n bzw. m weg, wenn n=1 bzw. m=1.

Die Werte der Funktionen VnWm werden durch die Abbildungen 6 und 7 illustriert.

z	VN(z)	VV2(z)
ε	0	(ε,ε)
a	1	(ε,a)
b	2	(a,ε)
aa	3	(ε,b)
ab	4	(a,a)
ba	5	(b,ε)
.	.	.
.	.	.
.	.	.

Abb. 6 Illustration der Werte der Funktion VnWm für $\underline{V} = \underline{W} = \{a,b\}$, $A = B = \{(0,a),(1,b)\}$ und n=1, m=2 (A und B sind die Abzählungen des Alphabets $(\underline{V},A)$, bzw. $(\underline{W},B)$). Die Werte der Funktion VN werden nur aufgeführt, weil sie ein Zwischenresultat bei der Berechnung der Werte von VV2 bilden.

z	V2N(z)	V2W(z)
(ε,ε)	0	ε
(ε,a)	1	a
(a,ε)	2	aa
(ε,b)	3	aaa
(a,a)	4	aaaa
.	.	.
.	.	.
.	.	.

Abb. 7 Illustration der Werte der Funktion VnWm für $\underline{V} = \{a,b\}$, $\underline{W} = \{a\}$, $A = \{(0,a),(1,b)\}$, $B = \{(0,a)\}$ und n=2, m=1 .

Übung

1.3.3.-<u>1</u>   Sei $(\underline{V},A) = (\{a,b\},\{(a,O),(b,1)\})$ ein Alphabet und $\underline{W} = \{a\}$.
Berechne die folgenden Funktionswerte:

    a) VW(aba);

    b) VW(aa);

    c) V2W2(a,b);

    d) V2W(a,b);

    e) W2W(a,a);

    f) WV6(aaaa);

    g) V3W2(ab,ε,a).

<u>1.3.4.</u>* *Bemerkung*

Aus den eineindeutigen Beziehungen, die durch die Funktion VN ausgedrückt werden, geht hervor, daß die Betrachtung von Worten in einem ge-
wissen Sinn durch eine Betrachtung der nicht-negativen ganzen Zahlen
"ersetzt" werden kann. Zum Beispiel entspricht einer Teilmenge $\underline{S}$ von
$\underline{V}^{*n}$, $n \geq 1$, in eineindeutiger Weise die Teilmenge

$$\{(p_1,p_2,\ldots,p_n) \mid \text{es gibt } (x_1,x_2,\ldots,x_n) \in \underline{V}^{*n},$$
$$\text{so daß } p_i = VN(x_i) \text{ für jedes } i, 1 \leq i \leq n\}$$

von $\underline{N}^n$; ähnlich entspricht einer Wortfunktion, etwa $F : \underline{S} \to \underline{V}^*$ mit
$\underline{S} \subseteq \underline{V}^{*n}$, die Funktion

$$\{((p_1,p_2,\ldots,p_n),p_{n+1}) \mid \text{es gibt } ((x_1,x_2,\ldots,x_n),x_{n+1}) \in F,$$
$$\text{so daß } p_i = VN(x_i) \text{ für jedes } i, 1 \leq i \leq n+1\} ,$$

die eine Teilmenge von $\underline{N}^n$ in $\underline{N}$ abbildet.

Ähnlich ermöglichen es die Funktionen VnWm, das Studium von n-tupeln
von Worten über einem Zeichenvorrat $\underline{V}$ durch ein Studium von m-tupeln
von Worten über einem Zeichenvorrat $\underline{W}$ zu ersetzen. Bei entsprechender
Wahl des Zeichenvorrats $\underline{W}$ und der Zahl m kann man sich deshalb damit
begnügen, z.B. nur Zeichenvorräte mit einem Zeichen und/oder nur Funktionen mit einem Argument zu studieren. Daß derartige "Vereinfachungen"
in diesem Buch nicht vorgenommen werden, hängt damit zusammen, daß sie
das intuitive Verständnis der eingeführten Begriffe und eine Einsicht
in die Verbindung zur Informatik erheblich erschweren. Zur Illustration
dieser Tatsache genügt es zu konstatieren, daß z.B. der Funktion conc
in einem Zeichenvorrat mit zwei Zeichen eine recht komplizierte Funktion
in einem Zeichenvorrat mit einem Zeichen entspricht, wie aus der Übung
1.3.5.-<u>3</u> hervorgeht.

<u>1.3.5.*</u> *Satz:* Eine Menge ist genau dann abzählbar, wenn jedes ihrer
Elemente durch ein Wort über einem gegebenen Zeichenvor-
rat dargestellt werden kann.

Beweis

Nehmen wir an, daß $\underline{S}$ eine Menge ist, deren Elemente eindeutig durch
Worte über einem gegebenen Zeichenvorrat $\underline{V}$ dargestellt werden können.
Diese Darstellung ist eine Funktion

$$F : \underline{Q} \twoheadrightarrow \underline{S} \,,$$

wobei $\underline{Q} \subseteq \underline{V}^*$. Nach Satz 1.2.3 ist $\underline{Q}$ abzählbar. Nach Satz 1.2.5 ist
auch $\underline{S}$ abzählbar.

Nehmen wir jetzt an, daß $\underline{S}$ eine abzählbare Menge und $(\underline{V},A)$ ein gegebenes Alphabet ist. Sei E eine Abzählung der Menge $\underline{S}$ und $\bar{E}$ die inverse
Funktion von E. Dann definiert die Funktion

$$\bar{E} \circ NV$$

eine Darstellung der Elemente von $\underline{S}$ als Worte aus $\underline{V}^*$.   ⌐

Genauso wie die Funktion VN es ermöglicht, das Studium von Worten durch
ein Studium von nicht-negativen ganzen Zahlen zu ersetzen, geht aus dem
soeben bewiesenen Satz hervor, daß das Studium von abzählbaren Mengen
durch ein Studium von Worten ersetzt werden kann. Die Algorithmentheorie kann daher als eine Theorie der abzählbaren Mengen betrachtet werden.

Übungen

1.3.5.-<u>1</u>   Sei $(\underline{V},A)$ ein Alphabet und k eine Zahl aus $\underline{N}$. Gib einen Ausdruck an für den Wert der folgenden Funktion:

nconck = N2V2 ∘ conck ∘ VN ,

wobei

conck : $\{(x,y)\in\underline{V}^{*^2}\mid l(y) = k\} \to \underline{V}^*$: conck$(x,y)$ = conc(x,y)

ist.

1.3.5.-<u>2</u>   Gib einen Ausdruck für den Wert der folgenden Funktionen an:
a) f_1 = NV ∘ tail ∘ VN ,
wobei $(\underline{V},A)$ = ({a,b}, {(0,a),(1,b)}) ;
b) f_2 = VN ∘ f ∘ NV ,
wobei f : $\underline{N} \to \underline{N}$: f(x) = x+1
und $\underline{V}$ = {a} ;

   c) f_3 = VN o f o NV

      wobei f : $\underline{N}$ → $\underline{N}$: f(x) = x+1

      und ($\underline{V}$,A) = ({a,b},{(O,a),(1,b)}) ist.

1.3.5.-$\underline{3}$ Sei ($\underline{V}$,A) = ({a,b},{(O,a),(1,b)}) ein Alphabet und $\underline{W}$ = {a}.
Wie in Abschn. 1.3.4 angedeutet wurde, entspricht der Funktion

conc : $\underline{V}*^2$ → $\underline{V}*$: conc(x,y) = xy

eine Funktion

conc_w : $\underline{W}*^2$ → $\underline{W}*$.

Gib einen Ausdruck für den Wert der Funktion conc_w an.

1.3.5.-$\underline{4}$ Sei $\underline{V}$ = {a} ein Zeichenvorrat und

$\underline{S}$ = {x∈$\underline{V}*$ | U_1^2(VV2(x)) = U_2^2(VV2(x))} ;

gib eine Definition der Menge $\underline{S}$, die nicht von der Funktion
VV2 Gebrauch macht.

Kapitel 2: Die Turing-Maschine

<u>2.1. Definition der Turing-Maschine</u>

Die Turing-Maschine wird vorerst mit Hilfe eines physikalischen Modells beschrieben. Es folgt eine genauere Beschreibung durch mengentheoretische Begriffe. Dabei wird jeder Turing-Maschine eine n-stellige Funktion zugeordnet.

Die Turing-Maschine wird dann benutzt, um den Begriff der Berechenbarkeit formal zu definieren.

Schließlich wird die These von Turing erläutert, die aussagt, daß die Turing-Maschine den Begriff des Algorithmus voll abdeckt.

<u>2.1.1. *Der Grundgedanke*</u>

Der Grundgedanke von Turing besteht darin, den Begriff Algorithmus mit Hilfe einer Maschine zu definieren. Der wesentliche Vorteil dabei ist, daß die Bedingungen der Endlichkeit, der Eindeutigkeit und der Effektivität aus Abschnitt 1.1.3 auf einleuchtende Weise erfüllt werden können.

Da die Turing-Maschine nur einer mathematischen Beschreibung dienen soll, wobei man in der Mathematik bemüht ist, nur einfache und klare Begriffe einzuführen, sollte ihr Aufbau so einfach wie möglich sein. Andererseits muß sie so allgemein sein, daß sie einen beliebigen Algorithmus beschreiben kann, d.h. daß sie auch überhaupt durchführbare Berechnungen ausführen kann. Eine Turing-Maschine ist daher im Prinzip einer - äußerst primitiven - elektronischen Rechenanlage sehr ähnlich.

Da eine Turing-Maschine an unsere intuitive Vorstellung von realen Maschinen appelliert, muß sie "realistisch" sein; insbesondere muß es grundsätzlich möglich sein, eine Turing-Maschine zu konstruieren. Da sie aber im Gegensatz zu elektronischen Rechenanlagen nicht der praktischen Durchführung von Berechnungen dienen soll, ist es nicht nötig, bei ihrem Entwurf auch noch technologische oder wirtschaftliche Aspekte zu berücksichtigen; so wird in diesem Buch z.B. weder über die benutzten Materialien noch über die Effizienz ihres Arbeitsvorganges gesprochen.

Eine Turing-Maschine kann beschrieben werden wie eine "physikalische" Maschine. Eine solche Beschreibung ist aber informell und deshalb als Grundlage für eine mathematische Betrachtung ungeeignet. An ihre Stelle tritt deshalb eine Beschreibung mit Hilfe mengentheoretischer Begriffe; sie stellt die eigentliche Definition der Turing-Maschine dar und kann als mathematisches Modell der physikalischen Maschine angesehen werden.

In dem jetzt folgenden Abschn. 2.1.2 wird die Turing-Maschine als physikalische Maschine beschrieben. Das Ziel dieser Beschreibung ist es, den ursprünglichen Gedanken von Turing zu verdeutlichen und dem Leser das Verständnis der mathematischen Definition, die in Abschn. 2.1.3 folgt, zu erleichtern; außerdem zeigt das physikalische Modell deutlicher, warum der durch die Turing-Maschine definierte Begriff sich mit dem intuitiven Begriff Algorithmus deckt.

2.1.2. *Das physikalische Modell*

2.1.2.1. *Die Maschine*

Eine Turing-Maschine besteht aus einer *zentralen Einheit*, einem *Band* und einem *Lese- und Schreibkopf* (siehe Abb. 8).

Die zentrale Einheit "enthält" eine (endliche) Menge von *Instruktionen*, die in jedem Augenblick eindeutig die Arbeitsweise der Maschine bestimmen; außerdem ist sie zu jedem Zeitpunkt in einem bestimmten *Zustand*; dabei sind nur endliche viele Zustände möglich. Verschiedene Turing-Maschinen unterscheiden sich voneinander im wesentlichen durch ihre Instruktionen und durch die Anzahl ihrer Zustände.

Das Band ist unterteilt in Felder; jedes Feld kann genau ein Zeichen enthalten. Das Band ist in beiden Richtungen unbegrenzt.

Der Lese- und Schreibkopf steht zu jedem Zeitpunkt über genau einem Feld des Bandes. Er kann das Zeichen, das in diesem Feld enthalten ist, lesen. Er kann auch ein Zeichen in das Feld schreiben; bei dieser Gelegenheit löscht er (durch "Überschreibung") das Zeichen, das zuvor in diesem Feld enthalten war. Schließlich kann sich der Kopf um ein Feld

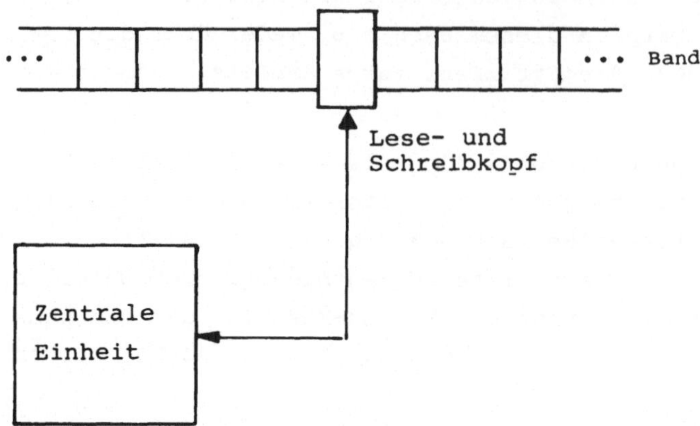

Abb. 8 Das physikalische Modell einer Turing-Maschine

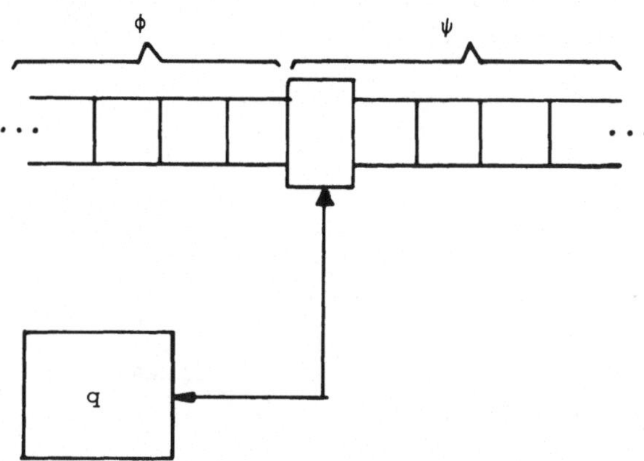

Abb. 9 Interpretation einer Konfiguration (q,φ,ψ) im physikalischen
Modell einer Turing-Maschine

nach links oder rechts bewegen; im Gegensatz zu dem Lochstreifengerät einer elektronischen Rechenanlage bewegt sich also der Kopf, nicht das Band - ein Unterschied, der für das Prinzip der Turing-Maschine unwesentlich ist.

2.1.2.2 *Die Arbeitsweise*

Wird eine Turing-Maschine gestartet, so befindet sich ihre zentrale Einheit in einem ausgezeichneten Zustand, dem *Startzustand*. Dabei steht irgendein Wort auf dem Band und der Kopf auf dem Anfangszeichen dieses Wortes.

Die Tätigkeit der Turing-Maschine besteht aus der konsekutiven Ausführung elementarer Schritte. Während eines solchen Schrittes wird erst das Zeichen gelesen, das sich unter dem Kopf befindet; in Abhängigkeit von diesem Zeichen und dem Zustand der zentralen Einheit wird nach der anwendbaren Instruktion gesucht. Da die Instruktionenmenge so konstruiert ist, daß zu jedem Zeitpunkt höchstens eine Instruktion anwendbar ist, müssen zwei Fälle unterschieden werden: wenn keine Instruktion anwendbar ist, hält die Turing-Maschine; sonst wird die anwendbare Instruktion befolgt, wobei nacheinander die drei folgenden Operationen ausgeführt werden:

(1°) die zentrale Einheit wird in einen neuen Zustand gebracht;

(2°) das zuvor gelesene unter dem Kopf befindliche Zeichen wird durch ein neues Zeichen (evtl. das gleiche) überschrieben;

(3°) eventuell wird der Kopf um ein Feld nach links oder ein Feld nach rechts geschoben.

2.1.2.3 *Die Definition einer Funktion*

Man ordnet jeder Turing-Maschine eine einstellige Wortfunktion f zu, die dem Wort x auf dem Band beim Start als Funktionswert f(x) das Wort auf dem Band nach dem Halten der Turing-Maschine zuordnet; wenn die Turing-Maschine nicht hält, wird dies interpretiert als die Tatsache, daß der Funktionswert f(x) undefiniert ist.

Außerdem ordnet man jeder Turing-Maschine eine n-stellige Wortfunktion zu, $n \geq 2$. Dazu führt man eine Codierung C ein, die n-tupel von Worten auf ein Wort abbildet; die der Turing-Maschine entsprechende n-stellige Funktion ist dann die Funktion C o f.

2.1.2.4* *Der Speicher der Turing-Maschine*

Genau wie bei einer elektronischen Rechenanlage ist es möglich, bei
einer Turing-Maschine von einem Steuerwerk und einem Speicher zu spre-
chen.

Das Steuerwerk hat die Aufgabe, den Ablauf der Turing-Maschine zu steu-
ern. Es enthält deshalb im wesentlichen die Instruktionen der zentralen
Einheit der Turing-Maschine. Zweck des Speichers ist die Aufbewahrung
der Eingangsdaten und die daraus abgeleiteten Zwischenresultate. Es muß
deshalb die Bandinschrift und den Zustand des Steuerwerks enthalten;
letzterer muß gespeichert werden, da er zusammen mit dem gelesenen Zeichen den weiteren Ablauf der Rechnung beeinflußt; er kann also auch als
Zwischenresultat betrachtet werden.

Da nur endlich viele Zustände auftreten können, genügt zur Speicherung
eines Zustandes ein endlicher Speicher.

Der Bandinhalt kann ebenfalls auf endlichem Raum gespeichert werden.
Zwar ist die Länge des Bandes unbegrenzt, der benutzte Teil des Bandes
(d.h. die Gesamtheit der Felder, die ein Zeichen des Argumentes enthalten oder auf die der Lese- und Schreibkopf ein Zeichen geschrieben hat)
ist aber zu jedem Zeitpunkt endlich; deshalb genügt zur Speicherung des
Bandinhaltes ein Speicher mit unbegrenzten aber endlichen Abmessungen.[7]

2.1.3. *Die formale Definition*

Die jetzt folgende Definition stellt die mathematische Charakterisierung der Turing-Maschine dar. Diese Definition ist unabhängig vom physikalischen Modell, denn die Verweise auf dieses Modell dienen nur dazu, dem Leser das Verständnis der formalen Definition zu erleichtern.

2.1.3.1 *Die Maschine*

Eine *(V-)Turing-Maschine* wird definiert durch ein 5-tupel $(\underline{V},\underline{Q},\underline{I},B,q_s)$,
wobei
(1°) $\underline{V}$ ein Zeichenvorrat ist;
(2°) $\underline{Q}$ eine endliche Menge ist; die Elemente von $\underline{Q}$ werden *Zustände* ge-
    nannt.

---

[7] Ein Speicher mit unendlichen Abmessungen würde die Bedingung (1°) von
Abschn. 1.1.3 nicht erfüllen.

(3°) B ein Zeichen ist, B $\notin$ $\underline{V}$; B wird das *leere Zeichen* genannt;

(4°) q_s $\in$ $\underline{Q}$; q_s wird der *Startzustand* genannt;

(5°) $\underline{I}$ eine endliche Funktion ist, die eine Teilmenge von $\underline{Q}$ × ($\underline{V}$∪{B})
abbildet auf eine Teilmenge von $\underline{Q}$ × ($\underline{V}$∪{B}) × {L,R,O}, wobei L,R
und O vorgegebene [8] Zeichen sind; die Elemente von $\underline{I}$ heißen *In-struktionen*.

Eine Instruktion

$$((q,a),(q',a',\delta))$$

wird in der Regel als

$$(q,a) \rightarrow (q',a',\delta)$$

geschrieben; (q,a) bzw. (q',a',δ) heißt das *linke Glied* bzw. das *rechte Glied* der Instruktion.

Eine weitere Notation ist $\underline{V}_B$:

$$\underline{V}_B = \underline{V} \cup \{B\} \ .$$

In dem physikalischen Modell entspricht $\underline{V}$ dem Zeichenvorrat, mit Hilfe
dessen die Argumente und der Wert der zu definierenden Funktion ausge-drückt werden; m.a.W., eine $\underline{V}$-Turing-Maschine wird dazu benutzt, eine
$\underline{V}$-Wortfunktion zu definieren. Weiter ist $\underline{Q}$ die Menge der möglichen Zu-stände der zentralen Einheit. Das Zeichen B steht auf jedem Feld des
unbenutzten Teils des Bandes; es wird gelesen, wenn der Kopf den bis-her beschriebenen Teil des Bandes verlassen hat. Der Zustand q_s ist,
wie sein Name andeutet, der Zustand, in dem die Turing-Maschine gestar-tet wird. Schließlich ist eine Instruktion, etwa

$$(q,a) \rightarrow (q',a',\delta) \ ,$$

anwendbar, wenn q der Zustand der zentralen Einheit ist und a das vom
Kopf gelesene Zeichen ist; die Anwendung der Instruktion besteht darin,
daß die zentrale Einheit in den Zustand q' gebracht wird, daß der Kopf
das Zeichen a' auf das Band schreibt und daß schließlich der Kopf die
Bewegung δ ausführt; dabei bedeutet δ = L eine Verschiebung nach links,
δ = R eine Verschiebung nach rechts und δ = O keine Verschiebung.

Bevor die Arbeitsweise einer Turing-Maschine definiert werden kann,
müssen noch einige Definitionen eingeführt werden. In Abschn. 2.1.3.2

---

[8] d.h. L,R,O sind Zeichen, d.h. Konstanten, während z.B. B und $\underline{V}$ Varia-blen (im Sinne der Algebra) für ein Zeichen bzw. für eine Menge sind.

werden dazu einige Begriffe, u.a. die der Konfiguration, definiert; in Abschn. 2.1.3.3 wird eine Funktion eingeführt und in Abschn. 2.1.3.4 zwei Relationen.

2.1.3.2 *Die Konfiguration*

Sei $T = (\underline{V},\underline{Q},\underline{I},B,q_s)$ eine gegebene Turing-Maschine.

Eine *Konfiguration* dieser Turing-Maschine ist ein Tripel
$(q,\varphi,\psi) \in \underline{Q} \times \underline{V}_B^* \times \underline{V}_B^+$ [9].

Eine Instruktion

$$(q,a) \to (q',a',\delta)$$

heißt *anwendbar* auf die Konfiguration

$$(q_0,\varphi_0,\psi_0) \;,$$

wenn

$$q = q_0$$

und

$$a = \text{head}(\psi_0) \; ;$$

dabei ist head die für den Zeichenvorrat $\underline{V}_B$ definierte Funktion aus Abschnitt 0.2.2. Auf eine Konfiguration ist übrigens höchstens eine Instruktion anwendbar, weil die Menge $\underline{I}$ eine Funktion ist.

Eine Konfiguration (q,φ,ψ) heißt *Beginnkonfiguration*, wenn

$$q = q_s$$

und $\varphi = \varepsilon$.

Eine Konfiguration heißt *Endkonfiguration*, wenn keine Instruktion auf sie anwendbar ist.

Die Menge aller Konfigurationen der Turing-Maschine T wird mit $\underline{C}$ bezeichnet; es gilt also

$$\underline{C} = \underline{Q} \times \underline{V}_B^* \times \underline{V}_B^+ \; .$$

Im physikalischen Modell stellt die Konfiguration (q,φ,ψ) eine "Momentaufnahme" der Turing-Maschine dar: q ist der Zustand der zentralen Einheit, φ ist der Inhalt des benutzten Teils des Bandes links vom Kopf und ψ ist der Inhalt des benutzten Teils des Bandes rechts vom Kopf ein-

---

[9] Man verwechsle eine Konfiguration nicht mit dem rechten Glied einer Instruktion !

schließlich des Zeichens unter dem Kopf (Abb. 9). Die Bedingung $\psi \in \underline{V}_B^+$ impliziert $\psi \neq \varepsilon$ und sorgt dafür, daß immer ein Zeichen unter dem Kopf steht.

2.1.3.3 *Die Funktion succ*

Die im vorigen Abschnitt eingeführten Begriffe werden nun verwendet, um jeder Turing-Maschine $T = (\underline{V},\underline{Q},\underline{I},B,q_S)$ eine Funktion $succ_T$ - oder, wenn keine Verwechslungsgefahr besteht, succ - zuzuordnen; succ bildet jede Konfiguration mit Ausnahme der Endkonfigurationen in die durch Ausführung der anwendbaren Instruktion hervorgehende Konfiguration ab.

Genauer gesagt, succ ist eine Funktion, die

$$\{\alpha \in \underline{C} \mid \alpha \text{ ist keine Endkonfiguration}\}$$

in $\underline{C}$ abbildet; der Wert $succ(\alpha)$ für ein beliebiges Element α aus dem Definitionsbereich wird wie folgt definiert: sei

$$\alpha = (q,\varphi,a\psi_0)$$
$$\text{mit } q \in \underline{Q}, \ a \in \underline{V}_B \ , \ \varphi,\psi_0 \in \underline{V}_B^*$$

und sei

$$(q,a) \rightarrow (q',a',\delta)$$

die auf α anwendbare Instruktion;

(1°) wenn $\delta = O$, dann ist

$$succ(\alpha) = (q',\varphi,a'\psi_0) \ ;$$

(2°) wenn $\delta = R$, dann ist

$$succ(\alpha) = \begin{cases} (q',\varphi a',\psi_0) \ , \text{ wenn } \psi_0 \neq \varepsilon \\ (q',\varphi a',B) \ \ \ , \text{ wenn } \psi_0 = \varepsilon \ ; \end{cases}$$

(3°) wenn $\delta = L$, dann ist

$$succ(\alpha) = \begin{cases} (q',\varphi_0,ca'\psi_0) \text{ mit } \varphi = \varphi_0 \ c, \ \varphi_0 \in \underline{V}_B^* \text{ und } c \in \underline{V}_B \ , \\ \qquad\qquad\qquad \text{ wenn } \varphi \neq \varepsilon \\ (q,\varepsilon,Ba'\psi_0) \ , \text{ wenn } \varphi = \varepsilon \end{cases}$$

Die Interpretation der Funktion succ im physikalischen Modell wird illustriert durch Abb. 10. Man beachte insbesondere, daß das leere Zeichen B "automatisch" erscheint, wenn der Kopf (nach links oder nach rechts) den benutzten Teil des Bandes verläßt.

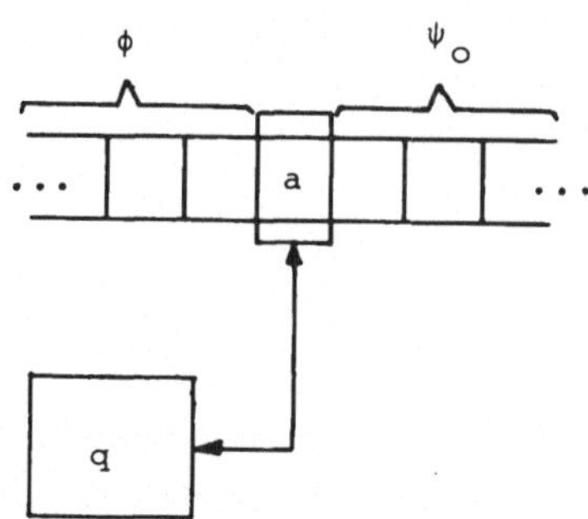
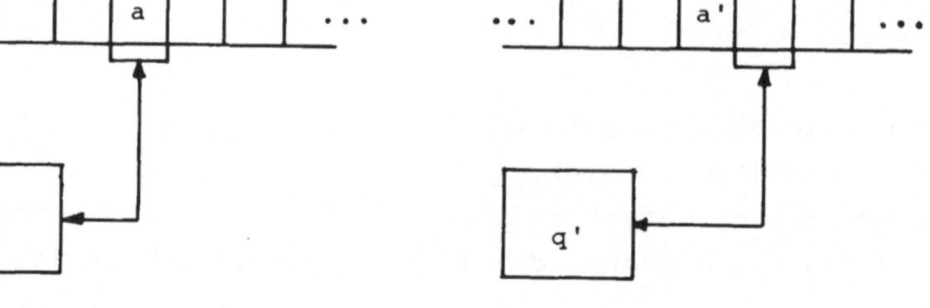

<table>
<tr><td>Vor Anwendung
der Instruktion</td><td>Nach Anwendung
der Instruktion</td></tr>
</table>

<u>Abb. 10</u> Illustration der Definition der Funktion succ im physikalischen Modell der Turing-Maschine für den Fall einer anwendbaren Instruktion

$$(q,a) \rightarrow (q',a',R)$$

und $\psi_0 \neq \varepsilon$; es gilt dann

$$succ(q,\varphi,a\psi_0) = (q',\varphi a',\psi_0) \ .$$

2.1.3.4 *Drei Relationen*

Aus der Funktion succ werden nun drei Relationen zwischen Konfigurationen abgeleitet.

Die erste Relation ist

$$\alpha \underset{T}{\rightarrow} \beta$$

oder, wenn keine Verwechslungsgefahr besteht,

$$\alpha \rightarrow \beta \ .$$

Sie gilt, wenn

$$succ(\alpha) = \beta \ . \qquad [10]$$

---

[10] Die Relation $\rightarrow$ ist also nichts anderes als die Funktion succ. Die Notation $\rightarrow$ wird hier u.a. eingeführt, um die Ähnlichkeit mit Abschn. 4.2.1.2 zu unterstreichen.

Weiter gilt

$$\alpha \overset{+}{\underset{T}{\to}} \beta \ ,$$

oder, wenn keine Verwechslungsgefahr besteht,

$$\alpha \overset{+}{\to} \beta \ ,$$

wenn es eine Folge

$$\gamma_1, \gamma_2, \ldots, \gamma_n \qquad\qquad (n>1)$$

gibt, so daß

$$\gamma_1 = \alpha$$
$$\gamma_n = \beta$$

und $\quad \gamma_i \underset{T}{\to} \gamma_{i+1} \qquad$ für jedes i , $1 \leq i \leq n-1$;

m.a.W., $\overset{+}{\to}$ ist die transitive Hülle der Relation $\to$.

Schließlich gilt

$$\alpha \overset{*}{\underset{T}{\to}} \beta$$

oder, wenn keine Verwechslungsgefahr besteht,

$$\alpha \overset{*}{\to} \beta \ ,$$

wenn entweder $\alpha = \beta$ oder $\alpha \overset{+}{\underset{T}{\to}} \beta \qquad$;

m.a.W., $\overset{*}{\to}$ ist die reflexiv-transitive Hülle der Relation $\to$.

Im physikalischen Modell entspricht die Relation $\to$ der Anwendung einer Instruktion, die Relation $\overset{+}{\to}$ der Anwendung einer oder mehrerer Instruktionen und die Relation $\overset{*}{\to}$ der Anwendung einer bestimmten Anzahl - möglicherweise Null - von Instruktionen.

2.1.3.5 *Die von einer Turing-Maschine definierte Funktion*

Sei $T = (\underline{V}, \underline{Q}, \underline{I}, B, q_s)$ eine $\underline{V}$-Turing-Maschine und n eine Zahl aus $\underline{N}$, $n \geq 1$. In diesem Abschn. wird gezeigt, wie die Turing-Maschine T eine $\underline{V}$-Funktion

$$f_{T,n} \subset \underline{V}^{*n} \times \underline{V}^*$$

definiert. Dazu muß spezifiziert werden, wie die Argumente der Funktion der Turing-Maschine übergeben werden, was das Resultat einer Berechnung der Turing-Maschine ist und wie der Wert der Funktion aus diesem Resultat abgeleitet werden kann.

Die erste Spezifizierung wird definiert durch die Funktion

$$\gamma_n \, : \, \underline{V}^{*n} \to \underline{C} \, : \, \gamma_n(x_1,x_2,\ldots,x_n) = (q_s,\varepsilon,x_1Bx_2B\ldots x_nB) \; .$$

Diese Funktion drückt aus, daß die Turing-Maschine in eine Beginnkonfiguration gebracht wird; dabei sind die Argumente der Funktion - jedes durch das leere Zeichen gefolgt - auf das Band geschrieben worden. Das Zeichen B trennt die verschiedenen Argumente voneinander; das Zeichen B nach dem letzten Argument erreicht, daß auch im Fall n=1 und $x_1=\varepsilon$ das Wort $x_1Bx_2B\ldots x_nB = B$ nicht leer ist, d.h. daß auch in diesem Fall $(q_s,\varepsilon,x_1Bx_2B\ldots x_nB)$ eine Konfiguration ist.

Für die zweite Spezifizierung führt man die Funktion ω ein. Sei

$$\underline{C}' = \{\alpha \in \underline{C} \,|\, \text{es gibt eine Endkonfiguration } \beta \in \underline{C} \text{ so daß } \alpha \overset{*}{\underset{T}{\to}} \beta\} \; ;$$

dann ist

$$\omega \, : \, \underline{C}' \to \underline{C} \, : \, \omega(\alpha) = \beta \; ,$$

wobei $\alpha \overset{*}{\underset{T}{\to}} \beta$ und β eine Endkonfiguration ist.

Die Funktion ω drückt u.a. aus, daß die Turing-Maschine nur zu einem Resultat führt, wenn nach endlich vielen Schritten eine Endkonfiguration erreicht werden kann.

Schließlich benutzt man für die dritte Spezifizierung die Funktion

$$\delta \, : \, \underline{C} \to \underline{V}^* \, : \, \delta(q,\varphi,\psi) = \text{delete}(B,\varphi\psi) \; ,$$

wobei delete die im Abschn. 0.2.2 eingeführte Funktion ist. Der Wert der Funktion entspricht dem Inhalt des Bandes, aus dem die Vorkommen des Zeichens B entfernt worden sind.

Die von der Turing-Maschine T *definierte Funktion* mit n Argumenten ist dann:

$$f_{T,n} = \gamma_n \circ \omega \circ \delta \; .$$

Mit anderen Worten, wenn die Turing-Maschine mit der Endkonfiguration (q,φ,ψ) hält, nachdem sie mit dem Wort $x_1Bx_2B\ldots x_nB$ auf dem Band gestartet worden ist, dann ist

$$f_{T,n}(x_1,x_2,\ldots,x_n) = \text{delete}(B,\varphi\psi) \; ;$$

wenn sie nicht hält, dann ist

$$f_{T,n}(x_1,x_2,\ldots,x_n)$$

undefiniert.

Eine Turing-Maschine T definiert unendlich viele Funktionen, nämlich $f_{T,1}, f_{T,2}, f_{T,3},$ usw.. Wenn man aber eine Turing-Maschine entwirft, hat man normalerweise nur eine dieser Funktionen im Sinn; man kann sich an den Beispielen von Abschn. 2.1.4 überzeugen, daß die anderen Funktionen meistens "uninteressant" sind.

Man beachte auch, daß es möglich ist, andere Spezifizierungen als die oben angegebenen - also andere Funktionen als γ_n, ω und δ - zu wählen; man siehe dazu Übung 2.1.4.-$\underline{8}$.

Die Definitionen werden jetzt anhand von drei Beispielen illustriert.

2.1.4. *Beispiele*

2.1.4.1 *Erstes Beispiel*

Sei $T = (\underline{V}, \underline{Q}, \underline{I}, B, q_s)$ mit

$\underline{V} = \{a, b\}$

$\underline{Q} = \{q_0, q, q_f\}$

$B = \P$

$q_s = q_0$

$\underline{I}$ besteht aus den sechs Instruktionen:

$$(q_0, a) \to (q, a, R) \tag{1}$$
$$(q_0, b) \to (q, b, R) \tag{2}$$
$$(q_0, \P) \to (q_0, \P, 0) \tag{3}$$
$$(q, a) \to (q, \P, R) \tag{4}$$
$$(q, b) \to (q, \P, R) \tag{5}$$
$$(q, \P) \to (q_f, \P, 0) \tag{6}$$

Es ist einfach einzusehen, daß

$$f_{T,1} = \text{head} ,$$

wobei head die in Abschn. 0.2.2 eingeführte Funktion für den Zeichenvorrat $\{a, b\}$ ist. Die zwei folgenden Beispiele illustrieren diese Tatsache:

(1°) $f_{T,1}(aba) = a$, denn

$\qquad (q_0, \varepsilon, aba\P)$

$\quad \Rightarrow (q, a, ba\P)$

$\quad \Rightarrow (q, a\P, a\P)$

$\quad \Rightarrow (q, a\P\P, \P)$

$\quad \Rightarrow (q_f, a\P\P, \P)$

(2°) $f_{T,1}(\varepsilon)$ ist undefiniert, denn

$$(q_0, \varepsilon, \P)$$
$$\rightarrow (q_0, \varepsilon, \P)$$
$$\rightarrow (q_0, \varepsilon, \P)$$
$$\vdots$$

Für einen formalen Beweis, daß $f_{T,1}$ = head siehe Übung 2.1.4.-<u>3</u>. Man beachte, daß die von der Turing-Maschine definierte Funktion $f_{T,1}$ sich nicht ändert, wenn die Instruktion (3) z.B. durch

$$(q_0, \P) \rightarrow (q_0, a, R)$$

ersetzt wird.

2.1.4.2 *Zweites Beispiel*

Sei

$$\text{ssub} : \{(a^p, a^q) \mid p \geq q \geq 0\} \rightarrow \{a\}^* : \text{ssub}(a^x, a^y) = a^{x-y} .$$

Es wird jetzt eine Turing-Maschine $T = (\underline{V}, \underline{Q}, \underline{I}, B, q_s)$ eingeführt, für die

$$f_{T,2} = \text{ssub}$$

ist.

Bei der Beschreibung dieser Turing-Maschine wird - wie auch im weiteren Verlauf dieses Buches, wenn nicht das Gegenteil ausdrücklich angegeben ist - für den Wert der Variablen B das Zeichen B gewählt; der Unterschied zwischen den Begriffen Variable und Zeichen wurde in einer Fußnote in Abschn. 2.1.3.1 erläutert. Die Notation B wird hier also in zwei verschiedenen Bedeutungen benutzt: in $(\underline{V}, \underline{Q}, \underline{I}, B, q_s)$ ist B eine Variable, ähnlich wie $\underline{V}$ oder $\underline{Q}$; in z.B. $(q_2, a) \rightarrow (q_3, B, L)$ ist B eine Konstante, ähnlich wie a, $\{a\}$ oder $\{q_1, q_2, q_3\}$. Eine ähnliche Bemerkung gilt für q_s.

Die Turing-Maschine T ist dann definiert durch

$$\underline{V} = \{a\}$$

$$\underline{Q} = \{q_s, q_1, q_2, q_3, q_4, q_5, q_6\}$$

$\underline{I}$ besteht aus den folgenden 12 Instruktionen, deren Aufgabe in der rechten Spalte angegeben ist:

$$(q_s,a) \to (q_s,a,R)$$
$$(q_s,B) \to (q_1,B,R)$$
lokalisiere das trennende B

$$(q_1,a) \to (q_1,a,R)$$
$$(q_1,B) \to (q_2,B,L)$$
lokalisiere das am weitesten rechts stehende a

$$(q_2,a) \to (q_3,B,L)$$
lösche dieses a

$$(q_2,B) \to (q_4,B,L)$$
stop, wenn Subtraktion beendet

$$(q_3,a) \to (q_3,a,L)$$
$$(q_3,B) \to (q_5,B,L)$$
lokalisiere das trennende B

$$(q_5,a) \to (q_5,a,L)$$
$$(q_5,B) \to (q_6,B,R)$$
lokalisiere das am weitesten links stehende a

$$(q_6,a) \to (q_s,B,R)$$
lösche dieses a

$$(q_6,B) \to (q_6,B,O)$$
unendliche Schleife, falls p<q

Es wird also, solange das die Zahl q darstellende Wort nicht leer ist, jeweils ein Zeichen a von p und q entfernt. Unter der Voraussetzung $p \geq q$ hat man schließlich so viele Zeichen a auf dem Band, wie der Differenz von p und q entsprechen.

Die folgende Sequenz von Konfigurationen beweist, daß $ssub(aa,a) = a$:

$$(q_s,\varepsilon,aaBaB)$$
$$\Rightarrow (q_s,a,aBaB)$$
$$\Rightarrow (q_s,aa,BaB)$$
$$\Rightarrow (q_1,aaB,aB)$$
$$\Rightarrow (q_1,aaBa,B)$$
$$\Rightarrow (q_2,aaB,aB)$$
$$\Rightarrow (q_3,aa,BBB)$$
$$\Rightarrow (q_5,a,aB^3)$$
$$\Rightarrow (q_5,\varepsilon,aaB^3)$$
$$\Rightarrow (q_5,\varepsilon,BaaB^3)$$
$$\Rightarrow (q_6,B,aaB^3)$$
$$\Rightarrow (q_s,BB,aB^3)$$
$$\Rightarrow (q_s,BBa,B^3)$$
$$\Rightarrow (q_1,BBaB,B^2)$$
$$\Rightarrow (q_2,BBa,B^3)$$
$$\Rightarrow (q_4,BBa,B^3)$$

2.1.4.3 *Drittes Beispiel*

Seien $(\underline{V},A)$ und $(\underline{W},B)$ zwei Alphabete mit $\underline{W} = \{a\}$ und $a \notin \underline{V}$. Sei weiter WV die in Abschn. 1.3.3 definierte Funktion.

Man sieht ohne große Mühe ein, daß

$$f_{T,1} = WV \, ,$$

wobei $T = (\underline{V}U\underline{W},\underline{Q},\underline{I},B,q_s)$ und

$$\underline{Q} = \{q_s,f,g,h,l,r,q_f\}$$

$\underline{I}$ besteht aus den folgenden $9+2\times\text{card}(\underline{V})$ Instruktionen:

$$
\begin{array}{ll}
(q_s,B) \rightarrow (q_f,B,O) & \text{stop} \\[2pt]
(q_s,c) \rightarrow (r,c,O) & \\
\text{für jedes } c \in \underline{V}U\underline{W} & \text{initialisiere} \\[2pt]
(r,a) \rightarrow (r,a,R) & \text{lokalisiere das am meisten} \\
(r,B) \rightarrow (l,B,L) & \text{rechts stehende a} \\[2pt]
(r,d) \rightarrow (r,d,O) & \text{beschränke den Definitions-} \\
\text{für jedes } d \in \underline{V} & \text{bereich auf } \{a\}* \\[2pt]
(l,a) \rightarrow (h,B,L) & \text{lösche das am meisten} \\
 & \text{rechts stehende a} \\[2pt]
(h,a) \rightarrow (h,a,L) & \text{lokalisiere das B links} \\
(h,B) \rightarrow (g,B,L) & \text{vom Argument} \\[2pt]
(g,B) \rightarrow (f,A(O),R) & \\
(g,A(i)) \rightarrow (f,A(i+1),R) & \text{berechne das} \\
\text{für jedes } i, \ O \leq i \leq \text{card}(\underline{V})-2 & \text{"nächste" Wort} \\
(g,A(\text{card}(\underline{V})-1)) \rightarrow (g,A(O),R) & \\[2pt]
(f,e) \rightarrow (f,e,R) & \\
\text{für jedes } e \in \underline{V} & \text{lokalisiere das B links} \\
(f,B) \rightarrow (q_s,B\text{'},R) & \text{vom Argument}
\end{array}
$$

Die Beschränkung des Definitionsbereiches auf $\{a\}*$ ist erforderlich, weil T eine $(\underline{V}U\underline{W})$-Turing-Maschine ist und der Definition gemäß eine $(\underline{V}U\underline{W})$-Funktion definiert. Die Berechnung des "nächsten" Wortes geschieht ähnlich wie in der Definition der Funktion NV in Abschn. 1.3.1.2.

Übungen

2.1.4.-1 Konstruiere für jede der folgenden Funktionen eine Turing-Maschine, die diese Funktion definiert:

a) $f_1 : \{a\}^* \to \{a\}^* : f_1(a^n) = a^{n/2}$;

b) $f_2 : \underline{V}^* \to \underline{V}^* : f(x) = xx$,
wobei $\underline{V}$ ein vorgegebener Zeichenvorrat ist;

c) die Funktion reverse aus Abschn. 0.2.2;

d) $f_3 : \{a\}^{*2} \to \{a\}^* : f_3(a^p, a^q) = a^{p \times q}$;

e) die Funktion V2V für $\underline{V} = \{a\}$;

f) die Funktion VW, wobei $(\underline{V}, A)$ und $(\underline{W}, B)$ zwei vorgegebene Alphabete sind.

2.1.4.-2 Sei $T = (\underline{V}, \underline{Q}, \underline{I}, B, q_S)$ eine Turing-Maschine.
Welche Funktion ist $f_{T,1}$, wenn

a) $\mathrm{card}(\underline{I}) = 0$?

b) $\mathrm{card}(\underline{I}) = \mathrm{card}(\underline{V}_B \times \underline{Q})$?

2.1.4.-3 T sei die Turing-Maschine aus Abschn. 2.1.4.1. Zeige durch Induktion über die Länge des Wortes ψ , daß

a) $(q_0, \varepsilon, \psi\P) \overset{*}{\underset{T}{\to}} (q, \mathrm{head}(\psi)(\P)^{l(\psi)-1}, \P)$
gilt für jedes Wort ψ aus $\underline{V}^+$;

b) $f_{T,1} = \mathrm{head}$

2.1.4.-4 T sei die Turing-Maschine aus Abschn. 2.1.4.2. Zeige (durch Induktion über die Länge der Argumente), daß $f_{T,2} = \mathrm{ssub}$.

2.1.4.-5 Sei $T = (\underline{V}, \underline{Q}, \underline{I}, B, q_S)$ eine Turing-Maschine und seien (q, φ, ψ), (q', φ', ψ') zwei ihrer Konfigurationen, für die

$$(q, p, \psi) \overset{*}{\underset{T}{\to}} (q', \varphi', \psi')$$

gilt. Zeige, daß es für alle p, t aus $\underline{N}$ Zahlen r, s aus $\underline{N}$ gibt, so daß

$r \leq p$,

$s \leq t$

und

$$(q, B^p\varphi, \psi B^t) \overset{*}{\underset{T}{\to}} (q', B^r\varphi', \psi'B^s)$$

ist.

2.1.4.-6 Sei $T = (\underline{V}, \underline{Q}, \underline{I}, B, q_S)$ eine Turing-Maschine und (q, φ, ψ) eine ihrer Konfigurationen, für die es $r, s \in \underline{N}$ gibt, so daß

$$(q, \varphi, \psi) \overset{+}{\underset{T}{\to}} (q, B^r\varphi, \psi B^s)$$

gilt. Zeige, daß es keine Endkonfiguration α gibt, für die gilt

$$(q, \varphi, \psi) \overset{*}{\underset{T}{\twoheadrightarrow}} \alpha \ .$$

2.1.4.-$\underline{7}$ Zeige, daß

$$f_{T,k} = \{((x_1, \ldots, x_k), y) \mid ((x_1, \ldots, x_k, \varepsilon, \ldots, \varepsilon), y) \in f_{T,n}\}$$

gilt für jede Turing-Maschine T und alle n,k, $1 \leq k \leq n$.

2.1.4.-$\underline{8}$ Sei $T = (\underline{V}, \underline{Q}, \underline{I}, B, q_s)$ eine Turing-Maschine und seien ω und δ die Funktionen aus Abschn. 2.1.3.5. Man führe jetzt für jedes n, $n \geq 1$, die Funktionen $g_{T,n}$ und $h_{T,n}$ ein:

$$q_{T,n} = \gamma_n' \circ \omega \circ \delta \ ,$$

wobei $\gamma_n' : \underline{V}^{*n} \to \underline{C} : \gamma_n'(x_1, \ldots, x_n) = (q_s, x_1, Bx_2Bx_3 \ldots x_nB)$

$$h_{T,n} = \gamma_n'' \circ \omega \circ \delta \ ,$$

wobei $\gamma_n'' : \underline{V}^{*n} \to \underline{C} : \gamma_n''(x_1, \ldots, x_n) = (q_s, x_nBx_{n-1}B \ldots Bx_1, B)$

ist. Zeige, daß es möglich ist, für jede Turing-Maschine T

a) eine Turing-Maschine S zu konstruieren, so daß $f_{S,n} = g_{T,n}$ ist;

b) eine Turing-Maschine R zu konstruieren, so daß $g_{R,n} = f_{T,n}$ ist;

c) wie a) und b) mit h statt g.

2.1.5. *Berechenbare Funktionen*

Ähnlich wie bei der Ableitung des informellen Begriffs "berechenbare Funktion" aus dem des Algorithmus kann jetzt aus dem formalen Begriff der Turing-Maschine der der Turing-Berechenbarkeit abgeleitet werden.

Eine $\underline{V}$-Funktion $F \subset \underline{V}^{*n} \times \underline{V}^*$, $n \geq 1$, ist *(Turing-)berechenbar*, wenn es eine $\underline{W}$-Turing-Maschine T mit $\underline{W} \supset \underline{V}$ und

$$f_{T,n} = F$$

gibt.

Eine $\underline{V}$-Funktion $F \subset \underline{V}^{*n} \times \underline{V}^{*m}$, $n \geq 1$, $m \geq 2$, ist *(Turing-)berechenbar*, wenn jede der m Funktionen $F \circ U_i^m$, $1 \leq i \leq m$, berechenbar ist.

Man bemerke, daß zur Definition einer $\underline{V}$-Funktion eine $\underline{W}$-Turing-Maschine mit $\underline{W} \supset \underline{V}$ benutzt werden darf; die Turing-Maschine muß dann natürlich so beschaffen sein, daß $f_{T,n}(x)$ undefiniert ist für jedes $x \in \underline{W}^* - \underline{V}^*$ und daß $f_{T,n}(y) \in \underline{V}^*$ für jedes $y \in \underline{V}^*$, für das $f_{T,n}(y)$ definiert ist. Die Zeichen aus $\underline{W} - \underline{V}$ spielen deshalb die Rolle von "Hilfszeichen", und ihre

Benutzung erleichtert oft die Konstruktion der Turing-Maschine. Daß auf die Benutzung dieser Zeichen aber verzichtet werden kann, wird in Abschn. 2.2.4 bewiesen.

Übungen

2.1.5.-**1** Zeige, daß jede endliche Wortfunktion berechenbar ist.

2.1.5.-**2** Sei $F \subset \underline{V}*^n \times \underline{V}*$, $n \geq 1$, eine berechenbare Funktion. Zeige, daß die folgenden Funktionen berechenbar sind:

a) $\{((x_1,\ldots,x_{n-1}),y) \mid ((x_1,\ldots,x_{n-1},x_{n-1}),y) \in F\}$;

b) $\{((x_1,\ldots,x_n,x_{n+1}),y) \mid ((x_1,\ldots,x_n),y) \in F, x_{n+1} \in \underline{V}*\}$.

2.1.5.-**3** Sei F die Funktion

$$F : \{a\}* \to \{a\}* : F(a^n) = a^{2n}$$

und T eine Turing-Maschine, für die $f_{T,1} = F$ gilt. Beweise, daß T wenigstens eine Instruktion

$$(q,a) \to (q',a',\delta)$$

besitzt, für die $\delta = L$ ist.

2.1.5.-**4** Beweise, die folgende Eigenschaft: für jede Turing-Maschine T kann man eine Turing-Maschine TO konstruieren, für die gilt:

a) $f_{TO,n} = f_{T,n}$ für jedes $n \geq 1$;

b) für jede Instruktion $(q,a) \to (q',a',\delta)$ von TO gilt $\delta \neq O$.

2.1.6. *Die These von Turing*

Daß eine Turing-Maschine einen Algorithmus in Sinne von Abschn. 1.1.1 darstellt, mag wohl intuitiv deutlich sein; insbesondere genügt sie den drei Bedingungen aus Abschn. 1.1.3.

Die These von Turing besagt in Umkehrung dazu, daß *jede durch einen Algorithmus definierte Wortfunktion auch von einer Turing-Maschine berechnet werden kann.*

Die These von Turing kann, ebenso wie die erste Behauptung, nicht bewiesen werden, da sie eine Verbindung zwischen einem mathematischen (Turing-Maschine) und einem intuitiven Begriff (Algorithmus) herstellt. Eine analoge Situation tritt in der Physik auf, wenn man behauptet, daß eine mathematische Gleichung auf eine physikalisches Geschehen anwendbar ist.

50

Die Glaubhaftigkeit der These von Turing wird aber durch die drei folgenden Überlegungen untermauert. Erstens haben Maschinen, die weniger
elementar als Turing-Maschinen sind, sich zwar als effizienter aber
nicht als "mächtiger" herausgestellt; ein Beispiel einer solchen Maschine wird in Abschn. 2.2.5 behandelt. Weiter wurde für alle anderen
Formalisierungen des Begriffes Algorithmus die mathematische Äquivalenz mit der Turing-Maschine bewiesen, obschon diese Formalismen häufig
von der Turing-Maschine sehr verschieden sind; zwei solcher Formalismen, die rekursiven Funktionen und die Markov-Algorithmen, werden in
Abschn. 3 dieses Buches besprochen. Schließlich sind bis jetzt keine
Gegenbeispiele in Form von nicht Turing-berechenbaren Algorithmen gefunden worden.

2.1.7. *Eine wichtige Bemerkung*

Die Konstruktion einer Turing-Maschine T, die eine gegebene nicht-tri-
viale Funktion F definiert, ist i.a. eine recht komplizierte Angelegen-
heit. Außerdem ist der Beweis, daß die durch T definierte Funktion wirk-
lich F ist, oft sehr schwierig.

Der Beweis für die Berechenbarkeit einer Funktion wird darum im weiteren Verlauf manchmal durch die weniger formalisierte Beschreibung eines
Algorithmus erbracht; die These von Turing besagt dann, daß die Funktion berechenbar ist; der Algorithmus in einem solchen Beweis muß dann
aber deutlich den Bedingungen der Endlichkeit, der Eindeutigkeit und
der Effektivität aus Abschn. 1.1.3 genügen. Zwar hat ein solcher Beweis keinen formalen Charakter, aber seine "Überzeugungskraft" ist oft
stärker als die eines formaleren Beweises; solche nicht-formalisierte
Beweise sind außerdem in vielen Gebieten der Mathematik wie z.B. in der
Theorie der formalen Sprachen üblich.

Bei solchen Beweisen wird in diesem Buch für die Beschreibungen von Algorithmen von einem halbformalen Schema Gebrauch gemacht, wobei insbesondere die einzelnen elementaren Schritte klar voneinander getrennt
sind; dieses Schema wurde schon für das Beispiel in Abschn. 1.1.1 benutzt. Man beachte aber, daß der Gebrauch dieses Schemas allein noch
nicht die Erfüllung der drei Bedingungen garantiert; insbesondere muß
man sich in jedem konkreten Fall vergewissern, daß die Ausführung jedes
einzelnen Schrittes nur endlich viel Zeit braucht.

Übung

2.1.7.-__1__ Konstruiere einen Algorithmus zur Berechnung der Funktion
VnWm aus Abschn. 1.3.3 und beweise auf diese Art die Berechenbarkeit dieser Funktion.

2.1.8.* *Eine weitere Bemerkung*

Das Vorhergehende könnte Anlaß zu der Annahme geben, eine Funktion sei
genau dann berechenbar, wenn es möglich ist, den Wert dieser Funktion
für ein beliebiges Argument zu berechnen. Daß dies nicht stimmt, d.h.
daß die Definition der berechenbaren Funktion einen (leicht) "nicht-
konstruktiven" Charakter hat, wird durch das folgende Beispiel illustriert.

Man betrachte die unendliche Zeichenreihe u über dem Zeichenvorrat
{0,1,2,3,4,5,6,7,8,9,.}, welche die reelle Zahl π in der dezimalen Notation darstellt. Sei nun P die folgende Aussage: "die Zeichenreihe

$\qquad$ 55555555

tritt als Teilzeichenreihe in der Zeichenreihe u auf". Schließlich betrachte man die Funktion f:

$$f : \{a\}^* \to \{a\}^* : f(x) = \begin{cases} a & \text{wenn P gilt} \\ aa & \text{wenn P nicht gilt .} \end{cases}$$

Wenn P gilt, ist

$$f : \{a\}^* \to \{a\}^* : f(x) = a$$

und es gibt selbstverständlich eine Turing-Maschine, die f definiert;
wenn P nicht·gilt, ist

$$f : \{a\}^* \to \{a\}^* : f(x) = aa$$

und es gibt ebenfalls eine Turing-Maschine, die f definiert. Aus der
Definition von Abschn. 2.1.5 geht also hervor, daß die Funktion f eine
berechenbare Funktion ist, denn es gibt eine Turing-Maschine, die die
Funktion f definiert - ob die Aussage P gilt oder nicht. Da aber bis
heute die Richtigkeit der Aussage P noch nicht geklärt ist, ist es
(noch) nicht möglich, den Wert der Funktion f zu berechnen; m.a.W., es
ist nicht möglich zu entscheiden, welche von den beiden Turing-Maschinen die Funktion f definiert.

Eine "bessere" Definition des Begriffes "berechenbare Funktion" wäre
deshalb die, die man erhält, wenn man in der Definition von Abschn. 2.1.5

die Formulierung

"wenn es eine $\underline{W}$-Turing-Maschine T gibt"

durch

"wenn es möglich ist, eine $\underline{W}$-Turing-Maschine zu konstruieren"

ersetzt. Man müßte dann allerdings genau definieren, was "die Möglichkeit, eine Turing-Maschine zu konstruieren" bedeutet.

2.1.9. *Die Berechenbarkeit anderer Funktionen als Wortfunktionen*

Der Begriff Berechenbarkeit kann für Funktionen, in denen nicht-negative ganze Zahlen vorkommen, wie folgt erweitert werden.

Eine Funktion $F \subset \underline{N}^n \times \underline{N}^m$, $n,m \geq 1$, ist *(Turing-)berechenbar*, wenn die $\{a\}$-Funktion

$$G = \{((a^{p_1}, a^{p_2}, \ldots, a^{p_n}), (a^{q_1}, a^{q_2}, \ldots, a^{q_m})) \mid$$
$$((p_1, p_2, \ldots, p_n), (q_1, q_2, \ldots, q_m)) \in F\}$$

berechenbar ist.

Sei, allgemeiner, $\underline{V}$ ein Zeichenvorrat, a ein Zeichen, $a \in \underline{V}$, und $n,m \geq 1$. Dann ist eine Funktion

$$F \subset (\underline{O}_1 \times \underline{O}_2 \times \ldots \times \underline{O}_n) \times (\underline{O}_{n+1} \times \underline{O}_{n+2} \times \ldots \times \underline{O}_{n+m}) \; ,$$

wobei für jedes i, $1 \leq i \leq n+m$, entweder $\underline{O}_i = \underline{N}$ oder $\underline{O}_i = \underline{V}^*$ ist, *(Turing-) berechenbar*, wenn die $\underline{V}$-Funktion

$$G = \{((x_1, x_2, \ldots, x_n), (x_{n+1}, x_{n+2}, \ldots, x_{n+m})) \mid \text{es gibt } y_1, y_2, \ldots, y_{n+m}$$
$$\text{so daß } ((y_1, y_2, \ldots, y_n), (y_{n+1}, y_{n+2}, \ldots, y_{n+m})) \in F \text{ und für jedes}$$
$$i, \; 1 \leq i \leq n+m, \; x_i = y_i \text{ wenn } y_i \in \underline{V}^* \text{ und } \; x_i = a^{y_i} \text{ wenn } y_i \in \underline{N}\}$$

berechenbar ist. M.a.W., wenn in einer Funktion F Worte und nicht-negative ganze Zahlen vorkommen, ersetzt man jede Zahl, etwa j, durch das Wort a^j; F ist berechenbar, wenn die Funktion G, die man so erhält, berechenbar ist.

Es ist relativ einfach zu beweisen, daß die Funktionen NNn, NnN, NVn und VnN aus den Abschnitten 1.3.2.2 und 1.3.2.3 berechenbar sind (siehe auch Übungen 2.1.4.-$\underline{1}$ und 2.2.5.-$\underline{1}$).

2.2. Einige spezielle Turing-Maschinen

In diesem Absatz werden vorerst einige elementare Klassen von Turing-Maschinen eingeführt. Es handelt sich dabei um Turing-Maschinen, bei denen entweder die Benutzung der Zustände bestimmten Beschränkungen unterliegt oder das Resultat in einer "normalisierten" Form abgeliefert wird; außerdem wird der Fall von Turing-Maschinen ohne Hilfszeichen behandelt. Es wird dann bewiesen, daß diese Einschränkungen die Klasse der von den Turing-Maschinen definierbaren Funktionen nicht beeinträchtigen.

Anschließend wird eine verallgemeinerte Turing-Maschine eingeführt, nämlich die Turing-Maschine mit mehreren Bändern. Es wird gezeigt, daß diese verallgemeinerte Turing-Maschine nicht mehr Funktionen definieren kann als die "normale" Turing-Maschine.

2.2.1. *Einleitung*

Bei der Definition der Turing-Maschine in Abschn. 2.1 wurde versucht, eine elementare Maschine einzuführen. Es wurde aber vermieden, diese Maschine zu primitiv zu wählen oder ihrem Verhalten zu große Beschränkungen aufzuerlegen, weil sonst die Konstruktion einer Turing-Maschine für eine gegebene Funktion sehr bald zu kompliziert würde. Die Definitionen aus dem Abschn. 2.1 stellen deshalb einen Kompromiß zwischen primitiven und komplexeren Definitionen dar.

Es ist daher interessant zu erforschen, ob man mit primitiveren, bzw. mit komplexeren Definitionen, zu derselben Definition der Berechenbarkeit kommt.

2.2.2. *Echte Startzustände und Endzustände*

2.2.2.1 *Einleitung*

Da bei einer Turing-Maschine der Startzustand auch im rechten Glied einer Instruktion vorkommen darf, tritt in einer Berechnung der Startzustand nicht unbedingt nur beim Start auf. Andererseits liegt der Zustand, in dem eine Turing-Maschine hält, nicht von vornherein fest.

Es werden jetzt Turing-Maschinen eingeführt, bei denen die Benutzung
dieser Zustände eingeschränkt ist,und es wird bewiesen, daß jede berechenbare Funktion von einer solchen Turing-Maschine definiert werden
kann. Dazu sind aber erst einige Definitionen nötig.

2.2.2.2 *Definitionen*

$(\underline{V},\underline{Q},\underline{I},B,q_s)$ sei eine Turing-Maschine.

Der Startzustand q_s heißt *echt*, wenn er in keinem rechten Glied einer
Instruktion vorkommt. Bei einer Berechnung einer Turing-Maschine mit
einem echten Startzustand tritt dieser Zustand genau einmal auf und
zwar beim Start.

Ein Zustand q_f aus $\underline{Q}$ heißt *Endzustand*, wenn eine Konfiguration, etwa
(q,φ,ψ), genau dann eine Endkonfiguration ist, wenn $q = q_f$ ist. Bei
einer Berechnung einer Turing-Maschine mit einem Endzustand tritt dieser Zustand also genau einmal auf und zwar beim Halten.

2.2.2.3 *Satz:* Für jede Turing-Maschine, etwa T, kann man eine Turing-
Maschine TE konstruieren, deren Startzustand echt ist,
die einen Endzustand besitzt und für die gilt

$$f_{TE,i} = f_{T,i} \quad \text{für jedes } i\geq 1 \quad .$$

Beweis

Es sei $T = (\underline{V},\underline{Q},\underline{I},B,q_s)$; weiter seien p und r zwei Zeichen, $p,r\notin\underline{Q}$.
Setze

$$TE = (\underline{V},\underline{Q}_E,\underline{I}_E,B,p)$$
$$\underline{Q}_E = \underline{Q} \cup \{p,r\}$$

und

$$\underline{I}_E = \underline{I} \cup \{(q,a) \to (r,a,O) \mid q\in\underline{Q},\ a\in\underline{V}_B \text{ und es gibt kein } q'\in\underline{Q},\ a'\in\underline{V}_B,$$
$$\text{und } \delta \in \{L,R,O\} \text{ , so daß } (q,a) \to (q',a',\delta) \in \underline{I}\}$$
$$\cup \{(p,a) \to (q_s,a,O) \mid a \in \underline{V}_B\} \quad .$$

M.a.W., die Turing-Maschine TE wird aus der Turing-Maschine T abgeleitet, indem zu $\underline{I}$ zwei Mengen von Instruktionen hinzugefügt werden: die
erste Menge überführt q in r jedesmal, wenn T in dem Zustand q hält;
die zweite Menge überführt beim Start p in q_s.

Es ist klar, daß TE die gestellten Bedingungen erfüllt und insbesondere, daß r der Endzustand ist. ⌐

Turing-Maschinen mit einem echten Startzustand und mit einem Endzustand
sind also ebenso "mächtig" wie "übliche" Turing-Maschinen.

2.2.3. *Normalisierte Turing-Maschinen*

2.2.3.1 *Einleitung*

Beim Start einer Turing-Maschine steht der Kopf über dem Anfangszeichen
des ersten Argumentes. Beim Halten steht aber der Kopf über irgendeinem
Zeichen; außerdem ist das Resultat normalerweise mit einigen Zeichen B
"durchsetzt".

Der Grundgedanke bei der normalisierten Turing-Maschine besteht darin,
die Turing-Maschine zu zwingen, ein "sauberes" Resultat abzuliefern
(d.h. nicht durchsetzt mit B's); zuletzt muß der Kopf auf dem Anfangszeichen des Resultats stehen. Die Turing-Maschine ist dann "startbe-
reit" für eine eventuelle neue Berechnung mit dem soeben berechneten
Wert als Argument.

2.2.3.2 *Definition*

Sei $T = (\underline{V}, \underline{Q}, \underline{I}, B, q_s)$ eine Turing-Maschine und $n \in \underline{N}$, $n \geq 1$.

Die Turing-Maschine T heißt *(n-)normalisiert*, wenn sie die drei folgenden Bedingungen erfüllt:

(1°) ihr Startzustand ist echt;

(2°) sie hat einen Endzustand, etwa q_f;

(3°) für jede Endkonfiguration, etwa (q_f, φ, ψ), für die es i, $1 \leq i \leq n$,
und $(x_1, x_2, \ldots, x_i) \in \underline{V}^{*i}$ gibt, so daß

$$(q_s, \varepsilon, x_1 B x_2 B \ldots x_i B) \overset{*}{\to} (q_f, \varphi, \psi) ,$$

gilt

$$\varphi \in \{B\}^*$$

und

$$\psi \in \underline{V}^* \cdot \{B\}^* .$$

Die dritte Bedingung besagt, daß die Turing-Maschine, wenn sie den Wert einer Funktion mit i Argumenten berechnet, diesen Wert "sauber" abliefert und daß dabei der Kopf über dem Anfangszeichen steht.

Es ist klar, daß eine n-normalisierte Turing-Maschine auch m-normalisiert ist für jedes m, für das $1 \leq m \leq n$ gilt.

2.2.3.3 *Satz:* Für jedes Paar (T,n), wobei T eine Turing-Maschine ist und n eine Zahl aus $\underline{N}$, $n \geq 1$, kann man eine Turing-Maschine TN konstruieren, für die gilt:

(1°) $f_{TN,i} = f_{T,i}$ für jedes i, $1 \leq i \leq n$;

(2°) TN ist n-normalisiert .

Beweis

Das Prinzip der Turing-Maschine TN besteht darin, daß sie zuerst die Turing-Maschine T "simuliert" und dann das Resultat oder, genauer gesagt, den benutzten Teil des Bandes "säubert".

Eine Schwierigkeit ist aber folgende: ohne spezielle Vorkehrungen kann eine Turing-Maschine den benutzten Teil des Bandes nicht vom unbenutzten unterscheiden. Dies hängt mit der doppelten Rolle des leeren Zeichens B zusammen; auf der einen Seite wird B als ein "normales" Zeichen benutzt (z.B. um die Argumente voneinander zu trennen); auf der anderen Seite ist B das Zeichen, das gelesen wird, wenn der Kopf den benutzten Teil des Bandes verläßt. Wenn also ein Zeichen B gelesen wird, ist nicht ohne weiteres festzustellen, ob dieses explizit hingeschrieben oder das betreffende Feld noch nie benutzt wurde. Zur Lösung dieser Schwierigkeit wird in der Turing-Maschine TN jedes "benutzte" B systematisch durch ein neues Zeichen, nämlich b, ersetzt.

Formaler ausgedrückt, sei $T = (\underline{V},\underline{Q},\underline{I},B,q_s)$. Man darf annehmen, daß der Startzustand q_s echt ist und daß T einen Endzustand q_f hat; wenn nämlich die Bedingung nicht erfüllt ist, genügt es, vorerst die Konstruktion aus dem Beweis von Satz 2.2.2.3 auszuführen.

Man setze jetzt

$$TN = (\underline{V} \cup \{b\}, \underline{Q}_N, \underline{I}_N, B, \langle qs \rangle) \;.^{11}$$

wobei $b \notin \underline{V}$. Es müssen nur noch $\underline{I}_N$ und $\underline{Q}_N$ definiert werden.

---

[11] Aus mnemotechnischen Gründen werden Zustände eingeführt, die als $\langle qs \rangle$ oder $\langle rb,1 \rangle$ geschrieben werden.

Die Menge $\underline{I}_N$ wird definiert als die Vereinigung der drei disjunkten Mengen $\underline{I}_c$, $\underline{I}_s$ und $\underline{I}_d$. Jede dieser Mengen hat während der Arbeit der Turing-Maschine TN eine verschiedene Aufgabe: die Instruktionen von $\underline{I}_c$ "kodieren" die Argumente, die Instruktionen von $\underline{I}_s$ "simulieren" die Turing-Maschine T und die Instruktionen von $\underline{I}_d$ "dekodieren" das Resultat. Diese drei Mengen werden jetzt nacheinander besprochen.

(1°) Die Menge $\underline{I}_c$:

Die Aufgabe der Instruktionen dieser Menge besteht darin, die Zeichen B, die hinter jedem Argument stehen, durch Zeichen b zu ersetzen; diese Operation muß sofort nach dem Start stattfinden, weil die Turing-Maschine nur zu diesem Zeitpunkt (durch Zählung der Argumente) den benutzten Teil des Bandes bestimmen kann.

Die Menge $\underline{I}_c$ besteht aus den folgenden Instruktionen:

$(\langle qs\rangle,c) \rightarrow (\langle rb,1\rangle,c,O)$ für jedes $c \in \underline{V}\cup\{B\}$ (1.1)

$(\langle rb,i\rangle,a) \rightarrow (\langle rb,i\rangle,a,R)$ für jedes $a \in \underline{V}$ und $1\leq i\leq n$ (1.2)

$(\langle rb,i\rangle,B) \rightarrow (\langle rb,i+1\rangle,b,R)$ für jedes $1\leq i\leq n-1$ (1.3)

$(\langle rb,i\rangle,b) \rightarrow (\langle rb,i\rangle,b,O)$ für jedes $1\leq i\leq n$ (1.4)

$(\langle rb,n\rangle,B) \rightarrow (\langle rb\rangle,b,L)$ (1.5)

$(\langle rb\rangle,d) \rightarrow (\langle rb\rangle,d,L)$ für jedes $d \in \underline{V}\cup\{b\}$ (1.6)

$(\langle rb\rangle,B) \rightarrow (q_s,B,R)$ (1.7)

Dabei sorgen die Instruktionen (1.4) dafür, daß der Definitionsbereich der Funktion $f_{TN,i}$ in der Menge $\underline{V}*^i$ liegt: da TN eine $(\underline{V}\cup\{b\})$-Turing-Maschine ist, definiert sie nämlich eine $(\underline{V}\cup\{b\})$-Funktion, d.h. eine Funktion, deren Definitionsbereich in $(\underline{V}\cup\{b\})*$ liegt.

Man erkennt, daß diese Instruktionen den ursprünglichen Inhalt des Bandes, etwa

$$x_1Bx_2B\ldots x_iB ,$$

wobei $1\leq i\leq n$ ist, in

$$Bx_1bx_2b\ldots x_ib^{n-i+1}$$

überführen; zum Schluß steht der Kopf auf dem Anfangszeichen des Wortes $x_1bx_2b\ldots x_ib^{n-i+1}$ und die zentrale Einheit ist im Zustand q_s.

(2°) Die Menge $\underline{I}_s$

Diese Instruktionen simulieren die Turing-Maschine T. In dieser Simulation spielt das Zeichen b die Rolle von B; weiter wird jedes gelesene Zeichen B sofort durch das Zeichen b ersetzt.

Sei f die (endliche) Funktion

$$f : \underline{V}_B \to \underline{V}\cup\{b\} : f(x) = \begin{cases} x \text{ wenn } x\in\underline{V} \\ b \text{ wenn } x=B \end{cases}.$$

Dann besteht $\underline{I}_s$ aus den Instruktionen

$(q,f(a)) \to (q',f(a'),\delta)$ für jede $(q,a) \to (q',a',\delta) \in \underline{I}$ (2.1)

$(q,B) \to (q,b,O)$ für jedes $q \in \underline{Q}$ (2.2).

Man erkennt, daß diese Instruktionen genau dann zum Zustand q_f führen, wenn die Turing-Maschine T zum Halten kommt.

(3°) Die Menge $\underline{I}_d$

Diese Menge besteht aus den folgenden Instruktionen:

$(q_f,d) \to (\langle l\rangle,d,O)$ für jedes $d \in \underline{V}\cup\{b\}$ (3.1)

$(\langle l\rangle,d) \to (\langle l\rangle,d,L)$ für jedes $d \in \underline{V}\cup\{b\}$ (3.2)

$(\langle l\rangle,B) \to (\langle r\rangle,B,R)$ (3.3)

$(\langle r\rangle,b) \to (\langle r\rangle,b,R)$ (3.4)

$(\langle r\rangle,a) \to (\langle l,a\rangle,b,L)$ für jedes $a \in \underline{V}$ (3.5)

$(\langle l,a\rangle,b) \to (\langle l,a\rangle,b,L)$ (3.6)

$(\langle l,a\rangle,c) \to (\langle r,a\rangle,c,R)$ für jedes $a \in \underline{V}$ und jedes $c \in \underline{V}_B$ (3.7)

$(\langle r,a\rangle,b) \to (\langle r\rangle,a,R)$ für jedes $a \in \underline{V}$ (3.8)

$(\langle r\rangle,B) \to (\langle t\rangle,B,L)$ (3.9)

$(\langle t\rangle,b) \to (\langle t\rangle,B,L)$ (3.10)

$(\langle t\rangle,a) \to (\langle t\rangle,a,L)$ für jedes $a \in \underline{V}$ (3.11)

$(\langle t\rangle,B) \to (\langle qf\rangle,B,R)$ (3.12)

Diese Instruktionen haben die folgenden Aufgaben: die Instruktionen (3.1) bis (3.3) lokalisieren das linke Ende des benutzten Teils des Bandes; die Instruktionen (3.4) bis (3.8) schieben dann alle Zeichen aus $\underline{V}$ nach links; die Instruktion (3.9) lokalisiert das rechte Ende des benutzten Teils des Bandes; die Instruktion (3.10) löscht alle b's; und schließlich bringen die Instruktionen (3.11) und (3.12) den Kopf in die gewünschte Position und die zentrale Einheit in den Zustand $\langle qf\rangle$, der somit der Endzustand der Turing-Maschine TN ist.

Um die Definition der Turing-Maschine TN zu vervollständigen genügt es, $\underline{Q}_N$ zu definieren:

$$\underline{Q}_N = \{<qs>,<rb>\} \cup \{<rb,i>|1\le i\le n\}$$
$$\cup \underline{Q}$$
$$\cup \{<l>,<r>,<t>,<qf>\}$$
$$\cup \{<l,a>|a\in\underline{V}\}\cup\{<r,a>|a\in\underline{V}\}$$

TN ist also so konstruiert, daß sie n-normalisiert ist und

$$f_{TN,i} = f_{T,i} \qquad \text{für } 1\le i\le n$$

gilt. ⌐

Normalisierte Turing-Maschinen sind also bezüglich der Definition von Funktionen ebenso "mächtig" wie "übliche" Turing-Maschinen.

Übungen

2.2.3.-**1** Sei $T = (\underline{V},\underline{Q},\underline{I},B,q_s)$ eine Turing-Maschine mit $\underline{V} = \{a\}$, $\underline{Q} = \{q_s,q_1,q_2\}$ und $\underline{I} = \{(q_s,B) \to (q_2,B,O), (q_s,a) \to (q_1,B,R), (q_1,a) \to (q_s,a,R), (q_1,B) \to (q_2,B,O)\}$.
Konstruiere für (T,n), wobei $n\ge 1$ ist, eine n-normalisierte Turing-Maschine durch Anwendung der Konstruktion aus dem Beweis von Satz 2.2.3.3.

2.2.3.-**2** Zeige, daß eine $\underline{V}$-Funktion $F \subset \underline{V}*^n\times\underline{V}*$, $n\ge 1$, berechenbar ist, wenn es eine $\underline{W}$-Turing-Maschine T gibt, $\underline{W} \supseteq \underline{V}$, für die

$$F = f_{T,n}|\underline{V}*^n$$

gilt.

2.2.3.-**3** Gegeben sei die Turing-Maschine $P = (\underline{V},\underline{Q},\underline{I},B,q_s)$ mit $\underline{V} = \{0,1\}$, $\underline{Q} = \{q_0,q_1,q_2,q_3,q_4\}$, $q_s = q_0$ und $\underline{I} = \{(q_0,B) \to (q_4,B,O), (q_0,0) \to (q_2,0,R), (q_0,1) \to (q_1,1,R), (q_1,0) \to (q_1,0,R), (q_1,1) \to (q_2,1,R), (q_1,B) \to (q_3,1,L), (q_2,0) \to (q_2,0,R), (q_2,1) \to (q_1,1,R), (q_2,B) \to (q_3,0,L), (q_3,1) \to (q_3,1,L), (q_3,0) \to (q_3,0,L), (q_3,B) \to (q_4,B,R)\}$.

a) Welche sind die Funktionen $f_{P,i}$, $i\ge 1$?
b) Gibt es ein n, $n\ge 1$, so daß die Turing-Maschine P n-normalisiert ist ?

2.2.3.-**4** Beweise die folgende Eigenschaft: für jedes Paar (T,n), wobei T eine Turing-Maschine ist und n eine Zahl aus $\underline{N}$, $n\ge 1$, kann man eine Turing-Maschine TE konstruieren, für die gilt:

(1°) $f_{TE,n} = f_{T,n}$;

(2°) für jede Konfiguration (q,φ,ψ), für die es
$(x_1,x_2,\dots,x_n) \in \underline{V}^{*n}$ gibt, so daß

$$(q_s,\varepsilon,x_1 B x_2 B \dots x_n B) \xrightarrow[TE]{*} (q,\varphi,\psi) ,$$

gilt $\varphi = \varepsilon$.

2.2.4. _Reduktion des Zeichenvorrats einer Turing-Maschine_

2.2.4.1 _Einleitung_

Um zu beweisen, daß eine gegebene $\underline{V}$-Funktion berechenbar ist, genügt
es gemäß der Definition aus Abschn. 2.1.5, eine $\underline{W}$-Turing-Maschine zu
konstruieren, die diese Funktion definiert; dabei ist $\underline{W}$ ein beliebiger
Zeichenvorrat, für den $\underline{W} \supseteq \underline{V}$ gilt. M.a.W., bei der Konstruktion einer
Turing-Maschine dürfen "Hilfszeichen" - nämlich die Zeichen von $\underline{W}-\underline{V}$ -
benutzt werden. Ein solches Hilfszeichen war z.B das Zeichen b in der
Turing-Maschine TN aus dem Beweis von Satz 2.2.3.3. Es wird nun gezeigt, daß auf solche Hilfszeichen verzichtet werden kann.

Dazu wird im nächsten Abschnitt eine $\underline{W}$-Turing-Maschine T eingeführt,
für die die Einschränkung

$$f_{T,i} | \underline{V}^{*i}$$

von $f_{T,i}$ auf $\underline{V}^{*i}$ eine V-Funktion ist. Zum Beispiel hat die Turing-Maschine TN aus dem Beweis von Satz 2.2.3.3 diese Eigenschaft - auch
wenn die Instruktionen von Typ (1.4) entfernt werden ($\underline{W} = \underline{V} \cup \{b\}$).

2.2.4.2 _Satz:_ $\underline{W}$ sei ein Zeichenvorrat, T eine $\underline{W}$-Turing-Maschine und
$\underline{V} \subset \underline{W}$. Es ist möglich, eine $\underline{V}$-Turing-Maschine TV zu konstruieren, so daß

$$f_{TV,i} = f_{T,i} | \underline{V}^{*i}$$

gilt für jedes i, für das

$$f_{T,i} | \underline{V}^{*i}$$

eine $\underline{V}$-Funktion ist.

Für den Fall, in dem $f_{T,i}$ (und nicht nur $f_{T,i}|\underline{V}*^1$) eine $\underline{V}$-Funktion ist, geht aus dem Satz hervor, daß T und TV dieselben Funktionen definieren, d.h. daß die Verwendung von "Hilfszeichen" vermieden werden kann.

Vorerst wird nun der Grundgedanke des Beweises dieses Satzes erläutert.

2.2.4.3 *Der Grundgedanke des Beweises*

Der Beweis beruht auf einer Kodierung der Zeichen aus $\underline{W}\cup\{B\}$ als Worte aus $\underline{V}_B^*$. Zur Vereinfachung der Dekodierung wird jedes Zeichen als ein Wort gleicher Länge kodiert; weiter wird B als ein Wort aus $\{B\}^*$ kodiert, um Verwechslungen mit dem nicht benutzten Teil des Bandes zu vermeiden. Für den Fall

$$\underline{W} = \{a,c\}$$

und

$$\underline{V} = \{a\} \subset \underline{W}$$

definiert z.B. folgende Tabelle eine mögliche Kodierung für die Zeichen aus $\underline{W}\cup\{B\}$ und für den "Separator", dessen Rolle später erläutert wird:

Zeichen	a	c	B	Separator
Kodierung	aB	aa	BB	Ba

Man könnte nun meinen, daß die erste Handlung der zu konstruierenden Turing-Maschine TV die Kodierung der Argumente (d.h. des Bandinhaltes beim Start) sein müßte. Wie im Fall der Turing-Maschine TN aus Abschn. 2.2.3.3 müßte dann aber eine obere Schranke n der Anzahl i der Argumente bekannt sein. Die folgende Methode ermöglicht es, diese Beschränkung zu umgehen: die Zeichen werden erst dann kodiert, wenn der Kopf sie lesen will; dazu werden die beiden Enden des kodierten Teils des Bandes durch die Kodierung eines speziellen Zeichens, "Separator" genannt, angegeben; in dem oben besprochenen Beispiel ist das Wort Ba eine solche Kodierung; immer wenn der Kopf den kodierten Teil des Bandes verläßt, also den Separator liest, wird ein weiteres Zeichen kodiert. Die Kodierung hat deshalb einen "dynamischen" oder "interpretativen" Charakter: es werden nur die Zeichen kodiert, die von der (ursprünglichen) Turing-Maschine T benötigt werden.

2.2.4.4* *Eine Skizze des Beweises*

Seien $T = (\underline{W}, \underline{Q}, \underline{I}, B, q_s)$ und $TV = (\underline{V}, \underline{Q}_V, \underline{I}_V, B, \text{<qs>})$ die beiden Turing-Maschinen. Es wird jetzt kurz skizziert, wie die Menge $\underline{I}_V$ konstruiert werden kann. Dazu wird nur der Spezialfall betrachtet, der in Abschn. 2.2.4.3 als Beispiel behandelt wurde; der Beweis kann aber ohne Schwierigkeiten auf beliebige Zeichenvorräte $\underline{V}$ und $\underline{W}$ verallgemeinert werden.

Die Menge $\underline{I}_V$ setzt sich aus fünf disjunkten Teilmengen zusammen, deren Aufgaben im folgenden erläutert werden.

Man beachte noch, daß es in diesem Beweis nur um die Existenz der Turing-Maschine TV geht, nicht etwa um ihre Effizienz oder um eine Minimalisierung der Anzahl ihrer Instruktionen.

(1°) Der Start

Beim Start muß das Zeichen unter dem Kopf kodiert und von zwei Separatoren eingerahmt werden. Wenn die Beginnkonfiguration z.B.

    (<qs>,ε,aaBaB)

ist, muß sie in

    (<qs1>,Ba,aBBaaBaB)

überführt werden; dabei ist <qs1> ein von <qs> verschiedener Zustand. Offensichtlich kann diese Transformation mit Hilfe einiger Instruktionen verwirklicht werden.

(2°) Die Simulation der Turing-Maschine T

Um das Lesen eines Zeichens in der Turing-Maschine T zu simulieren, müssen in der Turing-Maschine TV zwei Zeichen gelesen werden; ähnlich müssen beim Schreiben zwei Zeichen geschrieben und Verschiebeoperationen über jeweils zwei Felder ausgeführt werden.

Dazu werden die Zustände aus $\underline{Q}$ mit Indizes versehen: der Index 1, bzw. 2, zeigt an, daß der Kopf auf dem linken, bzw. auf dem rechten, Zeichen der Kodierung steht.

Das Lesen eines Zeichens wird dann durch die folgenden Instruktionen simuliert:

    $(q_1,d) \rightarrow (\text{<}q_2,d\text{>},d,R)$ für jedes $q \in \underline{Q}$ und $d \in \underline{V}_B$

    $(\text{<}q_2,d\text{>},e) \rightarrow (\text{<}q_1,de\text{>},e,L)$ für jedes $q \in \underline{Q}$, $d \in \underline{V}_B$ und $e \in \underline{V}_B$

Die nächste anwendbare Instruktion wird wie folgt bestimmt:

    $(\text{<}q_1,de\text{>},d) \rightarrow (\text{<}q_1',d'e',\delta\text{>},d,O)$

    für jedes $(q,f) \rightarrow (q',f',\delta) \in \underline{I}$, wobei de bzw. d'e' die Kodierung von f bzw. f' darstellt.

Das Schreiben eines Zeichens wird durch die folgenden Instruktionen simuliert:

$(\langle q_1, de, \delta \rangle, f) \rightarrow (\langle q_2, e, \delta \rangle, d, R)$

für jedes $q \in \underline{Q}$, $d, e, f \in \underline{V}_B$ und $\delta \in \{L, R, O\}$

$(\langle q_2, d, \delta \rangle, f) \rightarrow (\langle q_1, \delta \rangle, d, L)$

für jedes $q \in \underline{Q}$, $d, f \in \underline{V}_B$ und $\delta \in \{L, R, O\}$.

Schließlich müssen noch die Verschiebeoperationen simuliert werden; für den Fall $\delta = L$ z.B. wird dies durch die folgenden Instruktionen erreicht.

$(\langle q_1, L \rangle, d) \rightarrow (\langle q_2, L \rangle, d, L)$ für jedes $q \in \underline{Q}$ und $d \in \underline{V}_B$

$(\langle q_2, L \rangle, d) \rightarrow (q_1, d, L)$ für jedes $q \in \underline{Q}$ und $d \in \underline{V}_B$ (a)

(3°) Das Verlassen des benutzten Teils des Bandes nach links

Wenn nach der Simulation einer Schiebeoperation nach links die Kodierung Ba unter (und rechts von) dem Kopf auftritt, muß diese Kodierung um zwei Felder nach links verschoben werden.

Die Simulation einer Linksschiebung mit Hilfe einer Instruktion vom Typ (a) soll daher nicht in den Zustand q_1 führen, sondern in einen Zustand, etwa $\langle q_1, l \rangle$, der eine Leseoperation veranlaßt. Wenn das Leseresultat verschieden von Ba ist, wird der Zustand q_1 erreicht; sonst wird ebenfalls der Zustand q_1 erreicht, aber die Konfiguration, etwa

$(\langle q_1, Ba, l \rangle, \varepsilon, Ba\psi)$ wobei $\psi \in \underline{V}_B^+$,

muß dabei in

$(q_1, Ba, BB\psi)$

überführt werden.

(4°) Das Verlassen des benutzen Teils des Bandes nach rechts

Dieser Fall wird ähnlich wie der vorige behandelt. Wenn das Leseresultat Ba ist, muß nun die Konfiguration

$(\langle q_1, Ba, r \rangle, \psi, Ba\varphi)$ wobei $\varphi \in \underline{V}_B^*$, $\psi \in \underline{V}_B^+$

überführt werden in

$(q_1, \psi, BBBa)$

falls $\varphi = \varepsilon$ ist, und in

$(q_1, \psi, dBBa\varphi_0)$ (b)

falls $\varphi = d\varphi_0$, $d \in \underline{V}_B$, $\varphi_0 \in \underline{V}_B^*$. Dabei beachte man, daß φ ein Wort aus $\underline{V}_B^*$

(und nicht aus $\underline{W}_B^* - \underline{V}_B^*$) ist, weil nur der Fall, in dem die Turing-Maschine mit einem Argument aus $\underline{V}^{*i}$ gestartet wird, zu berücksichtigen ist; man beachte außerdem, daß die Kodierung eines Zeichens d aus $\underline{V}_B$ das Wort dB ist.

Eine Schwierigkeit in Fall (b) besteht darin, daß das Wort φ_O im allgemeinen nicht leer ist; da nun der kodierte Teil des Wortes um ein Zeichen länger ist (weil das Zeichen d durch das Wort dB ersetzt wird), muß also das Wort ψ um ein Feld verschoben werden; dabei muß es sich um eine Verschiebung nach links handeln, weil die Turing-Maschine das rechte Ende von φ_O nicht bestimmen kann. Dazu wird die Konfiguration

$$(<q_1,Ba,r>,\psi,Bad\varphi_O)$$

erst in die Konfiguration

$$(<q_1,d,s>,\psi_O,BBBa\varphi_O)$$

überführt, wobei $\psi = \psi_O B$ ist; man beachte, daß sich während dieser Operation die Anzahl der Zeichen auf dem Band nicht geändert hat. Diese Konfiguration wird dann in

$$(<q_1,t>,\varepsilon,\psi dBBa\varphi_O)$$

überführt; dazu werden u.a. Instruktionen wie

$$(<q_1,d,s>,B) \rightarrow (<q_2,s>,d,L) \quad \text{für jedes } d \in \underline{V}_B$$

und

$$(<q_2,s>,d) \rightarrow (<q_1,d,s>,B,L) \quad \text{für jedes } d \in \underline{V}_B$$

benutzt, sowie Instruktionen, die das Wort Ba - d.h. die Kodierung des Separators - lokalisieren; dabei erinnere man sich, daß eine Kodierung des Separators als Anfangswort von ψ auftritt, d.h. daß $\psi = Ba\psi_1$ mit $\psi_1 \in \underline{V}_B^*$. Die Überführung dieser Konfiguration in

$$(q_1,\psi,dBBa\varphi_O)$$

bietet keine weiteren Schwierigkeiten.

(5°) Die Dekodierung des Resultats

Da nur der Fall zu berücksichtigen ist, in dem das Resultat ein Wort aus $\underline{V}^*$ ist, und da jedes Zeichen aus $\underline{V}_B$, etwa f, als das Wort fB kodiert ist, genügt es, wenn die beiden Vorkommen des Wortes Ba gelöscht werden.

<u>2.2.4.5*</u> *Der Beweis des Satzes*

Nach den vorhergehenden Bemerkungen fällt es nicht schwer, einen voll-
ständigen formalen Beweis des Satzes 2.2.4.2 aufzustellen, was hier aus
Platzgründen nicht geschehen soll.

<u>2.2.4.6 *Korollar:*</u> Eine $\underline{V}$-Funktion $F \subset \underline{V}*^n \times \underline{V}*$, $n \geq 1$, ist genau dann be-
rechenbar, wenn es eine n-normalisierte $\underline{V}$-Turing-Ma-
schine T gibt, für die $f_{T,n} = F$ gilt.

Beweis

Wenn die Funktion F berechenbar ist, gibt es gemäß der Definition aus
Abschn. 2.1.5 eine (nicht unbedingt normalisierte) $\underline{W}$-Turing-Maschine T_1,
die F definiert, $\underline{W} \supseteq \underline{V}$.

Man wende jetzt auf T_1 die Konstruktion von Abschn. 2.2.3.3 an; das Resultat ist eine n-normalisierte $(\underline{W}U\{b\})$-Turing-Maschine T_2.

Man reduziere jetzt den Zeichenvorrat $\underline{W}U\{b\}$ dieser Turing-Maschine auf
den Zeichenvorrat $\underline{V}$ durch Anwendung der Konstruktion aus Abschn. 2.2.4.4
- mit Ausnahme der Dekodierung aus Abschn. 2.2.4.4 - ($5°$); sei T_3 das
Resultat dieser Konstruktion. Aus der Arbeitsweise von T_2 geht hervor,
daß T_3 das ganze Argument kodiert; das (kodierte) Resultat von T_3 steht
daher zwischen den beiden Vorkommen des Separators. Dieses Resultat
kann deshalb "normalisiert" werden durch Instruktionen, die denen aus
der Menge $\underline{I}_d$ von Abschn. 2.2.3.3 ähnlich sind.   ⌐

<u>2.2.5. *Turing-Maschinen mit mehreren Bändern*</u>

<u>2.2.5.1 *Einleitung*</u>

Anhand eines Beispiels wird jetzt illustriert, daß gewisse Maschinen,
die weniger elementar als Turing-Maschinen sind, ebenfalls nur berechenbare Funktionen definieren können.

Dazu wird eine Maschine eingeführt, die wie eine Turing-Maschine aus-
sieht, aber statt nur eines Kopfes und eines Bandes mehrere Bänder und
ebensoviele Köpfe besitzt. Genau wie die Turing-Maschine gibt es für
diese Maschine ein physikalisches Modell und eine formale Definition.

2.2.5.2 *Definition*

Nach dem physikalischen Modell ist eine k-Band-Turing-Maschine, $k \geq 1$, eine Turing-Maschine mit k Bändern und k Lese- und Schreibköpfen (siehe Abb. 11). Die zentrale Einheit ist zu jedem Zeitpunkt in einem bestimmten Zustand. Dieser Zustand, zusammen mit den k Leseresultaten, bestimmt den neuen Zustand, die Zeichen, die auf jedes der k Bänder geschrieben werden, und die Bewegungen, die jeder der k Köpfe auszuführen hat. Beim Start enthält das erste Band die Argumente und sind die anderen Bänder leer. Wenn die Maschine hält, wird der Inhalt des ersten Bandes als der Wert der Funktion interpretiert; dabei ist der Inhalt der anderen Bänder irrelevant.

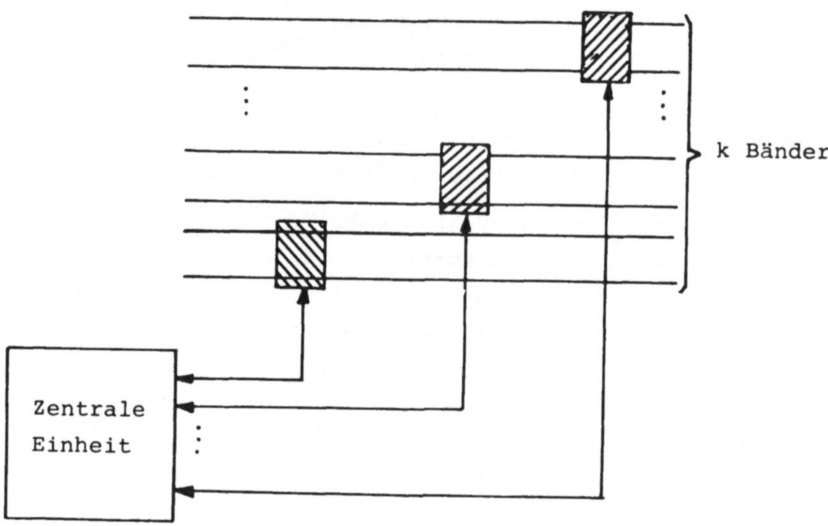

Abb. 11 Das physikalische Modell einer k-Band-Turing-Maschine

Formal kann eine *k-Band-Turing-Maschine* ähnlich wie eine (normale) Turing-Maschine definiert werden. Man beachte insbesondere, daß für $k=2$ z.B. eine Instruktion die Form

$$(q,a_1,a_2) \rightarrow (q',a_1',\delta_1,a_2',\delta_2)$$

hat und eine Konfiguration

$$(q,\varphi_1,\psi_1,\varphi_2,\psi_2) \ .$$

2.2.5.3 *Satz:* Für jede $\underline{V}$-k-Band-Turing-Maschine KT, $k \geq 1$, ist es möglich, eine $\underline{W}$-Turing-Maschine T mit $\underline{W} \supset \underline{V}$ und

$$f_{KT,i} = f_{T,i} | \underline{V}*^i$$

für jedes $i \geq 1$ zu konstruieren.

In der jetzt folgenden Besprechung des Beweises dieses Satzes wird einfachheitshalber nur der Spezialfall $k=2$ betrachtet.

2.2.5.4 *Der Grundgedanke des Beweises*

Der Beweis beruht darauf, daß der Inhalt der beiden Bänder der k-Band-Turing-Maschine KT auf ein einziges Band, nämlich das Band der Turing-Maschine T, komprimiert wird. M.a.W., die Zeichen auf dem Band der Turing-Maschine T geben an, welche die Zeichen in den entsprechenden Feldern der beiden Bänder von KT sind und außerdem, wo sich die beiden Köpfe von KT befinden.

Zu diesem Zweck werden Zeichen eingeführt, die aus mnemotechnischen Gründen geschrieben werden als

$$[a_1, a_2, \gamma_1, \gamma_2] \ ,$$

wobei $a_1, a_2 \in \underline{V}_B$ und $\gamma_1, \gamma_2 \in \{0,1\}$. Wenn ein solches Zeichen in einem Feld des Bandes von T vorkommt, so kommen die Zeichen a_1 und a_2 in dem entsprechenden Feld des ersten bzw. des zweiten Bandes von KT vor; weiter gibt der Wert von γ_1 bzw. γ_2 an, ob der erste bzw. der zweite Kopf über diesem Feld steht ($\gamma_1 = 1$ bzw. $\gamma_2 = 1$) oder nicht ($\gamma_1 = 0$ bzw. $\gamma_2 = 0$).

Wie in Abschn. 2.2.4.4 wird die Kodierung eines Zeichens erst vorgenommen, wenn das Zeichen vom Kopf gelesen wird. Der Gebrauch eines Separators ist dieses Mal nicht nötig, da sich die kodierten Zeichen alle von den nicht-kodierten unterscheiden.

2.2.5.5* *Eine Skizze des Beweises*

Seien KT = $(\underline{V}, \underline{Q}, \underline{I}, B, q_s)$ und T = $(\underline{W}, \underline{Q}_K, \underline{I}_K, B, \langle qs \rangle)$ die k-Band-Turing-Maschine und die (normale) Turing-Maschine. Es wird jetzt kurz skizziert, wie die Menge $\underline{I}_K$ als die Vereinigung von vier Mengen definiert werden kann.

(1°) Der Start

Beim Start der Turing-Maschine T muß das vom Kopf gelesene Zeichen kodiert werden; diese Operation wird von den Instruktionen

$$(<qs>,d) \rightarrow (q_s,[d,B,1,1],0) \qquad \text{für jedes } d \in \underline{V}_B$$

vorgenommen.

(2°) Die Simulation der k-Band-Turing-Maschine KT

Die Operation des Lesens in der k-Band-Turing-Maschine KT wird von der Turing-Maschine T wie folgt simuliert. Erst wird der kodierte Teil des Bandes abgesucht, bis ein Zeichen

$$[a,b,1,\gamma], \text{wobei } a,b \in \underline{V}_B, \; \gamma \in \{0,1\}$$

gefunden wird; der Zustand, etwa q, wird danach in einen Zustand $<q,a>$ überführt. Der kodierte Teil wird dann noch einmal abgesucht, bis ein Zeichen

$$[c,d,\eta,1], \text{ wobei } c,d \in \underline{V}_B \; , \; \eta \in \{0,1\}$$

gefunden wird; der Zustand, etwa $<p,b>$, wird daraufhin in einen Zustand $<p,b,d>$ überführt.

Weiter besitzt die Turing-Maschine T für jede Instruktion aus $\underline{I}$, etwa

$$(q,a_1,a_2) \rightarrow (q',a_1',\delta_1,a_2',\delta_2) \; ,$$

eine Instruktion, die den Zustand

$$<q,a_1,a_2>$$

in den Zustand

$$<q',a_1',\delta_1,a_2',\delta_2>$$

überführt.

Die Operationen des Schreibens und des Verschiebens werden wie folgt realisiert. Wieder wird der kodierte Teil des Bandes abgesucht bis ein Zeichen

$$[a,b,1,\gamma], \text{ wobei } a,b \in \underline{V}_B \; , \; \gamma \in \{0,1\}$$

gefunden ist. Der Zustand, etwa

$$<q,a_1,\delta_1,a_2,\delta_2> \; ,$$

wird dann in den Zustand $<q,a_2,\delta_2>$ überführt mit Hilfe der folgenden Instruktionen

$$(<q,a_1,\delta_1,a_2,\delta_2>, [a,b,1,\gamma])$$
$$\rightarrow (<q,a_2,\delta_2>, [a_1,b,0,\gamma],\delta_1)$$
$$\text{für jedes } a,b \in \underline{V}_B \text{ und } \gamma \in \{0,1\}$$

$$(<q,a_2,\delta_2>, \ [c,d,0,\gamma])$$

$$\rightarrow \ (<q,a_2,\delta_2>, \ [c,d,1,\gamma],0)$$

für jedes $c,d \in \underline{V}_B$ und $\gamma \in \{0,1\}$.

Die Simulation des Schreibens und des Verschiebens für den zweiten Kopf wird in ähnlicher Weise realisiert.

(3°) Das Abrutschen

Wenn während der Simulation der k-Band-Turing-Maschine KT ein Zeichen aus $\underline{V}_B$, etwa d, gelesen wird, wird es durch das Zeichen

$$[d,B,0,0]$$

ersetzt.

(4°) Das Dekodieren

Jedes Zeichen des kodierten Teils des Bandes, etwa

$$[a_1,a_2,\gamma_1,\gamma_2] \ , \ \text{wobei} \ a_1,a_2 \in \underline{V}_B, \ \gamma_1,\gamma_2 \in \{0,1\} \ ,$$

wird durch das Zeichen

$$a_1$$

ersetzt.

2.2.5.6* *Der Beweis des Satzes*

Ein vollständiger formaler Beweis des Satzes 2.2.5.3 kann nach den vorhergehenden Bemerkungen ohne Schwierigkeiten aufgestellt werden.

2.2.5.7 *Bemerkung*

Aus dem Satz 2.2.5.3 geht hervor, daß das Hinzufügen von Bändern eine Turing-Maschine nicht "mächtiger" macht. Dies illustriert ein Argument zu Gunsten der These von Turing, das in Abschn. 2.1.6 angedeutet wurde.

Auf der anderen Seite kann eine k-Band-Turing-Maschine in einer übersichtlicheren Weise arbeiten als eine (normale) Turing-Maschine. Der Beweis, daß eine Funktion berechenbar ist, ist daher im allgemeinen viel einfacher, wenn k-Band-Turing-Maschinen benutzt werden.

70

Übungen

2.2.5.-1   Seien $(\underline{V},A)$ und $(\underline{W},B)$ zwei Alphabete und sei $\underline{U} = \{a\}$.
           Konstruiere:
           a) eine 2-Band-Turing-Maschine, die die Funktion VU definiert;
           b) eine 3-Band-Turing-Maschine, die die Funktion UV definiert;
           c) eine 3-Band-Turing-Maschine, die die Funktion VW definiert.

2.2.5.-2   Beweise, daß die inverse Funktion einer berechenbaren einein-
           deutigen Wortfunktion berechenbar ist.

2.2.5.-3   Sei T die 2-Band-Turing-Maschine aus Übung 2.2.5.-1 (a).
           Konstruiere für diese 2-Band-Turing-Maschine T eine (normale)
           Turing-Maschine durch Anwendung der Konstruktion aus dem
           Abschn. 2.2.5.5.

2.2.5.-4   Konstruiere eine 3-Band-Turing-Maschine $T = (\underline{V},\underline{Q},\underline{I},B,q_s)$ mit
           $\underline{V} = \{0,1,2,\ldots,8,9\}$, die die Addition zweier natürlicher Zah-
           len in Dezimaldarstellung definiert.

2.2.5.-5   Zeige, daß die Funktion $f \cap g$ berechenbar ist, wenn die Wort-
           funktionen f und g berechenbar sind.

2.2.5.-6   Sei $\underline{V}$ ein Zeichenvorrat, a ein Zeichen aus $\underline{V}$ und $F : \{a\}^* \to \underline{V}^*$
           eine berechenbare Funktion. Konstruiere eine 3-Band-Turing-
           Maschine $T = (\underline{V},\underline{Q},\underline{I},B,q_s)$, die, nachdem sie mit der Beginn-
           konfiguration $(q_s,\varepsilon,B,\varepsilon,B,\varepsilon,B)$ gestartet ist, nicht hält und
           dabei die unendliche Zeichenreihe

           $F(\varepsilon) B F(a) B F(aa) B \ldots$

           auf ihr erstes Band schreibt.

2.2.5.-7   Eine *2-Kopf-Turing-Maschine* ist eine Turing-Maschine mit
           einem Band und mit zwei Lese- und Schreibköpfen; beide Köpfe
           arbeiten "unabhängig" voneinander, genügen aber der folgen-
           den Bedingung: wenn das Leseresultat der beiden Köpfe iden-
           tisch ist, dann schreiben sie dasselbe Zeichen.
           a) Was ist der Sinn der Bedingung ?
           b) Gib eine formale Definition der 2-Kopf-Turing-Maschine.
           c) Skizziere den Beweis der folgenden Eigenschaft: für jede
              2-Kopf-Turing-Maschine ist es möglich, eine (1-Kopf-)Tu-
              ring-Maschine zu konstruieren, die dieselben Funktionen
              definiert.

2.2.6.* *Eine äquivalente Definition der Berechenbarkeit für Funktionen
        mit n-tupeln als Werte*

2.2.6.1 *Einleitung*

Wenn eine Funktion $F \subset \underline{V}^{*n} \times \underline{V}^*$, $n \geq 1$, berechenbar ist, dann gibt es gemäß Korollar 2.2.4.6 eine normalisierte Turing-Maschine, die nach einem Start mit der Beginnkonfiguration

$$(q_s, \varepsilon, x_1 B x_2 B \ldots x_n B) \quad \text{wobei } (x_1, x_2, \ldots, x_n) \in \underline{V}^{*n} ,$$

mit einer Endkonfiguration

$$(q_f, B^r, z B^s) \quad \text{wobei } r, s \geq 0 ,$$

hält, wenn

$$F(x_1, x_2, \ldots, x_n) = z$$

ist, und die nicht hält, wenn $F(x_1, x_2, \ldots, x_n)$ undefiniert ist.

Es wird im folgenden Abschnitt bewiesen, daß eine berechenbare Funktion $F \subset \underline{V}^{*n} \times \underline{V}^{*m}$, $n, m \geq 1$, mit Hilfe geeigneter Spezifikationen in einer ähnlichen Art definiert werden kann.

2.2.6.2 *Satz:* Eine Funktion $F \subset \underline{V}^{*n} \times \underline{V}^{*m}$, $n, m \geq 1$, ist genau dann berechenbar, wenn es eine Turing-Maschine $T = (\underline{W}, \underline{Q}, \underline{I}, B, q_s)$ mit einem Endzustand q_f gibt, für die das folgende gilt: nach einem Start mit der Beginnkonfiguration

$$(q_s, \varepsilon, x_1 B x_2 B \ldots x_n B) , \quad \text{wobei } (x_1, x_2, \ldots, x_n) \in \underline{V}^{*n} ,$$

hält die Turing-Maschine T mit einer Endkonfiguration

$$(q_f, B^r, z_1 B z_2 B \ldots z_m B^s) , \quad \text{wobei } r, s \geq 0 ,$$

wenn

$$F(x_1, x_2, \ldots, x_n) = (z_1, z_2, \ldots, z_m)$$

ist; sie hält nicht, wenn $F(x_1, x_2, \ldots, x_n)$ undefiniert ist.

Beweis

Man nehme an, daß es eine solche Turing-Maschine T gibt. Man konstruiere dann m Turing-Maschinen T_j, $1 \leq j \leq m$; jede dieser Turing-Maschinen T_j simuliert die Turing-Maschine T und löscht dann das Resultat mit Ausnahme des Wortes z_j. Die m Turing-Maschinen T_j definieren also die m Funktionen $F \circ U_j^m$. Die Berechenbarkeit dieser m Funktionen bedeutet, daß die Funktion F berechenbar ist.

Um den zweiten Teil des Satzes zu beweisen, nehme man an, daß die Funktion F berechenbar ist. Seien T_j, $1 \leq j \leq m$, m $\underline{V}$-Turing-Maschinen, die die Funktionen $F \circ U_j^m$ definieren und die n-normalisiert sind. Es ist dann möglich, eine m-Band-Turing-Maschine zu konstruieren, die die folgenden Operationen ausführt:

(i)   sie kopiert den Inhalt des ersten Bandes auf die anderen (m-1) Bänder;

(ii) sie simuliert hintereinander für $j = 1,2,\ldots,m$ die Turing-Maschinen T_j, indem sie jeweils nur das j. Band benutzt;

(iii) sie kopiert den Inhalt der Bänder $2,3,\ldots,m$ auf das erste Band, wobei sie diese verschiedenen Worte durch das Zeichen B voneinander trennt; diese Operation ist einfach auszuführen, weil die verschiedenen Turing-Maschinen T_j normalisiert sind;

(iv) sie schiebt den Kopf des ersten Bandes nach links und hält in einem Endzustand.

Offensichtlich liefert die Konstruktion von Satz 2.2.5.3 die geforderte Turing-Maschine T. $\lrcorner$

2.2.6.3 <u>*Korollar:*</u> Die Komposition zweier berechenbarer Funktionen liefert eine berechenbare Funktion.

Beweis

Es seien G und H zwei berechenbare Wortfunktionen mit $G \subset \underline{V}^{*n} \times \underline{V}^{*m}$, $H \subset \underline{V}^{*m} \times \underline{V}^{*p}$, $n,m,p \geq 1$. Seien

$$T_G = (\underline{V}, \underline{Q}_G, \underline{I}_G, B, q_{sG}) \quad \text{mit dem Endzustand } q_{fG}$$

und

$$T_H = (\underline{V}, \underline{Q}_H, \underline{I}_H, B, q_{sH}) \quad \text{mit dem Endzustand } q_{fH}$$

zwei Turing-Maschinen, die nach Satz 2.2.6.2 für G und H konstruiert werden können.

Durch eventuelle Umbenennung der Zustände kann man erreichen, daß

$$\underline{Q}_G \cap \underline{Q}_H = \{q_{fG}\} = \{q_{sH}\}$$

ist.

Man betrachte jetzt die Turing-Maschine

$$T_F = (\underline{V}, \underline{Q}_G \cup \underline{Q}_H, \underline{I}_G \cup \underline{I}_H, B, q_{sG}) \ .$$

Aus der Definition dieser Turing-Maschine und aus Satz 2.2.6.2 geht hervor, daß die Funktion

F = G ∘ H

berechenbar ist. ⌟

2.3. Die universelle Turing-Maschine

Es wird gezeigt, wie eine beliebige V-Turing-Maschine eindeutig durch ein Wort aus V* beschrieben werden kann. Mit Hilfe dieser Beschreibung wird eine V-Turing-Maschine konstruiert, die "universelle Turing-Maschine" genannt wird und die jede V-Turing-Maschine simulieren kann.

2.3.1. *Der Grundgedanke*

Eine Turing-Maschine ermöglicht es, für ein beliebiges Argument den Wert der von ihr definierten Funktion zu berechnen.

Aus der Beschreibung von Abschn. 2.1 geht hervor, wie diese Berechnung für beliebige Turing-Maschinen zu erfolgen hat. Man wendet dabei (möglicherweise unbewußt) einen Algorithmus an. Diesem Algorithmus werden als Argumente eine beliebige Turing-Maschine und ein beliebiges n-tupel zugeführt; er liefert als Wert das Resultat der Berechnung der Turing-Maschine für das n-tupel. Gemäß der These von Turing muß es eine Turing-Maschine geben, die die durch diesen Algorithmus definierte Funktion definiert; sie wird die "universelle Turing-Maschine" genannt, weil sie, in dem soeben besprochenen Sinn, die Berechnung einer beliebigen Turing-Maschine "simulieren" kann.

Eines der Argumente, die der universellen Turing-Maschine zugeführt werden, ist also die Beschreibung einer (anderen) Turing-Maschine. In dem nächsten Abschnitt wird deshalb erst eine Methode besprochen, die es ermöglicht, eine V-Turing-Maschine eindeutig durch ein Wort aus V* zu beschreiben.

2.3.2. *Die Beschreibung einer Turing-Maschine mittels eines Wortes*

2.3.2.1 *Der Zeichenvorrat* $\underline{W}$

Sei $T = (\underline{V},\underline{Q},\underline{I},B,q_s)$ eine beliebige $\underline{V}$-Turing-Maschine.

Man beachte nun, daß zur Darstellung der Elemente dieses 5-tupels ein Zeichenvorrat

$$\underline{V}_1 \cup \underline{V}_2 \cup \underline{V}_3 \cup \underline{V}_4$$

benötigt wird, wobei $\underline{V}_1 = \underline{V}$, $\underline{V}_2 = \{L,R,O\}$, $\underline{V}_3$ aus dem leeren Zeichen besteht und $\underline{V}_4$ der Zeichenvorrat ist, mit Hilfe dessen die Zustände bezeichnet werden. Für einen gegebenen Zeichenvorrat $\underline{V}$ sind $\underline{V}_1$ und $\underline{V}_2$ konstant, aber nicht $\underline{V}_3$ und $\underline{V}_4$; der Unterschied zwischen den "konstanten" Zeichen L,R,O und dem "variablen" Zeichen B wurde übrigens schon in der Fußnote 8 in Abschn. 2.1.3.1 besprochen.

Aus der Definition von Abschn. 2.1.3.1 geht aber hervor, daß Turing-Maschinen, die sich nur durch die Darstellung ihres leeren Zeichens und ihrer Zustände unterscheiden, identisch sind.

Man kann daher für eine beliebige $\underline{V}$-Turing-Maschine eine Beschreibung angeben, die sie eindeutig definiert und die nur einen vorgegebenen Zeichenvorrat benutzt. Man nehme dazu zwei Zeichen, etwa b und p, für die $b,p \notin \underline{V}$ gilt; man nehme weiter eine beliebige Abzählung Q von $\underline{Q}$. Man bezeichne nun das leere Zeichen mit dem Zeichen b und jeden Zustand, etwa q, mit dem Wort

$$p^{n+1} \; ,$$

wobei n durch $Q(n) = q$ definiert ist. Die so erhaltene Beschreibung macht nur von dem vorgegebenen Zeichenvorrat

$$\underline{W} = \underline{V} \cup \{L,R,O,b,p\}$$

Gebrauch.

2.3.2.2 *Das Wort* DE_T

Wenn das leere Zeichen und der Startzustand einer $\underline{V}$-Turing-Maschine bekannt sind, legen die Instruktionen ihr "Verhalten" - und insbesondere die von ihr definierten Funktionen - eindeutig fest; in der Tat sind nicht die Zustände selbst, sondern nur ihre Vorkommen in den Instruktionen von Bedeutung; insbesondere dürfen Zustände, die in keiner Instruktion vorkommen, ignoriert werden.

In der in Abschn. 2.3.2.1 erhaltenen Beschreibung ist das leere Zeichen bekannt; wenn nun die Abzählung Q so gewählt wird, daß

$$Q(0) = q_s$$

gilt, ist auch der Startzustand bekannt. Auf der anderen Seite kann die Menge $\underline{I}$ der Instruktionen eindeutig beschrieben werden mit Hilfe des Wortes

$$I(0)I(1)I(2)...I(card(\underline{I})-1)$$

aus $\underline{W}^*$, wobei I eine beliebige Abzählung der Menge $\underline{I}$ ist und wobei jede Instruktion, etwa

$$(q,a) \rightarrow (q',a',\delta),$$

geschrieben wird als

$$qaq'a'\delta .$$

Das Wort aus W^*, das eindeutig das Verhalten der $\underline{V}$-Turing-Maschine T definiert, bezeichnet man mit

$$DE_{Q,I,T}$$

oder, wenn keine Verwechslung auftreten kann, mit

$$DE_T$$

(die Buchstaben DE geben an, daß es sich um eine $\underline{D}$arstellung mit $\underline{er}$weitertem Zeichenvorrat handelt).

Aus der Konstruktion des Wortes DE_T geht hervor, daß

$$f_{T_1,i} = f_{T_2,i} \qquad \text{für jedes } i \geq 1$$

ist, wenn

$$DE_{T_1} = DE_{T_2}$$

ist. Man beachte aber, daß das Umgekehrte nicht gilt: wenn

$$f_{T_1,i} = f_{T_2,i} \qquad \text{für jedes } i \geq 1$$

gilt, ist nicht unbedingt

$$DE_{T_1} = DE_{T_2} ;$$

so ist im allgemeinen

$$DE_{Q_1,I_1,T} \neq DE_{Q_2,I_2,T} ,$$

wenn $Q_1 \neq Q_2$, oder $I_1 \neq I_2$, oder beides gilt - wie aus den Beispielen des nächsten Abschnittes hervorgeht.

Selbstverständlich gibt es andere Kodierungen, um eine Turing-Maschine mit einem Wort zu beschreiben. Insbesondere könnte $\underline{I}$ mit Hilfe der Abzählung aus Übung 1.2.1.-$\underline{2}$ (d) beschrieben werden; dies hätte den Vorteil, auf eine Abzählung I von $\underline{I}$ verzichten zu können.

2.3.2.3 *Beispiele*

(1°) Sei $T_1 = (\{a\}, \underline{Q}_1, \underline{I}_1, B, q_S)$, wobei

$$\underline{Q}_1 = \{q_S, q, r\}$$

und

$$\underline{I}_1 = \{(q_S, a) \to (q, B, R) ,$$
$$(q, a) \to (r, B, R)\}$$

Sei weiter

$$Q_1 = \{(0, q_S), (1, q), (2, r)\}$$

und

$$I_1 = \{(0, (q_S, a) \to (q, B, R)) ,$$
$$(1, (q, a) \to (r, B, R))\} .$$

Dann ist

$$DE_{T_1} = pappbRppapppbR \qquad (= DE_{Q_1, I_1, T_1})$$

(2°) Sei $T_2 = (\{a\}, \underline{Q}_2, \underline{I}_2, B, q_S)$, wobei

$$\underline{Q}_2 = \underline{Q}_1 \cup \{s\}$$

und

$$\underline{I}_2 = \{(q_S, a) \to (r, B, R) ,$$
$$(r, a) \to (q, B, R)\} .$$

T_2 unterscheidet sich also von T_1 durch einen "überflüssigen" Zustand s und durch die Permutation der Zustände q und r.

Sei weiter

$$Q_2 = \{(0, q_S), (1, r), (2, q), (3, s)\}$$

und

$$I_2 = \{(0, (q_S, a) \to (q, B, R)) ,$$
$$(1, (q, a) \to (r, B, R))\} .$$

Dann ist

$$DE_{Q_2, I_2, T_2} = DE_{Q_1, I_1, T_1} .$$

(3°) Seien T_1 und I_1 definiert wie oben und sei

$$Q_3 = \{(0,q_s),(1,r),(2,q)\} .$$

Dann ist

$$DE_{Q_3,I_1,T_1} = papppbRpppappbR \qquad (\neq DE_{Q_1,I_1,T_1}) .$$

2.3.2.4 *Die V-Beschreibung*

Das Wort DE_T stellt eine Beschreibung der Turing-Maschine T dar, hat aber den "Nachteil", von einem erweiterten Zeichenvorrat - nämlich $\underline{W}$ - Gebrauch zu machen. In diesem Abschnitt wird nun DE_T durch ein Wort aus $\underline{V}$* ersetzt.

Seien T, Q, I und DE_T definiert wie oben.

Sei weiter A eine Abzählung des Zeichenvorrats $\underline{V}$. Man definiere dann die Abzählung B von $\underline{W}$ als

$$B = A \cup \{(card(\underline{V}),b),(card(\underline{V})+1,p) ,$$
$$(card(\underline{V})+2,L),(card(\underline{V})+3,R),$$
$$(card(\underline{V})+4,0)\} .$$

Sei schließlich WV die in Abschn. 1.3.3 eingeführte Funktion für die Alphabete $(\underline{W},B)$ und $(\underline{V},A)$.

Das Wort

$$D_T = WV(DE_T)$$

aus $\underline{V}$* heißt *(V-)(Wort-)-Beschreibung der Turing-Maschine T (für die Abzählungen Q, I und A)*.

Genauso wie DE_T definiert das Wort D_T eindeutig das Verhalten der Turing-Maschine T. Man beachte auch, daß eine Turing-Maschine im allgemeinen verschiedene $\underline{V}$-Beschreibungen hat, abhängig von den Abzählungen Q, I und A.

Übungen

2.3.2.-$\underline{1}$ Bestimme die $\underline{V}$-Turing-Maschine T, für die $DE_T = \varepsilon$.

2.3.2.-$\underline{2}$ P sei die Turing-Maschine aus Übung 2.2.3.-$\underline{3}$; weiter sei I gegeben durch die Reihenfolge, in der die Instruktionen dort aufgeführt sind; schließlich sei $Q = \{(i,q_i)|0\leq i\leq 4\}$. Bestimme $DE_{Q,I,P}$.

2.3.2.-__3__ Sei $T = (\underline{V},\underline{Q},\underline{I},B,q_s)$ eine Turing-Maschine mit $\underline{V} = \{a\}$, $\underline{Q} = \{q_s,q_f\}$, $Q = \{(0,q_s),(1,q_f)\}$ und $\underline{I} = \{(q_s,B) \rightarrow (q_f,a,0)\}$. Seien weiter $\underline{W}$ definiert wie in Abschn. 2.3.2.1 und B wie in Abschn. 2.3.2.4.

    a) Bestimme DE_T.

    b) Bestimme D_T.

2.3.3. *Weitere Definitionen und Notationen*

Es werden nun einige Definitionen, Notationen und Eigenschaften in Verbindung mit den Worten DE_T und D_T angeführt.

2.3.3.1 *Die Mengen $\underline{DE}$ und $\underline{D}$*

Für einen gegebenen Zeichenvorrat $\underline{V}$ ist $\underline{DE}$ die Menge aller Worte DE_T; ähnlich ist $\underline{D}$ die Menge aller Worte D_T.

Sei nun a ein Zeichen aus $\underline{V}$. Die (a,ε)-charakteristische Funktion der Menge $\underline{DE}$ bzgl. $\underline{W}^*$ ist gemäß der Definition in Abschn. O.1.3:

$$C_{DE} : \underline{W}^* \rightarrow \{a,\varepsilon\} : C_{DE}(x) = \begin{cases} a, & \text{wenn } x \in \underline{DE} \\ \varepsilon, & \text{wenn } x \in \underline{W}^*-\underline{DE} \end{cases}$$

Es ist einfach, einen Algorithmus aufzustellen, der diese Funktion berechnet. Dieser Algorithmus muß lediglich prüfen, ob das Argument aus Teilworten von der Form

$$p^u c p^v d\delta \qquad \text{wobei } u,v \geq 1,\ c,d \in \underline{V} \cup \{b\} \quad \text{und} \quad \delta \in \{L,R,0\}$$

besteht und ob für zwei beliebige solche Teilworte, etwa

$$p^u c p^v d\delta$$

und

$$p^{u'} c' p^{v'} d'\delta'\ ,$$

nicht gleichzeitig $u=u'$ und $c=c'$ gilt. Die Funktion C_{DE} ist also berechenbar.

Man definiere ähnlich C_D als die charakteristische Funktion von $\underline{D}$ bezüglich $\underline{V}^*$. Offensichtlich gilt

$$C_D = VW \circ C_{DE}\ .$$

In Übung 2.1.4.-__1__ (f) wurde bewiesen, daß die Funktion VW berechenbar ist; da die Komposition berechenbarer Funktionen berechenbar ist (Korollar 2.2.6.3), ist C_D berechenbar.

<u>2.3.3.2</u> *Die Turing-Maschinen TE(x) und T(x)*

Jedem Wort x aus <u>DE</u> wird nun eine Turing-Maschine, $TE(x) = (\underline{V},\underline{Q},\underline{I},B,q_s)$ zugeordnet, wobei

$$\underline{Q} = \{q_1,q_2,\dots,q_{l(x)}\}$$

$$q_s = q_1$$

<u>I</u> ist die Menge der Instruktionen $(q_u,c) \rightarrow (q_v,d,\delta)$,
die eindeutig aus den Teilworten

$$p^u c p^v d \delta$$

von x abgeleitet werden können.

Man beachte, daß <u>Q</u> normalerweise eine große Anzahl "überflüssiger" Zustände enthält, die in <u>I</u> nicht vorkommen; die Anzahl könnte durch eine "sparsamere", aber aufwendige Definition von <u>Q</u> verringert werden.

Es ist offensichtlich, daß es Abzählungen Q und I gibt, für die

$$DE_{Q,I,TE(x)} = x$$

gilt. Die Turing-Maschine TE(x) kann also als repräsentativ für die Klasse der Turing-Maschinen T gelten, die durch die Gleichung

$$DE_T = x$$

definiert sind.

Sei z.B. wie in Abschn. 2.3.2.3 (3°):

$$x = papppbRpppappbR .$$

Dann ist

$$TE(x) = (\{a\},\underline{Q},\underline{I},B,q_1) ,$$

wobei

$$\underline{Q} = \{q_1,q_2,\dots,q_{15}\}$$

und

$$\underline{I} = \{(q_1,a) \rightarrow (q_3,B,R) ,$$
$$(q_3,a) \rightarrow (q_2,B,R)\} .$$

Sei nun $y \in \underline{D}$ eine <u>V</u>-Beschreibung einer Turing-Maschine. Die Turing-Maschine

$$TE(VW(y))$$

wird mit

$$T(y)$$

bezeichnet und heißt die *repräsentative Turing-Maschine der <u>V</u>-Beschrei-*

bung y (für die Abzählung A); dabei ist A die Abzählung des Alphabets $(\underline{V},A)$.

2.3.3.3* *Gödel-Nummer*

Sei x eine $\underline{V}$-Beschreibung einer $\underline{V}$-Turing-Maschine. Die Zahl

$$VN(x) \, ,$$

d.h. der Wert der Funktion VN für das Argument x, wird eine *Gödel-Nummer* der Turing-Maschine genannt. Man beachte, daß nicht jede Zahl $n \in \underline{N}$ eine Gödelnummer einer Turing-Maschine ist, da nicht jedes Wort x aus $\underline{V}^*$ eine $\underline{V}$-Beschreibung einer Turing-Maschine ist.

Übungen

2.3.3.-$\underline{1}$ Konstruiere eine k-Band-Turing-Maschine, die die Funktion C_{DE} definiert.

2.3.3.-$\underline{2}$ Sei $\underline{V} = \{a\}$ und

$$x = pappbRpbp^6bOppappaRppbppppbRpppbp^4aLpppapppaRp^4ap^4aLp^4bp^5b Lp^5ap^5aLp^5bpaR$$

a) **Bestimme** TE(x).
b) Welche Funktion ist $f_{TE(x),1}$?

2.3.3.-$\underline{3}$ Seien $\underline{V}$, $\underline{Q}$, $\underline{W}$ und B definiert wie in Übung 2.3.2.-$\underline{3}$. Bestimme die Turing-Maschine, deren Gödel-Nummer 4223 ist.

2.3.4. *Die universelle Turing-Maschine*

2.3.4.1 *Simulation einer Turing-Maschine*

Es wird jetzt skizziert, wie eine 3-Band-Turing-Maschine konstruiert werden kann, die für ein beliebiges x aus $\underline{DE}$ die Turing-Maschine TE(x) simuliert. Mit anderen Worten, die 3-Band-Turing-Maschine T ist so konstruiert, daß für jedes $x \in \underline{DE}$, für jedes $n \geq 1$ und für jedes $(y_1, y_2, \ldots, y_n) \in \underline{V}^{*n}$ folgendes gilt:

$$f_{T,n+1}(x, y_1, y_2, \ldots, y_n) = z, \text{ wenn } f_{TE(x),n}(y_1, y_2, \ldots, y_n) = z$$

und

$f_{T,n+1}(x,y_1,y_2,\ldots,y_n)$ ist undefiniert, wenn $f_{TE(x),n}(y_1,y_2\ldots,y_n)$ undefiniert ist .

In dieser Simulation entspricht das erste Band der 3-Band-Turing-Maschine T dem Band der Turing-Maschine TE(x); die zwei weiteren Bänder entsprechen der zentralen Einheit von TE(x). Das erste Band hat also denselben Inhalt wie das Band von TE(x), das zweite Band enthält den laufenden Zustand von TE(x) und das dritte Band das Wort x.

Die von der 3-Band-Turing-Maschine T auszuführenden Operationen können daher in vier Klassen eingeteilt werden.

(1°) Die Initialisierung

Man erinnere sich, daß T in einer Konfiguration

$$(q_s,\varepsilon,xBy_1By_2B\ldots y_nB,\varepsilon,B,\varepsilon,B)$$

gestartet wird. Während der Initialisierung wird das Wort x auf das dritte Band kopiert (und gleichzeitig auf dem ersten Band gelöscht), und p wird auf das zweite Band geschrieben.

(2°) Die Suche nach der anwendbaren Instruktion

Während dieser Operation wird der dritte Kopf von links nach rechts geschoben. Jedesmal, wenn dieser Kopf das linke Glied einer Instruktion liest, wird der zweite Kopf "synchron" mitgeschoben; wenn die beiden Leseresultate identisch sind, d.h. wenn der laufende Zustand und der Zustand im linken Glied gleich sind, wird geprüft, ob das Zeichen unter dem ersten Kopf und das Zeichen im linken Glied gleich sind; wenn dies der Fall ist, ist die anwendbare Instruktion gefunden; anderenfalls wird die Suche weitergeführt.

(3°) Die Anwendung einer Instruktion

Wenn die anwendbare Instruktion gefunden ist, wird der Zustand ihres rechten Gliedes auf das zweite Band kopiert, nachdem der Inhalt dieses Bandes gelöscht worden ist; das Zeichen des rechten Gliedes wird dann auf das erste Band geschrieben; schließlich führt der erste Kopf die Schiebeoperation δ der anwendbaren Instruktion aus.

(4°) Das Halten

Wenn während der Operation (2°) keine anwendbare Instruktion gefunden wird, hält die 3-Band-Turing-Maschine.

2.3.4.2 *Eine universelle Turing-Maschine*

Die soeben beschriebene 3-Band-Turing-Maschine T hat vier "Schönheits-
fehler":

(1°) sie liefert auch ein Resultat, wenn x $\in$ $\underline{W}$*-$\underline{DE}$;

(2°) die zu simulierende $\underline{V}$-Turing-Maschine muß durch ein Wort aus $\underline{DE}$
(statt durch ein Wort aus $\underline{D}$) beschrieben sein ;

(3°) sie ist eine 3-Band-Turing-Maschine (statt einer normalen Turing-
Maschine) ;

(4°) sie ist keine $\underline{V}$-Turing-Maschine .

Man konstruiere deshalb nacheinander die Turing-Maschinen T_1, T_2, T_3
und U:

(1°) die Turing-Maschine T_1 ist eine 4-Band-Turing-Maschine; als erstes
kopiert sie das Argument x auf das vierte Band und prüft mit Hilfe
dieses Bandes, ob x ein Element aus $\underline{DE}$ ist; wenn das Resultat dieses Tests positiv ist, arbeitet sie wie die 3-Band-Turing-Maschine
T; wenn das Resultat negativ ist, wird sie in eine unendliche
Schleife geführt;

(2°) die Turing-Maschine T_2 ist ebenfalls eine 4-Band-Turing-Maschine,
die das erste Argument x durch das Wort

VW(x)

ersetzt und dann wie T_1 arbeitet;

(3°) die Turing-Maschine T_3 ist die (normale) Turing-Maschine, die man
erhält, wenn man auf die k-Band-Turing-Maschine T_2 die Konstruktion von Abschn. 2.2.5.5 anwendet;

(4°) die Turing-Maschine U ist die $\underline{V}$-Turing-Maschine, die man erhält,
wenn man auf die Turing-Maschine T_3 die Konstruktion von Abschn.
2.2.4.4 anwendet.

Die $\underline{V}$-Turing-Maschine U heißt *universelle Turing-Maschine (für das Alphabet ($\underline{V}$,A))*;dabei geht die Abhängigkeit der universellen Turing-Maschine von der Abzählung A unter anderem aus der Verwendung der Funktion VW hervor.

Aus der Konstruktion der universellen Turing-Maschine U folgt, daß für
jedes n≥1

$$f_{U,n+1} = \{((x,y_1,y_2,\ldots,y_n),z) \mid x \in \underline{D} \text{ und}$$
$$((y_1,y_2,\ldots,y_n),z) \in f_{T(x),n}\} .$$

M.a.W., für jedes $n \geq 1$ und jedes $(y_1, y_2, \ldots, y_n) \in \underline{V}^{*n}$ gilt:

$$f_{U,n+1}(x, y_1, y_2, \ldots, y_n) = z, \text{ wenn } x \in \underline{D} \text{ und}$$
$$f_{T(x),n}(y_1, y_2, \ldots, y_n) = z$$

und

$$f_{U,n+1}(x, y_1, y_2, \ldots, y_n) \text{ ist undefiniert, wenn entweder } x \in \underline{V}^* - \underline{D}$$
$$\text{oder } f_{T(x),n}(y_1, y_2, \ldots, y_n) \text{ undefiniert ist.}$$

2.3.5. *Kommentar*

Eine universelle Turing-Maschine hat große Ähnlichkeiten mit einer elektronischen Rechenanlage: ihr erstes Argument entspricht dem Programm (das z.B. die Sinusfunktion berechnet) und ihre übrigen Argumente den Daten (z.B. 30°), für die das Programm ausgeführt werden muß.

Die Definition der Berechenbarkeit aus Abschnitt 2.1.5 kann nun mit Hilfe des Korollars 2.2.4.6 neu formuliert werden: Eine Funktion $F \subset \underline{V}^{*n} \times \underline{V}^*$, $n \geq 1$, ist berechenbar, wenn es ein Wort x aus $\underline{V}^*$ gibt, so daß

$$F = \{((y_1, y_2, \ldots, y_n), z) \mid f_{U,n+1}(x, y_1, y_2, \ldots, y_n) = z\} \ .$$

In ähnlicher Weise kann die These von Turing neu formuliert werden; sie bedient sich dann nur noch einer einzigen Turing-Maschine, nämlich U.

In der Literatur und auch im weiteren Verlauf dieses Buches wird manchmal von *der* (statt von einer) universellen Turing-Maschine gesprochen. Streng genommen ist das falsch, denn es gibt soviele Turing-Maschinen U wie Alphabete $(\underline{V}, A)$; außerdem ist es logisch, jede Turing-Maschine, die dieselben Funktionen wie U definiert, als universelle Turing-Maschine zu betrachten.

Da U selbst eine $\underline{V}$-Turing-Maschine ist, kann U sich selbst simulieren: Sei $u \in \underline{D}$ eine $\underline{V}$-Beschreibung von U und sei weiter $x \in \underline{D}$ eine $\underline{V}$-Beschreibung einer beliebigen (anderen) $\underline{V}$-Turing-Maschine; für jedes $n \geq 1$ und $(y_1, y_2, \ldots, y_n) \in \underline{V}^{*n}$, für die

$$f_{T(x),n}(y_1, y_2, \ldots, y_n)$$

definiert ist, gilt

$$f_{T(x),n}(y_1, y_2, \ldots, y_n) = f_{U,n+1}(x, y_1, y_2, \ldots, y_n)$$
$$= f_{U,n+2}(u, x, y_1, y_2, \ldots, y_n)$$
$$= f_{U,n+3}(u, u, x, y_1, y_2, \ldots, y_n)$$
$$\text{usw. .}$$

2.3.6.* *Konstruktionen mit Turing-Maschinen*

Ein Verfahren, das aus n $\underline{V}$-Turing-Maschinen, $n\geq1$, eine (andere) $\underline{V}$-Turing-Maschine konstruiert, kann als eine Funktion $F : \underline{D}^n \to \underline{D}$ betrachtet werden. Wenn die Konstruktion einen algorithmischen Charakter hat, dann ist diese Funktion berechenbar.

Die verschiedenen Konstruktionen aus Abschn. 2.2 haben offensichtlich diesen Charakter. Die verschiedenen Sätze dieses Abschnittes können deshalb umformuliert werden, indem Ausdrücke wie "es ist möglich, eine Turing-Maschine zu konstruieren" ersetzt werden durch "es gibt eine berechenbare $\underline{V}$-Funktion". Zum Beispiel erhält Satz 2.2.2.3 die Form:

" Es gibt eine berechenbare $\underline{V}$-Funktion $F : \underline{D} \to \underline{D}$, so daß für jedes $x\in\underline{D}$ gilt:

$$f_{T(x),i} = f_{T(F(x)),i} \quad \text{für jedes } i\geq1$$

und

$$T(F(x)) \text{ besitzt einen echten Startzustand und einen Endzustand.}"$$

Übungen

2.3.6.-$\underline{1}$ Sei $\underline{V} = \{a\}$ ein Zeichenvorrat. Konstruiere eine Turing-Maschine, die die folgende Funktion definiert:

$F : \underline{DE} \to \underline{DE} : F(x) = y$, wobei y definiert ist durch
$$f_{TE(y),1} = f_{TE(x),1}|\underline{V}^+$$
(d.h. $f_{TE(y),1} = f_{TE(x),1} \cap (\underline{V}^+ \times \underline{V}*)$).

2.3.6.-$\underline{2}$ Konstruiere eine Turing-Maschine, die für $\underline{V} = \{a\}$ die Funktion F aus Abschn. 2.3.6 definiert.

2.4. Einige nicht-berechenbare Funktionen

Als erstes wird die Unlösbarkeit des Halteproblems behandelt. Dazu wird bewiesen, daß es keine Turing-Maschine gibt, die für eine beliebige (andere) $\underline{V}$-Turing-Maschine T und ein beliebiges Wort x aus $\underline{V}*$ entscheidet, ob die Turing-Maschine T hält oder nicht, nachdem sie mit dem Argument x gestartet worden ist.

Aus der Unlösbarkeit des Halteproblems wird dann die Unlösbarkeit dreier weiterer Probleme abgeleitet.

Die Bedeutung der Unlösbarkeit dieser verschiedenen Probleme wird ausführlich besprochen.

2.4.1. *Das Halteproblem*

2.4.1.1 *Einleitung*

Sei $(\underline{V},A)$ ein Alphabet und a ein Zeichen aus $\underline{V}$.

Man nehme jetzt an, daß man mit Hilfe einer gegebenen $\underline{V}$-Turing-Maschine T den Wert $f_{T,1}(x)$ der Funktion $f_{T,1}$ für ein gegebenes Argument x aus $\underline{V}^*$ zu berechnen hat. Bevor die Turing-Maschine gestartet wird, wäre es interessant zu wissen, ob der Wert $f_{T,1}(x)$ definiert ist; wenn das nämlich nicht der Fall ist, wird die Turing-Maschine nie halten und es ist nutzlos, sie zu starten.

Es wäre also interessant, den Wert einer Funktion H mit zwei Argumenten berechnen zu können: das erste Argument ist eine $\underline{V}$-Beschreibung einer $\underline{V}$-Turing-Maschine T; das zweite Argument ist ein Wort aus $\underline{V}^*$, etwa x; der Wert der Funktion sagt aus, ob die Turing-Maschine T halten wird oder nicht, nachdem sie mit x gestartet worden ist.

Die Funktion H wird deshalb definiert als die (a,ε)-charakteristische Funktion der Menge

$$\{(x,y) \in \underline{D} \times \underline{V}^* \mid f_{T(x),1}(y) \text{ ist definiert}\}$$

bezüglich $\underline{D} \times \underline{V}^*$. M.a.W.,

$$H : \underline{D} \times \underline{V}^* \to \{a,\varepsilon\} : H(x,y) = \begin{cases} a, & \text{wenn } f_{T(x),1}(y) \text{ definiert ist} \\ \varepsilon, & \text{wenn } f_{T(x),1}(y) \text{ nicht definiert ist} \end{cases}$$

2.4.1.2 *Satz:* Die $\underline{V}$-Funktion H aus Abschn. 2.4.1.1 ist nicht berechenbar.

Beweis

Der Beweis wird indirekt geführt.

Man nehme also an, die Funktion H sei berechenbar.

Man führe nun die Funktion τ ein:

$$\tau : \underline{D} \to \{a,\varepsilon\} : \tau(x) = H(x,x) \ .$$

Diese Funktion ist operativ mit H identisch, beschränkt sich aber auf Turing-Maschinen, die mit ihrer eigenen $\underline{V}$-Beschreibung gestartet werden.[12] Die Berechenbarkeit von τ geht aus der von H hervor: eine Turing-Maschine für τ kann identisch mit einer Turing-Maschine für H sein, außer daß sie zuerst den Inhalt xB des Bandes durch xBxB ersetzt.

Sei nun weiter

$$K : \{x \mid \tau(x)=\varepsilon\} \rightarrow \{\varepsilon\} : K(x) = \tau(x) \ (= \varepsilon) \quad .$$

Die Berechenbarkeit der Funktion K geht aus der Berechenbarkeit von τ hervor: eine Turing-Maschine für K kann identisch mit einer (normalisierten) Turing-Maschine für τ sein, außer daß sie statt zu halten das Resultat prüft und in eine unendliche Schleife geführt wird, wenn dieses Resultat a ist.

Sei k eine solche Turing-Maschine für K und sei D_k eine $\underline{V}$-Beschreibung dieser Turing-Maschine. Es wird jetzt versucht, die folgende Frage zu beantworten: ist der Wert $K(D_k)$ der Funktion K für das Argument D_k definiert oder nicht ?

Man nehme erst an, $K(D_k)$ sei nicht definiert. Die Turing-Maschine k hält also nicht, nachdem sie mit dem Argument D_k gestartet worden ist; deshalb gilt:

$$H(D_k,D_k) = \varepsilon \ .$$

Hieraus geht hervor, daß

$$\tau(D_k) = \varepsilon$$

und

$$K(D_k) = \varepsilon \ .$$

Dies steht im Widerspruch zu der Annahme, $K(D_k)$ sei nicht definiert.

Man nehme nun an, $K(D_k)$ sei definiert. Die Turing-Maschine k hält also nachdem sie mit D_k gestartet worden ist; deshalb gilt:

$$H(D_k,D_k) = a \ .$$

Also auch

$$\tau(D_k) = a$$

und

$$K(D_k) \text{ ist undefiniert.}$$

---

[12] Ob es einen "Sinn" hat, eine Turing-Maschine mit ihrer eigenen Beschreibung auf dem Band zu starten, ist natürlich fraglich; der Wert der Funktion τ ist daher eher von rein theoretischem Interesse.

Dies steht im Widerspruch zu der Annahme, $K(D_k)$ sei definiert.

Da nun der Wert $K(D_k)$ entweder definiert oder nicht definiert ist, muß die Annahme, die Funktion H sei berechenbar, falsch sein. ⌐

Der Beweis kann gekürzt werden, indem man die Funktion K direkt aus H ableitet: die Funktion τ dient ja nur zur Verdeutlichung des Gedankenganges.

2.4.1.3 *Bemerkungen*

(1°) Wenn das Halteproblem weniger allgemein gestellt wird, dann kann die entsprechende Funktion H berechenbar sein. Genauer ausgedrückt, obschon die Funktion H nicht berechenbar ist, gibt es berechenbare Einschränkungen dieser Funktion.

Man nehme z.B. den (trivialen) Fall, in dem nur Turing-Maschinen mit einer einzigen Instruktion betrachtet werden. Die entsprechende Funktion, etwa H', ist dann die charakteristische Funktion der Menge

$$\{(x,y) \in \underline{D} \times \underline{V}^* \mid T(x) \text{ hat eine Instruktion und } f_{T(x),1}(y) \text{ ist}$$
$$\text{definiert }\}$$

bezüglich der Menge

$$\{x \in \underline{D} \mid T(x) \text{ hat eine Instruktion}\} \times \underline{V}^* ;$$

m.a.W.,

$$H' = H \mid \{x \in \underline{D} \mid T(x) \text{ hat eine Instruktion}\} \times \underline{V}^*.$$

Daß die Funktion H' berechenbar ist, wird deutlich aus den folgenden Überlegungen: man starte die Turing-Maschine $T = (\underline{V},\underline{Q},\underline{I},B,q_s)$, wobei

$$\underline{I} = \{(q,a) \rightarrow (q',a',\delta)\}$$

ist, mit dem Wort $x \in \underline{V}^*$; diese Turing-Maschine hält genau dann nicht, wenn

entweder: $q = q' = q_s$, $a = a' = \text{head}(xB)$ und $\delta = 0$

oder   : $q = q' = q_s$, $a = B$, $\delta \in \{L,R\}$ und $x = \varepsilon$.

(2°) Es wäre falsch anzunehmen, daß die Funktion H nicht berechenbar ist, weil ihre Definition irgendwie fehlerhaft ist, - wie es z.B. bei dem Studium von Paradoxien in der mathematischen Logik vorkommen kann; die Definition der Funktion H und der Menge, deren charakteristische Funktion H ist, sind algebraisch einwandfrei.

(3°) Der Satz kann leicht auf Turing-Maschinen verallgemeinert werden, die mit n Argumenten, n≥1, statt nur mit einem Argument gestartet werden.

(4°) Der Satz hat auch eine praktische Bedeutung, weil man ihn auf Programme für elektronische Rechenanlagen übertragen kann: es ist nicht möglich, ein Programm zu schreiben, das für ein beliebiges (anderes) Programm entscheidet, ob dessen Rechenzeit endlich ist oder nicht.

2.4.1.4 *Eine andere Terminologie*

Ein Problem, das darin besteht, den Wert der charakteristischen Funktion einer Menge zu berechnen, heißt ein *Entscheidungsproblem*. Ein Entscheidungsproblem heißt *lösbar* bzw. *unlösbar*, wenn diese charakteristische Funktion berechenbar bzw. nicht berechenbar ist.

Man sagt also z.B., daß das Halteproblem für Turing-Maschinen unlösbar ist.

2.4.2. *Das Halteproblem bei leerem Band*

2.4.2.1 *Einleitung*

Das Halteproblem hat sich als zu allgemein erwiesen um lösbar zu sein.

Man betrachte deshalb jetzt das folgende speziellere Problem: entscheide für eine beliebige Turing-Maschine, ob sie halten wird oder nicht, nachdem sie mit einem leeren Band gestartet worden ist. Die zugehörige Funktion ist jetzt die (a,ε)-charakteristische Funktion der Menge

$$\{x \in \underline{D} \mid f_{T(x),1}(\varepsilon) \text{ ist definiert}\},$$

d.h., die Funktion

$$HB : \underline{D} \to \{a,\varepsilon\} : HB(x) = \begin{cases} a, & \text{wenn } f_{T(x),1}(\varepsilon) \text{ definiert ist ;} \\ \varepsilon, & \text{wenn } f_{T(x),1}(\varepsilon) \text{ nicht definiert ist.} \end{cases}$$

2.4.2.2 *Satz:* Die $\underline{V}$-Funktion HB aus Abschn. 2.4.2.1 ist nicht berechenbar.

Beweis

Der Grundgedanke des Beweises besteht darin, dieses Problem auf das Halteproblem zurückzuführen; genauer gesagt, es wird gezeigt, daß die Lösbarkeit des Halteproblems bei leerem Band die Lösbarkeit des Halteproblems impliziert. Solche Rückführungsbeweise sind übrigens klassisch beim Studium von Entscheidungsproblemen und werden z.B. auch in den nächstfolgenden Abschnitten dieses Kapitels verwendet.

Man ordne jedem Paar $(x,y) \in \underline{D} \times \underline{V}^*$ eine Turing-Maschine TXY hinzu. Diese Turing-Maschine führt die folgenden Operationen aus, nachdem sie mit einem beliebigen Argument aus $\underline{V}^*$ gestartet worden ist:

(i)   sie löscht das Argument;

(ii) sie schreibt das Wort y auf das Band;

(iii) sie führt die Berechnung der Turing-Maschine T(x) für das Argument y aus, d.h. sie berechnet $f_{U,2}(x,y)$, wobei U die universelle Turing-Maschine ist.

Offensichtlich gilt

$$f_{TXY,1} : \underline{V}^* \to \underline{V}^* : f_{TXY,1}(z) = f_{T(x),1}(y) \, ,$$

wenn $f_{T(x),1}(y)$ definiert ist, und

$$f_{TXY,1} = \{\ \} \, ,$$

wenn $f_{T(x),1}(y)$ nicht definiert ist; im ersten Fall ist $f_{TXY,1}$ eine totale Funktion, deren Wert unabhängig vom Argument ist, und im zweiten Fall die leere Funktion. Insbesondere ist also $f_{TXY,1}(\varepsilon)$ genau dann definiert, wenn $f_{T(x),1}(y)$ definiert ist.

Sei jetzt q eine $\underline{V}$-Beschreibung der Turing-Maschine TXY. Wenn H die Funktion von Satz 4.2.1.2 ist, gilt

$$H(x,y) = HB(q)$$

für jedes $(x,y) \in \underline{D} \times \underline{V}^*$; man beachte dabei, daß man für jedes (x,y) eine andere Turing-Maschine TXY hat, also auch ein anderes q. Wenn die Funktion HB berechenbar wäre, dann wäre auch die Funktion H berechenbar, denn für ein beliebiges Argument $(x,y) \in \underline{D} \times \underline{V}^*$ könnte der Wert $H(x,y)$ wie folgt berechnet werden:

(i)   konstruiere zu (x,y) die Turing-Maschine TXY;

(ii) bestimme eine $\underline{V}$-Beschreibung dieser Turing-Maschine und nenne sie q;

(iii) berechne HB(q) und halte mit diesem Wert als Resultat.

Da die Funktion H nicht berechenbar ist, kann es einen solchen Algorithmus nicht geben. Dies impliziert, daß der Schritt (iii) unausführbar ist, d.h. daß die Funktion HB nicht berechenbar ist. ⌐

2.4.2.3* *Bemerkung*

Im Beweis des vorigen Satzes kommt ein Algorithmus vor, der den Wert
der Funktion H berechnet. Der Beweis ist nur stichhaltig, wenn die
Schritte (i) und (ii) ausführbar sind. Nun ist der Schritt (i) eine
Konstruktion einer Turing-Maschine; dieser Schritt ist nur ausführbar,
wenn die Konstruktion einen "algorithmischen Charakter" (im Sinne von
Abschn. 2.3.6) hat.

Um formal zu beweisen, daß die Konstruktion diese Bedingung erfüllt,
muß gezeigt werden, daß die Funktion

$$FXY : \underline{D} \times \underline{V}^* \to \underline{D} : FXY(x,y) = q$$

berechenbar ist. Wenn dieser Beweis geliefert ist, genügt es zu bemer-
ken, daß

$$H = FXY \circ HB$$

ist; die Berechenbarkeit von FXY und HB impliziert also die Berechenbarkeit von H.

Übungen

2.4.2.-$\underline{1}$ $\underline{V}$ sei ein gegebener Zeichenvorrat. Zeige, daß für jedes Wort
y_O aus $\underline{V}^*$ die charakteristische Funktion der Menge

$$\{x \in \underline{D} \mid f_{T(x),1}(y_O) \text{ ist definiert}\}$$

nicht berechenbar ist.

2.4.2.-$\underline{2}$ Zeige, daß aus der Unlösbarkeit des Halteproblems bei leerem
Band die Unlösbarkeit des Halteproblems folgt.

2.4.3. *Das uniforme Halteproblem*

2.4.3.1 *Einleitung*

Das Problem besteht darin, für eine beliebige Turing-Maschine zu entscheiden, ob sie für jedes Argument halten wird oder nicht; m.a.W., man
möchte für eine Turing-Maschine T wissen, ob $f_{T,1}$ total ist oder nicht.

Die Funktion, die jetzt betrachtet werden muß, ist die (a,ε)-charakte-
ristische Funktion HU der Menge

$$\{x \in \underline{D} \mid f_{T(x),1} \text{ ist eine totale } \underline{V}\text{-Funktion}\}$$

bezüglich der Menge $\underline{D}$.

2.4.3.2 *Satz:* Die $\underline{V}$-Funktion HU aus Abschn. 2.4.3.1 ist nicht berechenbar.

Beweis

Der Grundgedanke des Beweises besteht darin, das Problem auf das Halteproblem bei leerem Band zurückzuführen.

Man ordne jedem Wort x aus $\underline{D}$ eine Turing-Maschine TX hinzu. Diese Turing-Maschine führt die folgenden Operationen aus, nachdem sie mit einem
beliebigen Argument aus $\underline{V}^*$ gestartet worden ist:

(i)   sie löscht das Argument;
(ii) sie führt die Berechnung der Turing-Maschine T(x) für das Argument
      ε aus.

Offensichtlich gilt

$$f_{TX,1} : \underline{V}^* \to \underline{V}^* \; : \; f_{TX,1}(z) = f_{T(x),1}(\varepsilon) \; ,$$

wenn $f_{T(x),1}(\varepsilon)$ definiert ist, und

$$f_{TX,1} = \{ \} ,$$

wenn $f_{T(x),1}(\varepsilon)$ nicht definiert ist. Die Funktion $f_{TX,1}$ ist also genau
dann total, wenn $f_{T(x),1}(\varepsilon)$ definiert ist.

Sei jetzt s eine $\underline{V}$-Beschreibung der $\underline{V}$-Turing-Maschine TX. Dann gilt

$$HB(x) = HU(s)$$

für jedes $x \in \underline{D}$. Die Funktion HB wäre also berechenbar, wenn HU berechenbar wäre.

2.4.4. *Das Äquivalenzproblem*

2.4.4.1 *Einleitung*

Sei T eine gegebene $\underline{V}$-Turing-Maschine, für die $f_{T,1} \neq \{\ \}$ gilt. Das Problem besteht darin, für eine beliebige $\underline{V}$-Turing-Maschine S zu entscheiden, ob $f_{S,1} = f_{T,1}$ ist oder nicht.

Die betreffende Funktion ist jetzt die charakteristische Funktion HT der Menge

$$\{x \in \underline{D} \mid f_{T(x),1} = f_{T,1}\}$$

bezüglich $\underline{D}$.

2.4.4.2 *Satz:* Für jede $\underline{V}$-Turing-Maschine T, für die $f_{T,1} \neq \{\ \}$ ist, ist die $\underline{V}$-Funktion HT aus Abschn. 2.4.4.1 nicht berechenbar.

Beweis

Der Grundgedanke des Beweises besteht wieder darin, das Problem auf das Halteproblem bei leerem Band zurückzuführen.

Man ordne jedem Wort x aus $\underline{D}$ eine Turing-Maschine TTX hinzu. Diese Turing-Maschine führt die folgenden Operationen aus, nachdem sie mit einem beliebigen Argument z aus $\underline{V}$* gestartet worden ist:

(i)   sie führt die Berechnung der Turing-Maschine T(x) für das Argument ε aus;

(ii)   sie löscht das Resultat des Schrittes (i);

(iii)   sie führt die Berechnung der Turing-Maschine T für das Argument z aus.

Man beachte, daß Schritt (iii) voraussetzt, daß das Argument z während der Schritte (i) und (ii) "in Sicherheit" gebracht worden ist; dies läßt sich aber z.B. mit Hilfe einer 2-Band-Turing-Maschine einfach verwirklichen.

Offensichtlich gilt

$$f_{TTX,1} = f_{T,1} \ ,$$

wenn $f_{T(x),1}(\varepsilon)$ definiert ist, und

$$f_{TTX,1} = \{\ \} \quad , \text{ also } f_{TTX,1} \neq f_{T,1} \ ,$$

wenn $f_{T(x),1}(\varepsilon)$ nicht definiert ist.

Sei jetzt t eine $\underline{V}$-Beschreibung der $\underline{V}$-Turing-Maschine TTX. Dann gilt

$\qquad$ HB(x) = HT(t)

für jedes x $\in$ $\underline{D}$. Die Funktion HB wäre also berechenbar, wenn die Funktion HT berechenbar wäre. $\qquad\qquad\qquad\qquad\qquad\qquad\qquad$ ⌐

Man beachte, daß der Satz für alle Turing-Maschinen T mit $f_{T,1} \neq \{\ \}$ gilt; er gilt also auch für Turing-Maschinen, die "triviale" Funktionen, wie z.B. die Identitätsfunktion, definieren. Übrigens gilt der Satz ebenfalls für $f_{T,1} = \{\ \}$, wie in der nachfolgenden Übung 2.4.4.-$\underline{1}$ bewiesen wird.

Übungen

2.4.4.-$\underline{1}$ $\quad$ $\underline{V}$ sei ein Zeichenvorrat. Zeige, daß die charakteristische Funktion der Menge

$\qquad$ $\{x \in \underline{D} \mid f_{T(x),1} = \{\ \}\}$

$\qquad$ nicht berechenbar ist.

2.4.4.-$\underline{2}$ $\quad$ Zeige, daß die Unlösbarkeit des Halteproblems durch die Unlösbarkeit

$\qquad$ a) des uniformen Halteproblems

$\qquad$ b) des Äquivalenzproblems

$\qquad$ impliziert wird.

2.4.4.-$\underline{3}$ $\quad$ Sei x_0 ein Wort aus $\underline{V}^*$. Zeige, daß die charakteristische Funktion der Menge

$\qquad$ $\{x \in \underline{D} \mid x_0 \in \underline{BIL}_{f_{T(x),1}}\}$

$\qquad$ nicht berechenbar ist.

2.4.4.-$\underline{4}$ $\quad$ $T = (\underline{V},\underline{Q},\underline{I},B,q_s)$ sei eine Turing-Maschine und n sei eine Zahl aus $\underline{N}$; die Funktionen γ_n, ω und δ seien definiert wie in Abschnitt 2.1.3.5 und y_0 sei ein Wort aus $\underline{V}^*$. Schließlich sei die Funktion ω' definiert durch

$\qquad$ $\omega' = \omega \cup \{(x,y_0) \in \underline{V}^* \times \{y_0\} \mid f_{T,1}(x)$ ist undefiniert$\}$

$\qquad$ Zeige, daß die Funktion

$\qquad$ $\gamma_n \circ \omega' \circ \delta$

$\qquad$ nicht unbedingt berechenbar ist.

2.4.4.-**5** Sei $T = (\underline{V},\underline{Q},\underline{I},B,q_s)$ eine Turing-Maschine. Ein Zustand q aus $\underline{Q}$ heißt *überflüssig*, wenn es kein x aus $\underline{V}^*$ und keine φ und ψ aus $\underline{V}_B^*$ gibt, für die

$$(q_s,\varepsilon,xB) \overset{*}{\underset{T}{\rightarrow}} (q,\varphi,\psi)$$

gilt. Das *Zustandsproblem für* $\underline{V}$ besteht darin, für einen beliebigen Zustand q einer beliebigen $\underline{V}$-Turing-Maschine T zu entscheiden, ob der Zustand q überflüssig ist oder nicht. Zeige, daß das Zustandsproblem unlösbar ist.

2.4.5. *Schlußbemerkung*

Die Existenz unlösbarer Entscheidungsprobleme kann von zwei verschiedenen Standpunkten aus betrachtet werden.

Von einem "pragmatischen" Standpunkt aus ist ein Problem unlösbar, weil es zu allgemein ist um eine Lösung zu ermöglichen. Das Halteproblem z. B. ist unlösbar, weil es auch "außergewöhnliche" Fälle wie die Turing-Maschine k aus Abschn. 2.4.1.2 zu umfassen hat. Wenn die Aufgabe so gestellt wird, daß nur "normale" Fälle betrachtet werden, wird das Problem lösbar; dies ist z.B. der Fall für die "alltäglichen" Programme für elektronische Rechenanlagen, denn ein Programmierer ist im allgemeinen grundsätzlich imstande, mit Sicherheit festzustellen, ob sein Programm hält oder nicht. Obwohl dieses Argument suggeriert, daß die Existenz unlösbarer Probleme nur von theoretischem Interesse ist, so bleibt eine wesentliche praktische Schwierigkeit bestehen, solange man nicht klar definiert hat, was ein "normaler" Fall ist. Die Praxis zeigt nämlich, daß Einschränkungen unlösbarer Probleme öfter entweder ebenfalls unlösbar sind (wie das Halteproblem bei leerem Band) oder lösbar sind, aber dafür nur triviale Fälle umfassen (wie Turing-Maschinen mit einer einzigen Instruktion in Abschn. 2.4.1.3 (1°)).

Von einem "philosophischen" Standpunkt aus ist ein Problem unlösbar, weil die Theorie zu "eng" ist. Die Tatsache, daß es für eine gegebene Funktion keine Turing-Maschine gibt, hat ähnliche Gründe wie z.B. die Tatsache, daß es in der Theorie der natürlichen Zahlen keine Zahl gibt, deren Quadrat die Zahl 2 ist. Die Lösung liegt dann in einer "Verallgemeinerung" der Theorie, z.B. im Ersatz der Theorie der natürlichen Zahlen durch die Theorie der reellen Zahlen. Leider würde in einer auf diese Weise verallgemeinerten Theorie der berechenbaren Funktionen der formale Begriff Berechenbarkeit nicht mehr dem intuitiven Begriff Berechenbarkeit entsprechen. Post drückte diesen Sachverhalt mit der Behauptung aus, daß die Existenz nicht-berechenbarer Funktionen auf eine "limitation of the mathematicizing power of the homo sapiens" hindeutet.

2.5. Rekursiv-aufzählbare und rekursive Mengen

Der Begriff Berechenbarkeit wird benutzt, um zwei Charakterisierungen von Mengen einzuführen: eine rekursiv-aufzählbare Menge ist eine Menge, deren Elemente effektiv abgezählt werden können; eine rekursive Menge ist eine Menge, für die in einer endlichen Zeit bestimmt werden kann, ob ein gegebenes Wort ein Element dieser Menge ist oder nicht.

Aus ihren Beziehungen zu den Definitionsbereichen, bzw. Bildbereichen, der berechenbaren Funktionen werden äquivalente Definitionen dieser Mengen abgeleitet; dazu wird u.a. eine Einschränkung der charakteristischen Funktion, Akzeptorfunktion genannt, eingeführt.

Anschließend werden die Beziehungen zwischen rekursiv-aufzählbaren und rekursiven Mengen untersucht. Diese Beziehungen werden illustriert an hand einiger Beispiele und Gegenbeispiele, die aus denen für berechenbare Funktionen abgeleitet werden.

Zum Schluß folgen einige Bemerkungen über Quantifizierungen und über rekursive Aufzählungen von Funktionen und Mengen.

2.5.1. *Definitionen*

Wir haben bereits festgestellt, daß Funktionen, deren Werte nicht berechnet werden können, keine praktische Bedeutung haben. Ebenso ist eine Menge für den praktischen Gebrauch nutzlos, wenn ihre Elemente nicht effektiv abgezählt werden können. Diese Überlegung führt zu den folgender Definition.

Sei $\underline{V}$ ein Zeichenvorrat. Eine Teilmenge von $\underline{V}^{*n}$, $n \geq 1$, wird *rekursiv-aufzählbar* (oder: *effektiv-aufzählbar*, oder: *effektiv-abzählbar*) genannt, wenn es eine berechenbare Abzählung für sie gibt. M.a.W., eine Menge $\underline{S} \subseteq \underline{V}^{*n}$ ist rekursiv-aufzählbar, wenn ihre Elemente mit Hilfe einer berechenbaren Funktion $E : \underline{N} \rightarrowtail \underline{S}$ in einer Liste

$$E(O), E(1), E(2), \ldots, E(j), \ldots$$

aufgeführt werden können; dieser Vorgang ist "effektiv", indem jedes Element von $\underline{S}$, etwa $E(j)$, als Wert der Funktion E für das Argument j von einer Turing-Maschine in einer endlichen Zeit berechnet werden kann. Man beachte, daß von der Funktion E im Gegensatz zu der Funktion F in Abschn.

1.2.2.1 verlangt wird, daß sie berechenbar ist.

Eine andere Eigenschaft, die für eine Menge "wünschenswert" erscheint, ist die Möglichkeit zu entscheiden, ob ein Element zu einer Menge gehört oder nicht. Dies führt zu der folgenden Definition.

Sei $\underline{V}$ wieder ein Zeichenvorrat. Eine Teilmenge von $\underline{V}*^n$, $n \geq 1$, heißt *rekursiv (bzgl. $\underline{V}*^n$)* (oder: *entscheidbar (bzgl. $\underline{V}*^n$)*), wenn ihre charakteristische Funktion bzgl. $\underline{V}*^n$ berechenbar ist. Eine Menge $\underline{S} \subseteq \underline{V}*^n$ ist also rekursiv, wenn es eine Turing-Maschine gibt, die für ein beliebiges Element $x \in \underline{V}*^n$ in endlicher Zeit entscheidet, ob $x \in \underline{S}$ oder $x \in \underline{V}*^n - \underline{S}$.

Die meisten in der Praxis auftretenden Mengen sind sowohl rekursiv-aufzählbar wie auch rekursiv. So wurde z.B. schon gezeigt, daß die Menge $\underline{D}$ aller $\underline{V}$-Beschreibungen von Turing-Maschinen rekursiv ist (Abschn. 2.3.3.1); es ist einfach zu beweisen, daß $\underline{D}$ auch rekursiv-aufzählbar ist.

Die Begriffe "rekursive" und "rekursiv-aufzählbare Menge" sind von historischem Ursprung; sie wurden erstmals in der Theorie der rekursiven Funktionen eingeführt.

Übungen

2.5.1.-$\underline{1}$ $\underline{V}$ sei ein Zeichenvorrat und n eine Zahl aus $\underline{N}$, $n \geq 1$. Zeige, daß die folgenden Mengen rekursiv-aufzählbar sind:
a) $\underline{V}*^n$;
b) jede endliche Menge $\underline{S}$, $\underline{S} \subseteq \underline{V}*^n$;
c) jede berechenbare Funktion $f \subseteq \underline{V}*^n \times \underline{V}*$.

2.5.1.-$\underline{2}$ Zeige, daß die Mengen aus der vorigen Übung rekursiv sind.

2.5.1.-$\underline{3}$ $\underline{A}$ und $\underline{B}$ seien zwei rekursive Mengen. Bestimme, ob die folgenden Mengen rekursiv sind:
a) $\underline{A} \cup \underline{B}$;
b) $\underline{A} \cap \underline{B}$;
c) $\underline{A} \smallsetminus \underline{B}$;
d) $\underline{A} \times \underline{B}$.

2.5.2. *Der Bildbereich einer totalen berechenbaren Funktion*

Es wird jetzt die Beziehung zwischen rekursiv-aufzählbaren Mengen und dem Bildbereich totaler berechenbarer Funktionen untersucht.

2.5.2.1 *Hilfssatz:* Der Bildbereich $\underline{S} \subseteq \underline{V}^{*n}$, $n \geq 1$, einer berechenbaren Funktion $F : \underline{N} \twoheadrightarrow \underline{S}$ ist rekursiv-aufzählbar.

Beweis

Der folgende Algorithmus definiert eine Abzählung E von $\underline{S}$, indem er für ein beliebiges Argument $m \in \underline{N}$ den Wert E(m) berechnet; er benutzt dazu die Variablen p, i und $\underline{I}$:

Schritt (i)   :setze p zu O, i zu O, $\underline{I}$ zu { } ;

Schritt (ii) :berechne F(i) ;

Schritt (iii) :wenn $F(i) \in \underline{I}$, setze i zu i+1 und gehe nach Schritt (ii);

Schritt (iv) :wenn p = m, halte mit F(i) als Resultat;

Schritt (v)   :setze p zu p+1, i zu i+1, $\underline{I}$ zu $\underline{I} \cup \{F(i)\}$ und gehe nach Schritt (ii).

Es ist einfach einzusehen, daß die durch diesen Algorithmus definierte Funktion eine Abzählung von $\underline{S}$ ist; man beachte insbesondere, daß E(m) undefiniert ist, wenn $\underline{S}$ endlich und $m \geq \text{card}(\underline{S})$ ist. ⌐

Man beachte die Ähnlichkeit des Beweises dieses Hilfssatzes mit dem Beweis des Satzes 1.2.4.

2.5.2.2 *Satz:* Eine nicht-leere Menge $\underline{S} \subseteq \underline{V}^{*n}$, $n \geq 1$, ist genau dann rekursiv-aufzählbar, wenn sie der Bildbereich einer totalen berechenbaren $\underline{V}$-Funktion ist.

Beweis

(1°) Sei $\underline{S} \subseteq \underline{V}^{*n}$, $n \geq 1$, eine rekursiv-aufzählbare nicht-leere Menge. E sei eine berechenbare Abzählung von $\underline{S}$.

Wenn $\underline{S}$ endlich ist, sei e ein Element von $\underline{S}$; weil $\underline{S}$ nicht leer ist, gibt es ein solches Element. Es ist offensichtlich, daß die Funktion

$$F = (VN \circ E) \cup \{(x,e) \mid VN(x) \geq \text{card}(\underline{S})\}$$

eine berechenbare Funktion $F : \underline{V}^* \twoheadrightarrow \underline{S}$ ist. Es gilt also

$$F(x) = \begin{cases} E(VN(x)) & \text{für } VN(x) < \mathrm{card}(\underline{S}) \\ e & \text{sonst} \end{cases}$$

Wenn $\underline{S}$ unendlich ist, ist die Funktion

$$G = VN \circ E$$

eine berechenbare Funktion $G : \underline{V}^* \twoheadrightarrow \underline{S}$.

In beiden Fällen ist $\underline{S}$ also der Bildbereich einer totalen berechenbaren $\underline{V}$-Funktion.

(2°) Sei $\underline{S} \subseteq \underline{V}^{*n}$, $n \geq 1$, der Bildbereich einer totalen berechenbaren Funktion $H : \underline{V}^{*m} \twoheadrightarrow \underline{S}$, $m \geq 1$.

Sei nun

$$G = NVm \circ H \; ;$$

dann ist G eine berechenbare Funktion $G : \underline{N} \twoheadrightarrow \underline{S}$. Nach Hilfssatz 2.5.2.1 ist $\underline{S}$ rekursiv-aufzählbar; außerdem ist $\underline{S}$ nicht leer, da der Bildbereich einer totalen Funktion wenigstens aus einem Element besteht. ⌐

Im Beweis ist implizit angenommen, daß dem Zeichenvorrat $\underline{V}$ eine Abzählung zugeordnet ist: sonst wären die Funktionen VN und NVm unvollständig definiert.

2.5.3. *Die Akzeptorfunktion*

Es wird nun eine Einschränkung der charakteristischen Funktion, Akzeptorfunktion genannt, eingeführt. Es wird gezeigt, daß diese Funktion den rekursiv-aufzählbaren Mengen gegenüber dieselbe Rolle spielt wie die charakteristische Funktion den rekursiven Mengen gegenüber.

2.5.3.1 *Definition*

Sei $\underline{S}$ eine Menge und a ein Zeichen.

Die *a-Akzeptorfunktion von* $\underline{S}$ (oder, wenn a als bekannt vorausgesetzt wird, die *Akzeptorfunktion von* $\underline{S}$) ist die Funktion

$$A_S : \underline{S} \to \{a\} \quad : A_S(x) = a \; .$$

Man beachte, daß

$$A_S = C_S \circ \{(a,a)\} \quad = \quad C_S | \underline{S}$$

ist, wobei C_S die charakteristische Funktion von $\underline{S}$ ist.

Es wird jetzt gezeigt, daß eine Menge genau dann rekursiv-aufzählbar ist, wenn ihre Akzeptorfunktion berechenbar ist; dazu werden zwei Hilfssätze benötigt.

2.5.3.2 *Hilfssatz:* Die Akzeptorfunktion einer rekursiv-aufzählbaren
Menge ist berechenbar.

Beweis

Sei $\underline{S} \subseteq \underline{V}^{*n}$, $n \geq 1$, eine rekursiv-aufzählbare Menge, E eine berechenbare Abzählung von $\underline{S}$ und a $\in \underline{V}$.

Der folgende Algorithmus definiert die a-Akzeptorfunktion A_S der Menge $\underline{S}$, indem er für ein beliebiges Argument x $\in \underline{V}^{*n}$ die Berechnung des Wertes $A_S(x)$ ausführt; er benutzt dazu die Variable j:

Schritt (i)   : setze j zu O;
Schritt (ii) : berechne E(j);
Schritt (iii) : wenn E(j) = x, halte mit dem Resultat a;
Schritt (iv) : setze j zu j+1 und gehe nach Schritt (ii).

Offensichtlich hält der Algorithmus genau dann (mit dem Resultat a), wenn x $\in \underline{S}$. ⌋

2.5.3.3 *Hilfssatz:* Eine Menge, deren Akzeptorfunktion berechenbar ist, ist rekursiv-aufzählbar.

Prinzip des Beweises

T sei eine Turing-Maschine, die die Akzeptorfunktion einer Menge $\underline{S} \subseteq \underline{V}^{*n}$, $n \geq 1$, definiert. Der Grundgedanke des Beweises besteht darin, ausgehend von der Turing-Maschine T einen Algorithmus zu konstruieren, der eine Abzählung der Menge $\underline{S}$ definiert.

Dazu startet der Algorithmus die Turing-Maschine T nacheinander für die Argumente NVn(O), NVn(1), NVn(2), usw. und führt dann diese verschiedenen Berechnungen nebeneinander weiter. Genauer ausgedrückt, als erstes läßt der Algorithmus die Turing-Maschine T, die mit dem Argument NVn(O) gestartet ist, eine Instruktion ausführen; als zweites läßt der Algorithmus diese Turing-Maschine eine zweite Instruktion ausführen und läßt die Turing-Maschine, die mit dem Argument NVn(1) gestartet ist, eine erste Instruktion ausführen; usw.. M.a.W., die Konfigurationen werden abgezählt ähnlich wie die Elemente von $\underline{N}^2$ in Abschn. 1.2.2.2;

dabei wird jede Konfiguration, etwa die, die dem Element $(i,j) \in \underline{N}^2$ entspricht, durch das Wort NVn(i) und die Anzahl j der angewandten Instruktionen eindeutig definiert. Jedesmal, wenn dieses Verfahren zu einer Endkonfiguration führt, handelt es sich - nach Definition der Akzeptorfunktion - um eine Turing-Maschine, die mit einem Element der Menge $\underline{S}$ gestartet worden ist. Die Abzählung E der Menge $\underline{S}$ ist nun definiert, indem diese Argumente in der Reihenfolge, in der sie auftreten, den Zahlen O,1,2,... zugeordnet werden; m.a.W., E(O) ist das erste Argument, für das eine Endkonfiguration gefunden wird, E(1) das zweite Argument, E(2) das dritte Argument, usw..

Beweis

Sei $\underline{S} \subseteq \underline{V}^{*n}$, n≥1, eine Menge, deren Akzeptorfunktion durch die Turing-Maschine $T = (\underline{V},\underline{Q},\underline{I},B,q_s)$ definiert ist.

Der folgende Algorithmus definiert eine Abzählung E der Menge $\underline{S}$, indem er für ein beliebiges Argument $m \in \underline{N}$ den Wert E(m) berechnet; er benutzt dabei die (n+4) Variablen i, j, p, q und y_s, 1≤s≤n:

Schritt (i)   : setze p zu O, q zu O ;
Schritt (ii) : berechne NN2(q) ;
Schritt (iii) : setze i zu $U_1^2(NN2(q))$ und j zu $U_2^2(NN2(q))$; [13]
Schritt (iv) : berechne NVn(i) und setze y_s zu $U_s^n(NVn(i))$, 1≤s≤n ;
Schritt (v)   : wende auf die Konfiguration

$$(q_s,\varepsilon,y_1By_2B...y_nB)$$

die j nächsten anstehenden Instruktionen an, solange keine Endkonfiguration auftritt; folgende Fälle sind zu unterscheiden:

(1°) bevor j Instruktionen angewandt sind, wird eine Endkonfiguration erreicht; in diesem Fall gehe nach Schritt (viii);

(2°) die Anwendung von genau j Instruktionen führt zu einer Endkonfiguration; in diesem Fall gehe nach Schritt (vi);

(3°) die Anwendung von j Instruktionen führt zu einer Konfiguration, die keine Endkonfiguration ist; in diesem Fall gehe nach Schritt (viii);

Schritt (vi) : wenn p = m, halte mit $(y_1,y_2,...,y_n)$ als Resultat;

---

[13] U_1^2, U_2^2 und U_s^n sind Projektionsfunktionen (siehe Abschn. O.1.3).

Schritt (vii) : setze p zu p+1 ;

Schritt (viii): setze q zu q+1 und gehe nach Schritt (ii).   ⌟

2.5.3.4 *Satz:* Eine Menge $\underline{S} \subseteq \underline{V}*^n$, n≥1, ist genau dann rekursiv-aufzählbar, wenn ihre Akzeptorfunktion berechenbar ist.

Beweis

Siehe Hilfssatz 2.5.3.2 und 2.5.3.3.   ⌟

Dieser Satz wird nun im folgenden Korollar verallgemeinert.

2.5.3.5 *Korollar:* Eine Menge $\underline{S} \subseteq \underline{V}*^n$, n≥1, ist genau dann rekursiv-aufzählbar, wenn sie Definitionsbereich einer berechen-
baren $\underline{V}$-Funktion ist.

Beweis

Wenn $\underline{S}$ rekursiv-aufzählbar ist, ist sie der Definitionsbereich ihrer
(berechenbaren) Akzeptorfunktion.

Wenn $\underline{S}$ der Definitionsbereich einer Funktion

$$\underline{F} : \underline{S} \to \underline{V}*^m \ , \ m≥1$$

ist, dann ist die Funktion

$$F \circ G \ ,$$

wobei

$$G = \underline{V}*^m \times \{a\} \ , \ a \in \underline{V} \ ,$$

ist, die a-Akzeptorfunktion von $\underline{S}$; daß G berechenbar ist, ist selbstverständlich; da auch F berechenbar ist, ist F ∘ G berechenbar und deshalb $\underline{S}$ rekursiv-aufzählbar.   ⌟

Übungen

2.5.3.-**1** $\underline{V}$ sei ein Zeichenvorrat und n eine Zahl aus $\underline{N}$, n≥1. Zeige,
daß jede berechenbare Funktion $F \subseteq \underline{V}*^n \times \underline{V}*$ eine rekursiv-
aufzählbare Menge ist.

2.5.3.-**2** Zeige, daß die Menge

$$\{x \in \underline{D} \mid f_{T(x),1} \neq \{ \ \}\}$$

rekursiv-aufzählbar ist, dabei ist $\underline{D}$ die in Absch. 2.3.3.1 definierte Menge.

2.5.3.-$\underline{3}$ Zeige, daß der Bildbereich einer berechenbaren Wortfunktion rekursiv-aufzählbar ist.

2.5.4. *Die Beziehung zwischen rekursiv-aufzählbaren und rekursiven Mengen*

2.5.4.1 *Einleitung*

Aus dem vorigen Abschnitt geht hervor, daß die Akzeptorfunktion und die charakteristische Funktion die rekursiv-aufzählbaren bzw. die rekursiven Mengen charakterisieren. Da die Akzeptorfunktion eine Einschränkung der charakteristischen Funktion ist und ihr Wert deshalb weniger "Information" enthält, kann man vermuten, daß rekursiv-aufzählbare Mengen allgemeiner sind als rekursive Mengen. Die folgenden Sätze zeigen, daß jede rekursive Menge rekursiv aufzählbar ist; daß es rekursiv-aufzählbare Mengen gibt, die nicht rekursiv sind, wird aber erst in Abschnitt 2.5.5 bewiesen.

2.5.4.2 *Hilfssatz:* Jede rekursive Menge ist rekursiv-aufzählbar.

Beweis

Wenn C die (a,ε)-charakteristische Funktion einer Menge $\underline{S} \subseteq \underline{V}^{*n}$, $n \geq 1$, bzgl. $\underline{V}^{*n}$ ist, dann ist

$\qquad$ A = C o {(a,a)}

ihre a-Akzeptorfunktion; wenn C berechenbar ist, ist auch A berechenbar.

2.5.4.3 *Hilfssatz:* Wenn $\underline{S} \subseteq \underline{V}^{*n}$, $n \geq 1$, eine rekursive Menge ist, dann ist das Komplement von $\underline{S}$ (bzgl. $\underline{V}^{*n}$) rekursiv-aufzählbar.

Beweis

Wenn C die (a,ε)-charakteristische Funktion von $\underline{S}$ bzgl. $\underline{V}^{*n}$ ist, dann ist

$$A' = C \circ \{(\varepsilon, a)\}$$

die a-Akzeptorfunktion von $\underline{V}^{*n} - \underline{S}$.   ⌐

2.5.4.4 *Hilfssatz:* Wenn eine Menge und ihr Komplement beide rekursiv-aufzählbar sind, dann ist die Menge rekursiv.

Beweis

Seien $\underline{S} \subseteq \underline{V}^{*n}$, $n \geq 1$, und $\underline{V}^{*n} - \underline{S}$ rekursiv-aufzählbare Mengen. Weiter seien T_1 und T_2 zwei Turing-Maschinen, die die a-Akzeptorfunktion von $\underline{S}$ bzw. von $\underline{V}^{*n} - \underline{S}$ definieren.

Es wird jetzt ein Algorithmus angegeben, der für ein beliebiges Argument $(x_1, x_2, \ldots, x_n) \in \underline{V}^{*n}$ den Wert der (a, ε)-charakteristischen Funktion von $\underline{S}$ bzgl. $\underline{V}^{*n}$ berechnet.

Dieser Algorithmus startet die Turing-Maschinen T_1 und T_2 mit dem Argument $(x_1, x_2, \ldots, x_n)$ und läßt dann diese beiden Turing-Maschinen "parallel" weiterlaufen; genauer ausgedrückt, der Algorithmus läßt abwechselnd die Turing-Maschine T_1 und die Turing-Maschine T_2 eine Instruktion ausführen. Da entweder $(x_1, x_2, \ldots, x_n) \in \underline{S}$ oder $(x_1, x_2, \ldots, x_n) \in \underline{V}^{*n} - \underline{S}$ wird nach endlicher Zeit entweder für T_1 oder für T_2 eine Endkonfiguration erreicht. Im ersten Fall hält der Algorithmus mit dem Resultat a, im zweiten mit dem Resultat ε.   ⌐

2.5.4.5 *Satz:* Eine Menge $\underline{S} \subseteq \underline{V}^{*n}$, $n \geq 1$, ist genau dann rekursiv, wenn $\underline{S}$ und $\underline{V}^{*n} - \underline{S}$ rekursiv-aufzählbar sind.

Beweis

Siehe die drei vorigen Hilfssätze.   ⌐

Aus diesem Satz geht hervor, daß jede rekursive Menge rekursiv-aufzählbar ist, aber nicht, daß es rekursiv-aufzählbare Mengen gibt, die nicht rekursiv sind. Die Existenz solcher Mengen wird aber in Abschn. 2.5.5 gezeigt. Die Bedeutung des nun folgenden Korollars ist deshalb nicht leer.

2.5.4.6 *Korollar:* Wenn eine Menge $\underline{S} \subseteq \underline{V}^{*n}$, $n \geq 1$, rekursiv-aufzählbar ist ohne rekursiv zu sein, dann ist die Menge $\underline{V}^{*n} - \underline{S}$ nicht rekursiv-aufzählbar.

Übungen

2.5.4.-1 Sei $\underline{S} \subseteq \underline{V}^{*n}$, $n \geq 1$, eine rekursive Menge. Zeige, daß die Menge $\underline{V}^{*n} - \underline{S}$ rekursiv ist.

2.5.4.-2 Sei $\underline{V}$ ein Zeichenvorrat und n eine Zahl aus $\underline{N}$, $n \geq 1$. Sei $\underline{S} \subseteq \underline{V}^{*n}$ eine rekursive Menge und $\underline{A}$ eine Teilmenge von $\underline{S}$ Zeige:

    a) wenn $\underline{A}$ rekursiv ist, ist $\underline{S} - \underline{A}$ rekursiv;

    b) wenn $\underline{A}$ und $\underline{S} - \underline{A}$ rekursiv-aufzählbar sind, dann ist $\underline{A}$ rekursiv.

2.5.5. *Beispiele von Mengen, die rekursiv-aufzählbar aber nicht rekursiv sind*

2.5.5.1 *Satz:* Die Menge

$$\underline{S} = \{(x,y) \in \underline{D} \times \underline{V}^* \mid f_{T(x),1}(y) \text{ ist definiert}\}$$

ist rekursiv-aufzählbar, aber nicht rekursiv.

Beweis

(1°) Um zu beweisen, daß $\underline{S}$ nicht rekursiv ist, muß bewiesen werden, daß die charakteristische Funktion von $\underline{S}$ bzgl. $\underline{V}^{*2}$ nicht berechenbar ist.

Nun wurde in Abschn. 2.4.1.2 schon bewiesen, daß die charakteristische Funktion H dieser Menge bzgl. $\underline{D} \times \underline{V}^*$ nicht berechenbar ist.

Wie schon in Abschn. 2.5.1 bemerkt, ist die Menge $\underline{D}$ rekursiv und daher auch rekursiv-aufzählbar. Sei A die Akzeptorfunktion von $\underline{D}$.

Man nehme jetzt an, $\underline{S}$ sei rekursiv. Dann wäre ihre charakteristische Funktion C bzgl. $\underline{V}^{*2}$ berechenbar und es wäre möglich, den Wert der Funktion H aus Abschn. 2.4.1.1 für ein beliebiges Argument (x,y) aus $\underline{V}^{*2}$ mit Hilfe des folgenden Algorithmus zu berechnen:

Schritt (i) : berechne A(x) ;

Schritt (ii): berechne C(x,y) und halte mit diesem Wert als Resultat.

Man beachte, daß infolge des Schrittes (i) $H(x,y)$ undefiniert ist, sobald $x \in \underline{V}^*-\underline{D}$.

(2°) Um zu beweisen, daß $\underline{S}$ rekursiv-aufzählbar ist, überzeuge man sich davon, daß der folgende Algorithmus den Wert der a-Akzeptorfunktion von $\underline{S}$ für ein beliebiges Argument $(x,y) \in \underline{V}^{*2}$ berechnet:

Schritt (i) : berechne $A(x)$;
Schritt (ii): starte die Turing-Maschine $T(x)$ mit dem Argument y und ersetze das Resultat dieser Berechnung durch a.   ⌐

Übrigens kann der zweite Teil des Beweises auch folgendermaßen geliefert werden: die Menge $\underline{S}$ ist rekursiv-aufzählbar, weil sie der Definitionsbereich der berechenbaren Funktion $f_{U,2}$ ist, d.h. der von der universellen Turing-Maschine definierten Funktion mit zwei Argumenten.

__2.5.5.2__ *Korollar:* Es gibt **rekursiv-aufzählbare Mengen, die nicht rekursiv sind.**

__2.5.5.3__ *Korollar:* Es gibt abzählbare Mengen, die nicht rekursiv-aufzählbar sind.

Beweis

Die Existenz einer Menge, die nicht rekursiv-aufzählbar ist, folgt aus dem Korollar 2.5.4.6 und dem Satz 2.5.5.1. Da diese Menge eine Teilmenge von $\underline{V}^{*2}$ ist, ist sie abzählbar wegen Satz 1.2.3.   ⌐

__2.5.5.4__ *Satz:* Die Menge

$$\underline{S} = \{x \in \underline{D} \mid f_{T(x),1}(\varepsilon) \text{ ist definiert}\}$$

ist rekursiv-aufzählbar aber nicht rekursiv.

Beweis

Wie für Satz 2.5.5.1.   ⌐

2.5.6. *Beispiele von Mengen, die nicht rekursiv-aufzählbar sind*

Aus den Sätzen 2.5.5.1 und 2.5.5.4 zusammen mit dem Korollar 2.5.4.6 können - wie schon in Abschn. 2.5.5.3 angedeutet - zwei Mengen abgeleitet werden, die abzählbar, aber nicht rekursiv-aufzählbar sind. Es werden jetzt drei weitere Mengen eingeführt, die diese Eigenschaft besitzen. Jede dieser Mengen hat für die Programmierung elektronischer Rechenanlagen eine praktische Bedeutung. Ziel dieses Abschnittes ist es ferner, anhand dieser Mengen verschiedene Beweismethoden einzuführen.

2.5.6.1 *Satz:* Die Menge

$$\underline{S} = \{x \in \underline{D} \mid f_{T(x),1} \text{ ist eine totale } \underline{V}\text{-Funktion}\}$$

ist nicht rekursiv-aufzählbar.

Beweis [14]

Man nehme an, $\underline{S}$ sei rekursiv-aufzählbar.

Dann gibt es eine berechenbare Abzählung E von $\underline{S}$.

Man führe jetzt die Funktion

$$F = VN \circ E$$

ein. Man beachte, daß für jedes $x \in \underline{V}^*$ der Wert F(x) eine $\underline{V}$-Beschreibung einer Turing-Maschine ist, die eine totale Funktion mit einem Argument definiert; m.a.W., für jedes $x \in \underline{V}^*$ ist

$$f_{T(F(x)),1}$$

eine totale Funktion.

Sei a ein Zeichen aus $\underline{V}$. Man führe nun die Funktion

$$K : \underline{V}^* \to \underline{V}^* : K(x) = \mathrm{conc}(a, f_{T(F(x)),1}(x))$$
$$= \mathrm{conc}(a, f_{U,2}(F(x),x)) \tag{1}$$

ein; dabei wird aus Gründen der Verständlichkeit die Schreibweise conc(a,f...) statt af... benutzt. Die Funktion K ist berechenbar; sie ist außerdem total, weil $f_{T(F(x)),1}$ total ist.

---

[14] Daß $\underline{S}$ nicht rekursiv ist, könnte wie für Satz 2.5.5.1 bewiesen werden; es kommt hier aber darauf an, zu beweisen, daß $\underline{S}$ außerdem nicht rekursiv-aufzählbar ist.

Sei nun k eine $\underline{V}$-Beschreibung einer Turing-Maschine, die K definiert; dann gilt für jedes $x \in \underline{V}^*$

$$K(x) = f_{T(k),1}(x)$$
$$= f_{U,2}(k,x) .$$

Da K eine totale Funktion ist, ist k ein Element der Menge $\underline{S}$. Es gibt also (mindestens ein) $x_0 \in \underline{V}^*$, so daß

$$F(x_0) = k$$

ist. Für jedes $x \in \underline{V}^*$ gilt also

$$K(x) = f_{U,2}(F(x_0),x). \tag{2}$$

Man betrachte jetzt den Wert der Funktion K für das Argument x_0; aus (1) geht hervor, daß

$$K(x_0) = \text{conc}(a,f_{U,2}(F(x_0),x_0)) , \tag{3}$$

und aus (2), daß

$$K(x_0) = f_{U,2}(F(x_0),x_0). \tag{4}$$

(3) und (4) führen zu einem Widerspruch, da

$$y \neq \text{conc}(a,y)$$

für jedes $y \in \underline{V}^*$.

Die Hypothese, die Menge $\underline{S}$ sei rekursiv-aufzählbar, ist also falsch. $\rfloor$

Man beachte die Ähnlichkeit mit Satz 1.2.2.3, der aussagt, daß die Menge aller totalen Funktionen (statt: aller totalen berechenbaren Funktionen) nicht abzählbar (statt: nicht rekursiv-aufzählbar) ist; auch der Beweis der beiden Sätze ist ähnlich. Man verliere dabei aber nicht aus dem Auge, daß die hier betrachtete, nicht rekursiv-aufzählbare Menge $\underline{S}$ eine Teilmenge von $\underline{V}^{*n}$ und deshalb abzählbar ist.

2.5.6.2 *Satz:* Die Menge

$$\underline{S} = \{(x,y) \in \underline{D} \times \underline{V}^* | f_{T(x),1}(y) \text{ ist nicht definiert}\}$$

$$\text{ist nicht rekursiv-aufzählbar.}$$

Beweis

Satz 2.5.5.1 besagt, daß die Menge

$$\underline{P} = \{(x,y) \in \underline{D} \times \underline{V}^* | f_{T(x),1}(y) \text{ ist definiert}\}$$

rekursiv-aufzählbar, aber nicht rekursiv ist. Gemäß Korollar 2.5.4.6 ist das Komplement $\overline{\underline{P}}$ dieser Menge bzgl. $\underline{V}^{*2}$, nämlich

$$\bar{\underline{P}} = \underline{S} \cup ((\underline{V}^*-\underline{D}) \times \underline{V}^*) \ ,$$

nicht rekursiv-aufzählbar.

Man nehme jetzt an, $\underline{S}$ sei rekursiv-aufzählbar. A sei die a-Akzeptor-funktion von $\underline{S}$ und C_D sei die (a,ε)-charakteristische Funktion von $\underline{D}$ bzgl. $\underline{V}^*$. Dann wäre es möglich, den Wert der a-Akzeptorfunktion der Menge $\bar{\underline{P}}$ für ein beliebiges Argument $(x,y) \in \underline{V}^{*^2}$ mit Hilfe des folgenden Algorithmus zu berechnen:

Schritt (i) : berechne $C_D(x)$;

Schritt (ii) : wenn $C_D(x) = \varepsilon$, halte mit a als Resultat ;

Schritt (iii): berechne $A(x,y)$ und halte mit diesem Wert als Resultat. $\rfloor$

Zusammen mit Satz 2.5.5.1 besagt dieser Satz, daß es für eine beliebige Turing-Maschine (und ein beliebiges Argument) zwar möglich ist, festzustellen, ob diese Turing-Maschine hält (für dieses Argument) - vorausgesetzt, daß dies der Fall ist -, aber daß es nicht möglich ist, festzustellen, ob sie nicht hält. Daß die erste Feststellung (in endlicher Zeit) möglich ist, ist einfach zu verstehen: es genügt, die Turing-Maschine laufen zu lassen, bis sie hält; daß die zweite Feststellung nicht (in endlicher Zeit) möglich ist, wurde gerade bewiesen, ist aber intuitiv viel schwieriger einzusehen.

Im nächsten Satz handelt es sich um eine - wie es in der Formulierung des Satzes heißt - "bekannte" Funktion. Hiermit ist eine Funktion gemeint, von der man weiß, ob sie total ist oder nicht, von der man im ersten Fall wenigstens ein Argument kennt, für das ihr Wert undefiniert ist, und für die man über eine Turing-Maschine verfügt, die sie definiert. Ohne diese Einschränkungen treten in der Beweisführung Schwierigkeiten auf, die in Verbindung mit der Bemerkung aus Abschn. 2.1.8 stehen.

<u>2.5.6.3 *Satz:*</u> Sei F eine bekannte berechenbare Funktion, $F \subset \underline{V}^{*^2}$;
dann ist die Menge

$$\underline{S}_F = \{x \in \underline{D} \mid f_{T(x),1} = F\}$$

nicht rekursiv-aufzählbar.

Beweis

Man unterscheidet zwei Fälle.

(1º) Erster Fall: F ist eine totale Funktion

Man konstruiere zu jedem Wort $x \in \underline{D}$ eine Turing-Maschine TFX, die für ein beliebiges Argument $z \in \underline{V}^*$ wie folgt arbeitet:

(i)   sie führt die Berechnung der Turing-Maschine T(x) für das Argument z aus;

(ii) sie löscht das Resultat des Schrittes (i);

(iii) sie berechnet F(z).

Offensichtlich gilt

$$f_{TFX,1} = F$$

genau dann, wenn $f_{T(x),1}$ total ist.

Man nehme jetzt an, die Menge $\underline{S}_F$ sei rekursiv-aufzählbar. Sei A_F dann die Akzeptorfunktion von $\underline{S}_F$, A die Akzeptorfunktion von $\underline{D}$ und $\underline{S}$ die Menge aus Satz 2.5.6.1. Dann wäre es möglich, den Wert der Akzeptorfunktion von $\underline{S}$ für ein beliebiges Argument $x \in \underline{V}^*$ mit Hilfe des folgenden Algorithmus zu berechnen:

Schritt (i)   : berechne A(x);

Schritt (ii) : konstruiere zu x die Turing-Maschine TFX;

Schritt (iii) : bestimme eine $\underline{V}$-Beschreibung, etwa u, dieser Turing-Ma-
                schine;

Schritt (iv) : berechne A_F(u) und halte mit diesem Wert als Resultat.

Da $\underline{S}$ nicht rekursiv-aufzählbar ist, kann auch $\underline{S}_F$ nicht rekursiv-aufzählbar sein.

(2º) Zweiter Fall: F ist keine totale Funktion

Da F nicht total ist, gibt es wenigstens ein Wort, etwa $y_1 \in \underline{V}^*$, für das der Wert von F undefiniert ist.

Man konstruiere jetzt für jedes Wort $x \in \underline{D}$ eine Turing-Maschine TFXY, die für ein beliebiges Argument $z \in \underline{V}^*$ wie folgt arbeitet:

(i) wenn $z = y_1$, berechnet sie $f_{T(x),1}(\varepsilon)$;

(ii) wenn $z \neq y_1$, berechnet sie F(z).

Offensichtlich gilt

$$f_{TFXY,1} = F$$

genau dann, wenn $f_{T(x),1}(\varepsilon)$ undefiniert ist.

Man nehme jetzt an, die Menge $\underline{S}_F$ sei rekursiv-aufzählbar. Sei A_F die Akzeptorfunktion von $\underline{S}_F$ und A die Akzeptorfunktion von $\underline{D}$. $\underline{S}$ sei schließlich die Menge

$$\underline{S} = \{x \in \underline{D} \mid f_{T(x),1}(\varepsilon) \text{ ist nicht definiert}\},$$

von der in Übung 2.5.6.-$\underline{3}$ bewiesen wird, daß sie nicht rekursiv-aufzählbar ist. Es wäre dann möglich, den Wert der Akzeptorfunktion von $\underline{S}$ für ein beliebiges Argument $x \in \underline{V}^*$ mit Hilfe des folgenden Algorithmus zu berechnen:

Schritt (i)   : berechne $A(x)$;

Schritt (ii) : konstruiere zu x die Turing-Maschine TFXY;

Schritt (iii) : bestimme eine $\underline{V}$-Beschreibung, etwa v, dieser Turing-Maschine;

Schritt (iv) : berechne $A_F(v)$ und halte mit diesem Wert als Resultat. ⌋

2.5.6.4 *Bemerkung*

Die obigen Sätze haben genau wie die Sätze aus Abschn. 2.4 eine praktische Bedeutung, weil sie auf Programme für elektronische Rechenanlagen übertragen werden können. Satz 2.5.6.3 sagt z.B. aus, daß es nicht nur unmöglich ist, für ein beliebiges Programm zu entscheiden, ob es eine gegebene Funktion berechnet oder nicht, - sondern, daß noch nicht einmal alle Programme, die diese Funktion berechnen, effektiv abgezählt werden können. Die Möglichkeiten, die Korrektheit eines Programms zu beweisen, sind also in dieser Hinsicht sehr begrenzt.

Übungen

2.5.6.-$\underline{1}$ $\underline{A}$ und $\underline{B}$ seien zwei rekursiv-aufzählbare Mengen. Sind die folgenden Mengen rekursiv-aufzählbar:

a) $\underline{A} \cup \underline{B}$;

b) $\underline{A} \cap \underline{B}$;

c) $\underline{A} \smallsetminus \underline{B}$;

d) $\underline{A} \times \underline{B}$.

(Vergleiche mit Übung 2.5.1.-$\underline{3}$.)

2.5.6.-$\underline{2}$ Sei $\underline{S}$ eine rekursiv-aufzählbare Menge, die nicht rekursiv ist, und sei $\underline{T}$ eine endliche Menge. Zeige, daß $\underline{S} \smallsetminus \underline{T}$

a) rekursiv-aufzählbar ist;

b) nicht rekursiv ist.

2.5.6.-$\underline{3}$ Zeige, daß die Menge

$$\{x \in \underline{D} \mid f_{T(x),1}(\varepsilon) \text{ ist nicht definiert}\}$$

nicht rekursiv-aufzählbar ist.

2.5.6.-**4** Sei $\underline{V}$ ein Zeichenvorrat. Zeige:

    a) daß die Menge

$$\{x \in \underline{D} \mid f_{T(x),1} \text{ ist nicht total}\}$$

    nicht rekursiv-aufzählbar ist;

    b) daß es für jede nicht-endliche rekursive Menge $\underline{S}$, $\underline{S} \subseteq \underline{V}^*$, zwei disjunkte Mengen $\underline{S}_1$ und $\underline{S}_2$ gibt, die nicht rekursiv-aufzählbar sind und für die $\underline{S} = \underline{S}_1 \cup \underline{S}_2$ gilt.

2.5.6.-**5** Sei $\underline{V}$ ein Zeichenvorrat, a ein Zeichen aus $\underline{V}$ und $F_1 = \{(y,a) \mid y \in \underline{V}^*\}$. Zeige, daß die Menge

$$\{x \in \underline{D} \mid f_{T(x),1} \neq F_1\}$$

nicht rekursiv-aufzählbar ist.

2.5.6.-**5** Sei $\underline{V}$ ein Zeichenvorrat. Zeige, daß die Menge

$$\{x \in \underline{D} \mid f_{T(x),1} \neq \{\ \}\}$$

nicht rekursiv ist.

2.5.7.* *Quantifizierungen von Mengen*

2.5.7.1 *Einführung*

Es werden jetzt zwei Operatoren eingeführt, die, auf eine Menge von n-tupeln angewandt, eine Menge von (n-1)-tupeln erzeugen. Diese Quantoren werden Existenzquantor bzw. Allquantor genannt und sind im wesentlichen mit den gleichnamigen Operatoren aus der mathematischen Logik identisch.

Die Eigenschaften dieser Quantoren, die in diesem Abschnitt angeführt werden, ermöglichen eine tiefere Einsicht in die Begriffe "rekursiv-aufzählbare Menge" und "rekursive Menge".

2.5.7.2 *Definitionen*

Sei $\underline{S} \subseteq \underline{V}^{*n}$, $n \geq 2$, und sei i, $1 \leq i \leq n$, eine Zahl aus $\underline{N}$.

Die Menge, die durch Anwendung des Existenzquantors auf die i. Komponente der Elemente von $\underline{S}$ erhalten wird, wird notiert als

$$(\exists x_i)\,\underline{S}(x_1, x_2, \ldots, x_n)$$

und ist die Menge

$$\{(x_1,x_2,\ldots,x_{i-1},x_{i+1},\ldots,x_n)\mid \text{es gibt } x_i \in \underline{V}^*,$$
$$\text{so daß } (x_1,x_2,\ldots,x_{i-1},x_i,x_{i+1},\ldots,x_n) \in \underline{S}\}.$$

Die *Menge, die durch Anwendung des Allquantors auf die i. Komponente der Elemente von* $\underline{S}$ *erhalten wird*, wird notiert als

$$(\forall x_i)\underline{S}(x_1,x_2,\ldots,x_n)$$

und ist die Menge

$$\{(x_1,x_2,\ldots,x_{i-1},x_{i+1},\ldots,x_n)\mid \text{für alle } x_i \in \underline{V}^*$$
$$\text{gilt } (x_1,x_2,\ldots,x_{i-1},x_i,x_{i+1},\ldots,x_n) \in \underline{S}\}.$$

Wenn z.B.

$$\underline{S} = \{(x,y) \in \underline{D} \times \underline{V}^* \mid f_{T(x),1}(y) \text{ ist definiert}\}$$

gilt, dann gelten

$$(\exists y)\underline{S}(x,y) = \{x \in \underline{D} \mid f_{T(x),1} \neq \{\,\}\}$$

und

$$(\forall y)\underline{S}(x,y) = \{x \in \underline{D} \mid f_{T(x),1} \text{ ist total}\} \,.$$

Die Verbindung mit den gleichnamigen Quantoren aus der mathematischen Logik erhält man, wenn man jede Menge $\underline{S} \subseteq \underline{V}^{*n}$, $n\geq 1$, als ein n-stelliges Prädikat interpretiert.

2.5.7.3 *Satz:* Wenn $\underline{S} \subseteq \underline{V}^{*n}$, $n\geq 2$, rekursiv-aufzählbar ist, dann ist

$$(\exists x_i)\underline{S}(x_1,x_2,\ldots,x_n) \quad , \quad 1\leq i\leq n \,,$$

auch rekursiv-aufzählbar.

Beweis

Sei E eine berechenbare Abzählung von $\underline{S}$.

Der folgende Algorithmus berechnet den Wert der a-Akzeptorfunktion von

$$(\exists x_i)\underline{S}(x_1,x_2,\ldots,x_n)$$

für ein beliebiges Argument $(y_1,y_2,\ldots,y_{n-1})$ aus $\underline{V}^{*(n-1)}$; er benutzt dazu die Variable m :

Schritt (i)   : setze m zu O ;
Schritt (ii) : berechne E(m) ;
Schritt (iii) : wenn E(m) ein n-tupel $(x_1,x_2,\ldots,x_n)$ ist, für das gilt

$$x_j = y_j \text{ für alle } j, \, 1\leq j<i \text{ und } i<j\leq n \,,$$

> halte mit dem Resultat a;
>
> Schritt (iv) : setze m zu m+1 und gehe nach Schritt (i).   ⌐

2.5.7.4 *Satz*: Für jede rekursiv-aufzählbare Menge $\underline{S} \subseteq \underline{V}^{*n}$, n≥1, gibt es eine rekursive Menge $\underline{Q} \subseteq \underline{V}^{*(n+1)}$, für die gilt

$$\underline{S} = (\exists y)\underline{Q}(y,x_1,x_2,\ldots,x_n) \ .$$

Beweis

Sei E eine berechenbare Abzählung von $\underline{S}$ und a ein Zeichen aus $\underline{V}$.

Man definiere

$$\underline{Q} = \{(a^m,x_1,x_2,\ldots,x_n) \mid m≥0, \ E(m) = (x_1,x_2,\ldots,x_n)\} \ .$$

Offensichtlich gilt

$$\underline{S} = (\exists y)\underline{Q}(y,x_1,x_2,\ldots,x_n) \ .$$

Die Menge $\underline{Q}$ ist außerdem rekursiv: für ein beliebiges (n+1)-tupel $(y,x_1,x_2,\ldots,x_n)$ genügt es:

(i)   zu prüfen, ob y von der Form a^m, m≥0, ist;

(ii)   E(m) zu berechnen;

(iii) zu kontrollieren, ob $E(m) = (x_1,x_2,\ldots,x_n)$ ist.   ⌐

Der Satz sagt aus, daß die "Kluft" zwischen rekursiven und rekursiv-aufzählbaren Mengen genau mit Hilfe des Existenzquantors "überbrückt" werden kann.

2.5.7.5 *Satz*: Wenn $\underline{S} \subseteq \underline{V}^{*n}$, n≥2, eine rekursive Menge ist, dann ist

$$(\forall y)\underline{S}(y,x_1,x_2,\ldots,x_{n-1})$$

nicht unbedingt eine rekursiv-aufzählbare Menge.

Beweis

$\underline{P} \subseteq \underline{V}^{*(n-1)}$ sei eine rekursiv-aufzählbare Menge, die nicht rekursiv ist; nach Korollar 2.5.5.2 gibt es solche Mengen.

Nach Satz 2.5.7.4 gibt es eine rekursive Menge $\underline{Q} \subseteq \underline{V}^{*n}$, für die

$$\underline{P} = (\exists y)\underline{Q}(y,x_1,x_2,\ldots,x_{n-1})$$

gilt.

Man setze

$$\underline{S} = \underline{V}^{*n} - \underline{Q} \ .$$

114

$\underline{S}$ ist offensichtlich rekursiv, denn $\underline{S}$ ist das Komplement (bzgl. $\underline{V}^{*n}$) einer rekursiven Menge.

Nun gilt für jede Menge $\underline{A} \subseteq \underline{V}^{*n}$, $n \geq 2$:

$$\{(x_1, x_2, \ldots, x_{n-1}) \mid \text{es gibt kein } y \in \underline{V}^*, \text{ so daß } (y, x_1, x_2, \ldots, x_{n-1}) \in \underline{A}\}$$
$$= \{(x_1, x_2, \ldots, x_{n-1}) \mid \text{für alle } y \in \underline{V}^* \text{ gilt } (y, x_1, x_2, \ldots, x_{n-1}) \notin \underline{A}\}$$

oder, m.a.W.:

$$\underline{V}^{*(n-1)} - (\exists y)\underline{A}(y, x_1, x_2, \ldots, x_{n-1}) = (\forall y)(\underline{V}^{*n} - \underline{A})(y, x_1, x_2, \ldots, x_{n-1}).$$

Für $\underline{A} = \underline{Q}$ erhält man

$$\underline{V}^{*(n-1)} - \underline{P} = (\forall y)\underline{S}(y, x_1, x_2, \ldots, x_{n-1}).$$

Da $\underline{P}$ rekursiv-aufzählbar, aber nicht rekursiv ist, ist gemäß Korollar 2.5.4.6 die Menge

$$(\forall y)\underline{S}(y, x_1, x_2, \ldots, x_{n-1})$$

nicht rekursiv-aufzählbar. ⌐

Übungen

2.5.7.-1 $\underline{V}$ sei ein Zeichenvorrat und $\underline{P} \subseteq \underline{V}^*$ eine rekursive Menge. Zeige:

    a) daß es eine rekursive Menge $\underline{R} \subseteq \underline{V}^{*2}$ gibt, für die

$$\underline{P} = (\exists y)\underline{R}(y, x)$$

gilt;

    b) daß es eine rekursive Menge $\underline{S} \subseteq \underline{V}^{*2}$ gibt, für die

$$\underline{P} = (\forall y)\underline{S}(y, x)$$

gilt.

2.5.7.-2 $\underline{V}$ sei ein Zeichenvorrat und $\underline{P} \subseteq \underline{V}^*$ eine Menge. Zeige, daß $\underline{P}$ rekursiv ist, wenn es rekursive Mengen $\underline{R}, \underline{S} \subseteq \underline{V}^{*2}$ gibt, so daß

$$\underline{P} = (\exists y)\underline{R}(y, z) = (\forall y)\underline{S}(y, z)$$

ist.

2.5.8.* *Effektive Abzählungen von Funktionen und Mengen*

Der Begriff "rekursiv-aufzählbare Menge" wurde nur für Mengen von n-tupeln von Worten eingeführt. In einem bestimmten Sinne sind aber die Menge aller berechenbaren Funktionen und die Menge aller rekursiv-aufzählbaren Mengen auch rekursiv-aufzählbar. Wie diese Aussage zu interpretieren ist, wird nun kurz erläutert.

2.5.8.1 *Die berechenbaren Funktionen*

Die Menge $\underline{D}$ aller $\underline{V}$-Beschreibungen von $\underline{V}$-Turing-Maschinen ist rekursiv und somit auch rekursiv-aufzählbar.

Es gibt also eine berechenbare Abzählung

$$E : \underline{N} \twoheadrightarrow \underline{D} ;$$

diese Abzählung ermöglicht es, die Elemente von $\underline{D}$ in einer Liste

$$E(0),E(1),E(2),\ldots,E(j),\ldots \tag{1}$$

"in effektiver Weise" aufzuführen.

Nun definiert jedes Element von $\underline{D}$, etwa $E(j)$, eine Turing-Maschine, nämlich $T(E(j))$, und diese Turing-Maschine definiert selbst eine Funktion mit n Argumenten, $n \geq 1$, nämlich $f_{T(E(j)),n}$. Die Abzählung E kann also als eine Abzählung von "Bezeichnungen" aller berechenbaren Funktionen $f, f \subset \underline{V}*^n \times \underline{V}*$, betrachtet werden und die Liste (1) als eine Liste

$$f_0,f_1,f_2,\ldots,f_j,\ldots \tag{2}$$

dieser Funktionen.

Man beachte aber, daß die Liste (2) eine Liste mit Wiederholungen ist. Diese Wiederholungen sind sogar unvermeidlich, da ihre Beseitigung die Lösbarkeit des Äquivalenzproblems erfordert.

2.5.8.2 *Die rekursiv-aufzählbaren Mengen*

Eine Menge ist genau dann rekursiv-aufzählbar, wenn sie Definitionsbereich einer berechenbaren Funktion ist. Die Abzählung E aus dem Abschn. 2.5.8.1 kann also auch als eine Abzählung von "Bezeichnungen" aller rekursiv-aufzählbaren Mengen $\underline{S} \subseteq \underline{V}*^n$ für ein gegebenes n, $n \geq 1$, betrachtet werden, und die Liste (1) als eine Liste

$$\underline{S}_0, \underline{S}_1, \underline{S}_2, \ldots, \underline{S}_j, \ldots \qquad (3)$$

dieser Mengen.

Die Liste (3) ist ebenfalls eine Liste mit unvermeidlichen Wiederholungen.

2.5.8.3 *Bemerkung*

Da die Menge (der Bezeichnungen) aller rekursiv-aufzählbaren Mengen $\underline{S} \subseteq \underline{V}^{*n}$ rekursiv-aufzählbar ist, ist sie auch abzählbar. Andererseits kann wie in Übung 1.2.2.-$\underline{4}$ gezeigt werden, daß die Menge aller (abzählbaren) Mengen $\underline{S} \subseteq \underline{V}^{*n}$ nicht abzählbar ist. Dies deutet daraufhin, daß es "sehr viele" (abzählbare) Mengen $\underline{S} \subseteq \underline{V}^{*n}$ gibt, die nicht rekursiv-aufzählbar sind.

Eine ähnliche Bemerkung kann für die Anzahl der berechenbaren Funktionen $f \subset \underline{V}^{*n} \times \underline{V}^*$ gemacht werden.

Übungen

2.5.8.-$\underline{1}$ a) Zeige, daß der Beweis des Satzes 1.2.2.3 auch gültig ist, wenn $F_0, F_1, F_2, \ldots, F_i, \ldots$ eine Liste mit Wiederholungen ist.

  b) $\underline{V}$ sei ein Zeichenvorrat. Zeige, ähnlich wie in Abschn. 1.2.2.3, daß es nicht möglich ist, alle (nicht unbedingt totalen) Funktionen $F \subset \underline{V}^{*2}$ in einer Liste mit möglichen Wiederholungen

$$F_0, F_1, F_2, \ldots, F_i, \ldots$$

  aufzuführen.

  c) Warum ist der Beweis von b) nicht gültig, wenn man nur die berechenbaren Funktionen $F \subset \underline{V}^{*2}$ betrachtet?

2.5.9. *Kommentar*

2.5.9.1 *Ein praktischer Aspekt*

Wenn eine Menge rekursiv ist, ist es möglich, für ein beliebiges Wort
zu entscheiden, ob es zu dieser Menge gehört oder nicht. Diese Entscheidung kann von einer Turing-Maschine getroffen werden; sie kann ebenfalls von einem (menschlichen) Rechner durch Ausführung eines Algorithmus gemacht werden, oder auch von einer elektronischen Rechenanlage
durch Ausführung eines Programms.

Wenn eine Menge rekursiv-aufzählbar ist, ist es möglich, ihre Elemente
abzuzählen (mit Hilfe einer Turing-Maschine, eines Rechners oder einer
elektronischen Rechenanlage) aber es ist nicht immer möglich, für ein
beliebiges Wort zu entscheiden, ob es zu dieser Menge gehört oder nicht.
Genauer ausgedrückt, wenn eine Menge rekursiv-aufzählbar, aber nicht
rekursiv ist, ist es zwar möglich, für ein beliebiges Wort festzustellen, daß es zu dieser Menge gehört, wenn dies der Fall ist, - aber es
ist nicht möglich, für ein beliebiges Wort festzustellen, daß es nicht
zu dieser Menge gehört; das hängt damit zusammen, daß es - solange die
Turing-Maschine, die die Akzeptorfunktion definiert, noch nicht gehalten hat - nicht möglich ist vorauszusagen, ob sie zu einem späteren
Zeitpunkt halten wird oder nicht.

Wenn eine Menge nicht rekursiv-aufzählbar ist, ist keine dieser Operationen ausführbar.

Eine Programmiersprache kann als die Menge aller (syntaktisch korrekten) Programme betrachtet werden, die in dieser Programmiersprache geschrieben werden können. Eine Programmiersprache muß also eine rekursive Menge sein, damit es möglich ist, inkorrekte Programme (d.h. Worte, die nicht zu der Programmiersprache gehören) herauszufinden.

2.5.9.2 *Eine graphische Darstellung*

Abb. 12 illustriert eine Klassifizierung von Mengen, wie sie aus den
vorigen Abschnitten hervorgeht.

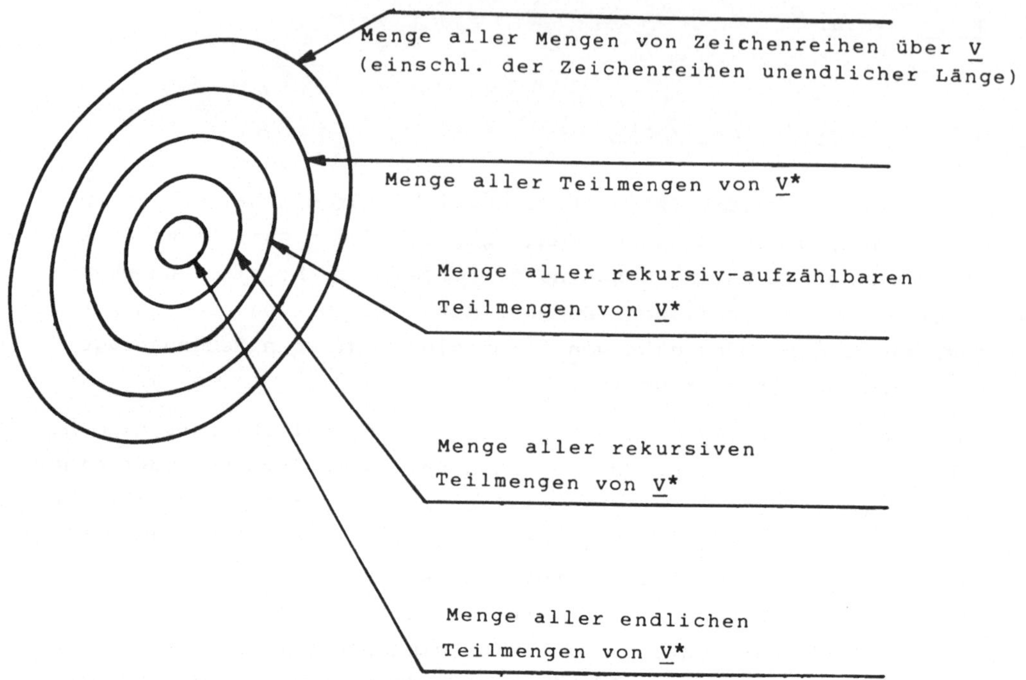

Abb. 12 Illustration der Begriffe abzählbare Menge, rekursiv-aufzählbare Menge und rekursive Menge. Man beachte, daß die Menge aller Mengen von Zeichenreihen über V auch nicht-abzählbare Mengen enthält, während alle anderen Mengen nur abzählbare Mengen
enthalten.

2.5.9.3 *Über die Natur von rekursiv-aufzählbaren und rekursiven Mengen*

Eine Teilmenge einer rekursiven Menge ist nicht unbedingt rekursiv: sie
kann sogar nicht rekursiv-aufzählbar sein! Zum Beispiel, die Menge D
aller V-Beschreibungen von Turing-Maschinen ist rekursiv, aber die Menge aller V-Beschreibungen von Turing-Maschinen, die eine totale Funktion definieren, ist nicht rekursiv-aufzählbar. Übrigens ist jede beliebige, nicht-rekursiv-aufzählbare Menge S ⊆ V* eine Teilmenge der
rekursiven Menge V*.

Dies deutet daraufhin, daß eine rekursive Menge sich von einer nicht-
rekursiven Menge durch eine geringere "Mannigfaltigkeit" ihrer Elemente unterscheidet und nicht durch eine geringere "Anzahl" ihrer Elemente. Eine ähnliche Bemerkung gilt auch für die rekursiv-aufzählbaren
Mengen, aber nicht für die abzählbaren Mengen - wie aus Satz 1.2.3 und
aus Abschn. 1.2.6 hervorgeht.

2.5.9.4 *Axiomatische Systeme*

Ein axiomatisches System besteht im wesentlichen aus einigen Regeln,
die es ermöglichen, Worte zu konstruieren, ausgehend von einigen "Ba-
sisworten". Von seiner Natur her definiert ein axiomatisches System
eine rekursiv-aufzählbare Menge. Daß - wie Gödel bewiesen hat - die
Theorie der natürlichen Zahlen nicht durch ein axiomatisches System definiert werden kann, kommt daher, daß die Menge der Sätze dieser Theorie nicht rekursiv-aufzählbar ist.

Eine genauere Definition eines axiomatischen Systems findet man in
Abschn. 4.1.4.

2.5.9.5 *Über die Nützlichkeit partieller Funktionen*

Funktionen, die nicht total sind, haben die "unangenehme" Eigenschaft,
daß ihr Wert für bestimmte Argumente nicht definiert ist und führen zu
unlösbaren Problemen wie z.B. dem Halteproblem.

Nun ist es sehr einfach, diese Funktionen "auszuschalten", indem man
sie durch Erweiterungen ersetzt, die total sind. Sei z.B. $\underline{V}$ ein Zeichen-
vorrat, $k \notin \underline{V}$ ein Zeichen und $\underline{W} = \underline{V} \cup \{k\}$; dann kann jede $\underline{V}$-Funktion
$F \subset \underline{V}^{*2}$ durch die totale $\underline{W}$-Funktion

$$G = F \cup \{(x,k) \mid x \in (\underline{V}^* - \underline{DEF}_F)\}$$

erzeugt werden. Auf diese Art reduziert man aber wesentlich die Anzahl
der berechenbaren Funktionen: wenn z.B. F die Akzeptorfunktion einer
Menge ist, dann ist G ihre charakteristische Funktion; wenn diese Menge rekursiv-aufzählbar, aber nicht rekursiv ist, dann ist F berechenbar, aber G nicht.

Dies deutet darauf hin, daß man bei einem Studium der Berechenbarkeit
nicht umhin kommt, auch Funktionen zu studieren, die nicht total sind.

Kapitel 3: Andere Formalismen als Turing-Maschinen

<u>3.1. Die rekursiven Funktionen</u>

Mit Hilfe von Basisfunktionen und Gleichungsschemata wird der Begriff "rekursive Funktion" eingeführt. Die Definitionen werden anhand zahlreicher Beispiele illustriert.

Es werden dann einige komplexere Gleichungsschemata eingeführt, die z.B. eine Fallunterscheidung, eine erweiterte Initialisierung oder simultane Rekursion ermöglichen. Von diesen Gleichungsschemata wird jeweils die Äquivalenz mit den ursprünglichen Gleichungsschemata bewiesen. Wie für die Turing-Maschine wird auch das Problem der Reduktion des Zeichenvorrats behandelt.

Diese Gleichungsschemata ermöglichen es dann, einen relativ einfachen Beweis für die Äquivalenz der Begriffe Turing-berechenbare Funktion und rekursive Funktion zu liefern.

Ähnlich wie für Turing-Maschinen wird noch die universelle rekursive Funktion eingeführt und werden einige unlösbare Probleme angegeben.

<u>3.1.1. *Einleitung*</u>

Die Theorie der rekursiven Funktionen geht zurück auf die Arbeiten von Church Ende der dreißiger Jahre und stellt einen anderen Versuch dar, den Begriff Algorithmus zu formalisieren. Diese Theorie beruht auf der Konstruktion von Funktionen; sie kann daher "natürlicher" erscheinen und für einen Mathematiker einfacher zu verstehen sein als die Theorie der Turing-Maschinen, die auf den "ungewöhnlichen" Begriff einer mathematischen Maschine beruht. Andererseits haben die Eigenschaften und Beweise in der Theorie der rekursiven Funktionen einen abstrakteren Charakter als bei den Turing-Maschinen. Sätze, die für Turing-Maschinen einleuchtend sind und deren Beweis daher einfach konstruiert werden kann, scheinen in der Theorie der rekursiven Funktionen öfter weniger trivial und sind deshalb schwieriger zu beweisen.

Neben der Definition der rekursiven Funktionen hat dieses Kapitel zum Ziel, die Äquivalenz mit den Turing-Maschinen zu zeigen. Darüber hinaus dient es der Vertiefung des Begriffes der Berechenbarkeit.

Die meisten Autoren stellen die Theorie der rekursiven Funktionen für solche Funktionen auf, deren Argumente und Worte n-tupel von nicht-negativen ganzen Zahlen sind. In diesem Buch werden jedoch - wie im Fall der Turing-Maschinen - Wortfunktionen verwendet.

3.1.2. *Definition*

3.1.2.1 *Die axiomatische Definitionsmethode*

Die rekursiven Funktionen werden mit Hilfe der im folgenden kurz zu erläuternden *axiomatischen Definitionsmethode* eingeführt.

Die axiomatische Definitionsmethode stellt eine allgemeine Methode zur Definition einer Menge, etwa $\underline{S}$, dar. Die Definition besteht aus:

(1°) einer Menge von Elementen, "Basiselemente" genannt, die explizit angegeben werden;

(2°) einer Menge von Operationen, "Konstruktionen" genannt, die es ermöglichen, aus gegebenen Elementen ein neues zu konstruieren.

Die Menge $\underline{S}$ ist dann durch die folgenden drei Regeln eindeutig definiert:

(1°) jedes Basiselement ist ein Element aus $\underline{S}$;

(2°) das Resultat einer Konstruktion mit Elementen aus $\underline{S}$ ist ein Element aus $\underline{S}$;

(3°) $\underline{S}$ hat keine anderen Elemente als die nach (1°) und (2°) zu gewinnenden.

Zur Definition der rekursiven Funktionen genügt es deshalb, einige Basisfunktionen und einige Konstruktionen auf Funktionen einzuführen. Da es aber das Ziel ist, den intuitiven Begriff Algorithmus formal zu "fassen", muß es intuitiv klar sein, wie der Wert der so definierten Funktionen berechnet werden kann. Dazu wird für jede Basisfunktion und für jede Konstruktion eine Berechnungsregel angegeben; diese Berechnungsregel stellt einen Algorithmus dar, der den Wert der Basisfunktion bzw. der durch die Konstruktion definierten Funktion, für ein beliebiges Argument berechnet.

Zur Definition der rekursiven Funktionen werden nun drei Klassen von Basisfunktionen und drei Konstruktionen eingeführt. Dabei ist $\underline{V}$ ein vorgegebener Zeichenvorrat.

3.1.2.2 *Die Basisfunktionen*

Es werden drei Typen von Basisfunktionen (für den Zeichenvorrat $\underline{V}$) betrachtet:

(1°) die *($\underline{V}$-)Nachfolgerfunktionen:*

$$S_a : \underline{V}^* \to \underline{V}^* : S_a(x) = xa \ , \ \text{für jedes } a \in \underline{V} \ ;$$

(2°) *die ($\underline{V}$-)Nullfunktionen:*

$$Z_n : \underline{V}^{*n} \to \{\varepsilon\} \ : \ Z_n(x_1, x_2, \ldots, x_n) = \varepsilon, \ \text{für jedes } n \geq 1 \ ;$$

(3°) *die ($\underline{V}$-)Projektionsfunktionen:*

$$U_i^n : \underline{V}^{*n} \to \underline{V}^* : U_i^n(x_1, x_2, \ldots, x_n) = x_i, \ \text{für jedes } n \geq 1 \text{ und jedes}$$
$$i, \ 1 \leq i \leq n.$$

Berechnungsregeln für diese Funktionen sind so klar ersichtlich, daß sie hier nicht erwähnt werden müssen.

Diese Funktionen sind übrigens in den Abschnitten 0.1.3 und 0.2.2 erwähnt.

3.1.2.3 *Die Komposition*

Die erste zur Definition der rekursiven Funktionen benötigte Konstruktion ist die Komposition.

Seien n und m zwei Zahlen aus $\underline{N}$, $n, m \geq 1$.

Seien weiter

$$h \subset \underline{V}^{*m} \times \underline{V}^*$$

und

$$g_j \subset \underline{V}^{*n} \times \underline{V}^* \ , \ 1 \leq j \leq m$$

(m+1) $\underline{V}$-Funktionen.

Die *Komposition (für den Zeichenvorrat $\underline{V}$)* ist eine Konstruktion, die eine Funktion $f \subset \underline{V}^{*n} \times \underline{V}^*$ ergibt, wenn sie auf die (m+1) Funktionen h und g_j angewandt wird. Sie wird definiert durch das folgende Schema und die folgende Berechnungsregel:

(1°) das Schema drückt aus, wie die Konstruktion angewandt wird:

$$f(x_1,x_2,\ldots,x_n) = h(g_1(x_1,x_2,\ldots,x_n),g_2(x_1,x_2,\ldots,x_n),\ldots,$$
$$g_m(x_1,x_2,\ldots,x_n)) \; ;$$

(2°) die Berechnungsregel gibt an, wie man den Wert der Funktion f für ein beliebiges Argument $(y_1,y_2,\ldots,y_n) \in \underline{V}^{*n}$ berechnen kann:

Schritt (i) : berechne nacheinander die Werte

$$g_1(y_1,y_2,\ldots,y_n),g_2(y_1,y_2,\ldots,y_n),\ldots,$$
$$g_m(y_1,y_2,\ldots,y_n)$$

und nenne die berechneten Werte $z_1,z_2,\ldots,z_m$;

Schritt (ii): berechne den Wert

$$h(z_1,z_2,\ldots,z_m)$$

und halte mit diesem Wert als Resultat.

Es ist einfach einzusehen, daß diese Konstruktion dem klassischen Begriff der Komposition aus der Mathematik entspricht.

Man beachte, daß die Berechnungsregel nur dann einen Algorithmus darstellt, wenn die Werte $g_1(y_1,y_2,\ldots,y_n),\ldots,g_m(y_1,y_2,\ldots,y_n),h(z_1,z_2,\ldots z_m)$ berechnet werden können, d.h. wenn die Funktionen $g_1,g_2,\ldots,g_m,h$ von Algorithmen definiert werden können. Ein Befehl wie "berechne den Wert..." ist übrigens einem Prozeduraufruf in einer Programmiersprache ähnlich.

3.1.2.4 *Die Rekursion*

Die zweite Konstruktion ist die Rekursion.

Sei n eine Zahl aus $\underline{N}$, $n \geq 1$. Sei weiter für alle $a \in \underline{V}$

$$h_a \subset \underline{V}^{*(n+1)} \times \underline{V}^*$$

$\underline{V}$-Funktionen (es gibt also card($\underline{V}$) solcher Funktionen). Sei schließlich

$$g \subset \underline{V}^{*(n-1)} \times \underline{V}^*$$

eine Funktion, wenn $n > 1$, und

$$g \in \underline{V}^*$$

ein Wort, wenn $n = 1$.

Die *Rekursion (für den Zeichenvorrat $\underline{V}$)* ist eine Konstruktion, die eine Funktion $f \subset \underline{V}^{*n} \times \underline{V}^*$ ergibt, wenn sie auf die card($\underline{V}$) Funktionen

h_a und auf g angewandt wird. Sie wird definiert durch das folgende
Schema und die folgende Berechnungsregel:

(1°) das Schema drückt aus, wie die Konstruktion angewandt wird; im
Fall n>1 lautet es:

$$f(\varepsilon,x_2,x_3,\ldots,x_n) = g(x_2,x_3,\ldots,x_n)$$

$$f(xa,x_2,x_3,\ldots,x_n) = h_a(f(x,x_2,x_3,\ldots,x_n),x,x_2,x_3,\ldots,x_n)$$

$$\text{für jedes } a \in \underline{v} \; ;$$

im Fall n = 1 muß im rechten Glied der ersten Gleichung

$$g(x_2,x_3,\ldots,x_n)$$

durch g ersetzt werden;

(2°) die Berechnungsregel gibt an, wie man den Wert der Funktion f für
ein beliebiges Argument $(y_1,y_2,\ldots,y_n) \in \underline{v}^{*n}$ berechnen kann; dabei sind headbody und tail die in Abschn. 0.2.2 eingeführten Funk-
tionen:

Schritt (i)   : wenn $y_1=\varepsilon$ und n>1, berechne den Wert $g(y_2,y_3,\ldots,y_n)$
und halte mit diesem Wert als Resultat; wenn $y_1=\varepsilon$
und n=1, halte mit g als Resultat;

Schritt (ii) : berechne hintereinander die Werte headbody(y_1) und
tail(y_1) und nenne den berechneten Wert y bzw. a;

Schritt (iii) : berechne den Wert $f(y,y_2,y_3,\ldots,y_n)$ und nenne den
berechneten Wert z;

Schritt (iv) : berechne den Wert $h_a(z,y,y_2,y_3,\ldots,y_n)$ und halte
mit diesem Wert als Resultat.

Man beachte, daß für $y_1\neq\varepsilon$ die Berechnung des Wertes von f für $(y_1,y_2,\ldots,y_n)$ eine Berechnung des Wertes von f für $(y,y_2,\ldots,y_n)$ impliziert;
diese Berechnung soll dann nach derselben Berechnungsregel vorgenommen
werden; da

$$l(y) = l(y_1)-1$$

ist, tritt diese Situation genau $l(y_1)$mal auf, denn beim $l(y_1)$-ten Mal
ist $y_1=\varepsilon$. Man beachte die Ähnlichkeit mit einem rekursiven Aufruf
einer Prozedur in einer Programmiersprache wie Algol 60. Eine andere,
äquivalente Berechnungsregel, die diese rekursiven Aufrufe vermeidet,
findet man in Abschn. 3.1.2.8 (3°).

Genau wie für die Komposition stellt die Berechnungsregel nur einen
Algorithmus dar, wenn die verschiedenen Funktionswerte berechnet werden können.

3.1.2.5 *Die Minimalisierung*

Die letzte Konstruktion ist die Minimalisierung.

Sei $n \geq 1$ eine Zahl aus $\underline{N}$, a ein Zeichen aus $\underline{V}$ und

$$g : \underline{V}^{*(n+1)} \to \underline{V}^*$$

eine totale $\underline{V}$-Funktion.

Die *Minimalisierung (für das Zeichen a und den Zeichenvorrat $\underline{V}$)* ist
eine Konstruktion, die eine Funktion $f \subset \underline{V}^{*n} \times \underline{V}^*$ ergibt, wenn sie auf
die Funktion g angewandt wird. Sie wird definiert durch das folgende
Schema und die folgende Berechnungsregel:

(1°) das Schema drückt aus, wie die Konstruktion angewandt wird:

$$f(x_1, x_2, \ldots, x_n) = \mu_a x[g(x, x_1, x_2, \ldots, x_n) = \varepsilon] \; ;$$

dabei stellt μ_a ein "Operationszeichen" dar, dessen mnemotechni-
scher Ursprung der erste Buchstabe von "Minimalisierung" ist;

(2°) die Berechnungsregel gibt an, wie man den Wert der Funktion f für
ein beliebiges Element

$(y_1, y_2, \ldots, y_n) \in \underline{V}^{*n}$ berechnen kann; diese Berechnungsregel benutzt die Variable j:

Schritt (i)   : setze j zu ε;
Schritt (ii) : berechne den Wert $g(j, y_1, y_2, \ldots, y_n)$ und nenne den
                berechneten Wert z;
Schritt (iii) : wenn $z = \varepsilon$, halte mit j als Resultat;
Schritt (iv) : setze j zu $S_a(j)$ und gehe nach Schritt (ii).   ⌐

Die so definierte Funktion f ist nicht immer total, obwohl g total ist;
existiert nämlich kein x mit

$$g(x, x_1, x_2, \ldots, x_n) = \varepsilon \; ,$$

so bricht der angegebene Algorithmus nicht ab und $f(x_1, x_2, \ldots, x_n)$ ist
undefiniert.

Man beachte, daß der Bildbereich von f eine Teilmenge von $\{a\}^*$ ist.

Genau wie die anderen Konstruktionen ist die Berechnungsregel nur dann
ein Algorithmus, wenn die verschiedenen Funktionswerte berechnet werden
können; der Aufruf "berechne den Wert g(...)" aus Schritt (ii) führt
in dem Fall immer zu einem Resultat, weil die Funktion g total ist.

3.1.2.6 *Definitionen*

Eine $\underline{V}$-Funktion $f \subset \underline{V}^{*n} \times \underline{V}^*$, $n \geq 1$, heißt *rekursiv*, wenn sie ein Element der Menge ist, die durch die Basisfunktionen und die Konstruktionen der Komposition, der Rekursion und der Minimalisierung (für den Zeichenvorrat $\underline{V}$) definiert ist.

Eine $\underline{V}$-Funktion $f \subset \underline{V}^{*n} \times \underline{V}^*$, $n \geq 1$, heißt *primitiv-rekursiv*, wenn sie ein Element der Menge ist, die durch die Basisfunktionen und die Konstruktionen der Komposition und der Rekursion (für den Zeichenvorrat $\underline{V}$) definiert ist.

Eine $\underline{V}$-Funktion $f \subset \underline{V}^{*n} \times \underline{V}^{*m}$, $n \geq 1$, $m \geq 1$, ist *rekursiv* bzw. *primitiv-rekursiv*, wenn jede Funktion $f \circ U_i^m$, $1 \leq i \leq m$, rekursiv bzw. primitiv-rekursiv ist.

Eine primitiv-rekursive Funktion ist also auch eine rekursive Funktion. Daß es rekursive Funktionen gibt, die nicht primitiv-rekursiv sind, geht hervor aus dem folgenden Satz und aus der Tatsache, daß das Minimalisierungsschema es ermöglicht, Funktionen zu definieren, die nicht total sind.

3.1.2.7 *Satz:* Jede primitiv-rekursive Funktion ist eine totale Funktion.

Beweis

Die Basisfunktionen sind totale Funktionen.

Die Komposition angewandt auf totale Funktionen $h, g_1, g_2, \ldots, g_m$ ergibt eine totale Funktion f: die Berechnungsregel der Komposition führt dann nämlich für jedes Argument $(y_1, y_2, \ldots, y_n)$ zu einem Resultat, weil die Berechnung der Werte $g_1(y_1, \ldots, y_n), \ldots, g_m(y_1, \ldots, y_n)$ und $h(z_1, \ldots, z_m)$ in endlicher Zeit erfolgen kann.

Eine ähnliche Bemerkung gilt für die Rekursion.

Folglich ist jede primitiv-rekursive Funktion total. ⌐

3.1.2.8 *Wichtige Bemerkungen*

(1°) Man betrachte das Schema

$$f(x_1, x_2, \ldots, x_n) = h(g_1(x_1, x_2, \ldots, x_n), \ldots, g_m(x_1, x_2, \ldots, x_n))$$

der Komposition. Dieses Schema drückt eine Gleichheit zwischen Worten aus für alle Argumente $(x_1, x_2, \ldots, x_n)$, für die der Wert von f definiert ist. Wenn aber der Wert von f für $(x_1, x_2, \ldots, x_n)$ nicht definiert ist (weil die Berechnungsregel einen Algorithmus darstellt, der für das gegebene Argument nicht hält), könnte man meinen, daß das Schema die "Gleichung"

$$f(x_1, x_2, \ldots, x_n) = \text{undefiniert}$$

ausdrücke. Dieser Ausdruck ist aber "sinnlos", weil die Gleichheit eine Wortrelation, d.h. eine Teilmenge von $\underline{V}^{*2}$ und nicht etwa eine Teilmenge von $(\underline{V}^* \cup \{\text{undefiniert}\})^2$ ist. Das Schema darf also <u>nicht</u> als eine Gleichung interpretiert werden, sondern nur als der erste Teil einer Definition einer Konstruktion, wobei der zweite Teil die Berechnungsregel ist. – Ähnliche Bemerkungen gelten für die zwei anderen Schemata.

(2°) Aus den Schemata der Komposition und der Minimalisierung geht nicht explizit hervor, welcher Zeichenvorrat zugrunde gelegt ist, d.h. ob die Funktion $\underline{f}$ z.B. eine $\underline{V}$-Funktion ist oder eine $\underline{W}$-Funktion. Falls der Zeichenvorrat nicht eindeutig bekannt ist, muß diesen Schemata eine Spezifikation wie z.B.

$$(x_1, x_2, \ldots, x_n) \in \underline{V}^{*n} \, ,$$

beigefügt werden.

(3°) Es ist möglich, für das Rekursionsschema eine Berechnungsregel ohne "rekursiven Aufruf" anzugeben, d.h. eine Berechnungsregel, die bei der Berechnung eines Wertes der Funktion f nicht den Wert dieser Funktion (für ein anderes Argument) benötigt. Diese Berechnungsregel berechnet den Wert der Funktion f für ein beliebiges Argument $(y_1, y_2, \ldots, y_n) \in \underline{V}^{*n}$ und benutzt dabei die Variablen x, y, z und e:

    Schritt (i)   : setze e zu ε, x zu ε, y zu y_1 ;
    Schritt (ii)   : wenn n>1, berechne den Wert $g(y_2, y_3, \ldots, y_n)$ und
                      setze z zu $g(y_2, y_3, \ldots, y_n)$; wenn n=1, setze z zu
                      g;
    Schritt (iii)   : wenn y=ε , halte mit z als Resultat;
    Schritt (iv)   : berechne den Wert conc(x,e) und setze x zu
                      conc(x,e) ;
    Schritt (v)   : berechne den Wert head(y) und setze e zu head(y);
    Schritt (vi)   : berechne den Wert bodytail(y) und setze y zu body-
                      tail(y);
    Schritt (vii)   : berechne den Wert $h_e(z, x, y_2, y_3, \ldots, y_n)$ und setze
                      z zu $h_e(z, x, y_2, y_3, \ldots, y_n)$;
    Schritt (viii): gehe nach Schritt (iii).

Es ist einfach einzusehen, daß diese Berechnungsregel dieselbe Funktion f definiert, wie die Berechnungsregel aus Abschn. 3.1.2.4.

(4°) Um zu zeigen, daß eine gegebene $\underline{V}$-Funktion rekursiv ist, zeigt man, daß sie durch Anwendung entsprechender Konstruktionen aus rekursiven Funktionen gewonnen werden kann. Diese können die Basisfunktionen oder "Hilfsfunktionen" sein, von denen zuvor bewiesen wurde, daß sie rekursiv sind. Der (vollständige) Beweis, daß die gegebene Funktion rekursiv ist, besteht dann aus dieser Konstruktion, zusammen mit den Konstruktionen, die benötigt werden,um zu beweisen, daß alle benutzen Hilfsfunktionen rekursiv sind; dabei wird jede Konstruktion, etwa die Komposition, durch ihr Schema angegeben, in dem f durch die Bezeichnung der zu konstruierenden Funktionen und $h, g_1, g_2, \ldots, g_m$ durch die Bezeichnungen von Basisfunktionen und Hilfsfunktionen ersetzt werden. Zusammen stellen diese Schemata - genau wie eine Turing-Maschine - einen Algorithmus dar, der die Funktion definiert und der gleichzeitig beweist, daß die Funktion rekursiv - bzw. berechenbar - ist. Eine ähnliche Bemerkung gilt für den Beweis, daß eine gegebene Funktion primitiv-rekursiv ist. Beispiele werden im nächsten Abschnitt aufgeführt.

3.1.3. *Beispiele*

Bei allen Beispielen wird ein gegebener Zeichenvorrat $\underline{V}$ vorausgesetzt.

Verschiedene der in den Beispielen eingeführten Funktionen werden im weiteren Verlauf des Abschnittes 3.1 benutzt.

(1°) Sei $a \in \underline{V}$ und

$$\mathrm{cons}_a : \underline{V}^* \to \{a\} : \mathrm{cons}_a(x) = a .$$

Diese Funktion ist primitiv-rekursiv, denn

$$\mathrm{cons}_a(x) = S_a(Z_1(x)) , \qquad\qquad (1)$$

d.h. cons_a erhält man durch Komposition, indem man

$$m = n = 1 ,$$
$$g_1 = Z_1 ,$$

und $h = S_a$

setzt.

Man beachte dabei, daß das Kompositionsschema __nicht__ erlaubt,

$$\mathrm{cons}_a(x) = a$$

statt des Schemas (1) zu schreiben.

(2°) Sei p ein gegebenes Wort aus $\underline{V}^*$ und

$$\text{cons}_p : \underline{V}^* \to \{p\} \quad : \text{cons}_p(x) = p \ .$$

Diese Funktion ist primitiv-rekursiv: entweder ist $p=\varepsilon$ oder $p=a_1 a_2 \ldots a_k$, $a_i \in \underline{V}$, $1 \leq i \leq k$; im ersten Fall ist cons_p die Basisfunktion Z_1; im zweiten Fall ist

$$\text{cons}_p(x) = S_{a_k}(S_{a_{k-1}}(\ldots(S_{a_1}(Z_1(x)))\ldots)) \ ,$$

d.h. cons_p wird erhalten durch k aufeinanderfolgende Anwendungen der Komposition. ⌐

(3°) Die Funktion

$$\text{empty} : \underline{V}^* \to \{a,\varepsilon\} : \text{empty}(x) = \begin{cases} a & \text{wenn } x = \varepsilon \\ \varepsilon & \text{wenn } x \neq \varepsilon \ , \end{cases}$$

d.h. die charakteristische Funktion der Menge $\{\varepsilon\}$ bzgl. $\underline{V}^*$ ist primitiv-rekursiv:

$$\begin{cases} \text{empty}(\varepsilon) = a \\ \text{empty}(yb) = Z_2(\text{empty}(y),y) \ \text{für jedes } b \in \underline{V} \ , \end{cases}$$

d.h. empty erhält man durch Rekursion, indem man

$$n = 1 \ ,$$
$$g = a$$

und $h_a = Z_2$ für jedes $a \in \underline{V}$

setzt. ⌐

(4°) Sei $c \in \underline{V}$ und

$$\text{string}_c : \underline{V}^* \to \{a,\varepsilon\} : \text{string}_c(x) = \begin{cases} a & \text{wenn } x \in \{c\}^* \\ \varepsilon & \text{wenn } x \in \underline{V}^* - \{c\}^*. \end{cases}$$

Diese Funktion ist primitiv-rekursiv, denn sie wird durch das folgende Rekursionsschema definiert:

$$\begin{cases} \text{string}_c(\varepsilon) = a \\ \text{string}_c(yc) = U_1^2(\text{string}_c(y),y) \\ \text{string}_c(yb) = Z_2(\text{string}_c(y),y) \quad \text{für jedes } b \in \underline{V}-\{c\} \end{cases}$$ ⌐

(5°) Die Funktion

$$\text{conc} : \underline{V}^{*2} \to \underline{V}^* : \text{conc}(x,y) = xy$$

ist primitiv-rekursiv. Um dies zu beweisen führt man die Hilfsfunktion

$$\text{concr} : \underline{V}^{*2} \to \underline{V}^* : \text{concr}(x,y) = yx$$

ein; diese Funktion ist primitiv-rekursiv, denn

$$\begin{cases} \text{concr}(\varepsilon,y) = U_1^1(y) \\ \text{concr}(xa,y) = S_a(U_1^3(\text{concr}(x,y),x,y)) \quad \text{für jedes } a \in \underline{V} \end{cases}$$

130

d.h. concr wird durch Rekursion erhalten, wobei

$$n = 2 \; ,$$
$$g = U_1^1$$

und $h_a = U_1^3 \circ S_a \; .$

Nun ist

$$\text{conc}(x,y) = \text{concr}(U_2^2(x,y), U_1^2(x,y)),$$

d.h. conc wird durch Komposition erhalten, wobei

$$n = m = 2 \; ,$$
$$h = \text{concr}$$

und $g_1 = U_2^2 \; , \; g_2 = U_1^2 \; ;$

da concr primitiv-rekursiv ist, ist conc es auch. ⌋

(6°) Sei $m \geq 2$ eine ganze Zahl. Dann ist

$$\text{conc}_m : \underline{V}^{*m} \to \underline{V}^* : \text{conc}_m(x_1, x_2, \ldots, x_m) = x_1 x_2 \ldots x_m$$

primitiv-rekursiv, denn

$$\text{conc}_m(x_1, x_2, \ldots, x_m) = \text{conc}(U_1^m(x_1, \ldots, x_m),$$
$$\text{conc}(U_2^m(x_1, \ldots, x_m),$$
$$\text{conc}(\ldots$$
$$\vdots$$
$$\text{conc}(U_{m-1}^m(x_1, \ldots, x_m), U_m^m(x_1, \ldots, x_m)) \ldots)$$

⌋

(7°) Um zu beweisen, daß

$$\text{mul} : \underline{V}^{*2} \to \underline{V}^* : \text{mul}(x,y) = x^{l(y)}$$

primitiv-rekursiv ist, führt man die Hilfsfunktion

$$\text{mulr} : \underline{V}^{*2} \to \underline{V}^* : \text{mulr}(x,y) = y^{l(x)}$$

ein; mulr ist selbst primitiv-rekursiv, denn sie wird durch das folgende Rekursionsschema definiert:

$$\left|
\begin{array}{l}
\text{mulr}(\varepsilon, y) = Z_1(y) \\
\text{mulr}(xa, y) = \text{conc}(U_1^3(\text{mulr}(x,y), x, y) \; , \\
\qquad\qquad\qquad U_3^3(\text{mulr}(x,y), x, y)) \quad \text{für jedes } a \in \underline{V}
\end{array}
\right.$$

Das Kompositionsschema

$$\text{mul}(x,y) = \text{mulr}(U_2^2(x,y), U_1^2(x,y))$$

vollendet den Beweis. ⌋

(8°) Sei die Funktion diff definiert wie folgt:

$$\text{diff} : \underline{V}*^2 \to \underline{V}* : \text{diff}(x,y) = \begin{cases} \varepsilon & \text{wenn } l(x) < l(y) \\ z & \text{wenn } l(x) \geq l(y) \end{cases},$$

wobei z wie folgt definiert ist: es gibt $\varphi \in \underline{V}*$, so daß $x = z\varphi$ und $l(\varphi) = l(y)$;

m.a.W., diff schneidet vom ersten Argument die letzten Zeichen ab und zwar so viele, wie das zweite Argument besitzt; für $\underline{V} = \{a\}$ ist diff also eine triviale Erweiterung der Funktion ssub aus Abschn. 2.1.4.2. Um zu beweisen, daß diff primitiv-rekursiv ist, führt man die Hilfsfunktionen

$$\text{diffr} : \underline{V}*^2 \to \underline{V}* : \text{diffr}(x,y) = \text{diff}(y,x)$$

und

$$\text{hb} : \underline{V}* \to \underline{V}* : \text{hb}(x) = \begin{cases} \varepsilon & \text{wenn } x = \varepsilon \\ \text{headbody}(x) & \text{wenn } x \neq \varepsilon \end{cases}$$

ein. Man hat

$$\text{diff}(x,y) = \text{diffr}(U_2^2(x,y), U_1^2(x,y)) ;$$

weiter ist

$$\begin{cases} \text{diffr}(\varepsilon,y) = U_1^1(y) \\ \text{diffr}(xa,y) = \text{hb}(U_1^3(\text{diffr}(x,y),x,y)) & \text{für jedes } a \in \underline{V} \end{cases}$$

und

$$\begin{cases} \text{hb}(\varepsilon) = \varepsilon \\ \text{hb}(ya) = U_2^2(\text{hb}(y),y) & \text{für jedes } a \in \underline{V} . \end{cases}$$

(9°) Sei $\underline{W} = \{a\}$, $a \in \underline{V}$ und sei A eine Abzählung von $\underline{V}$. Dann ist die Funktion VW primitiv-rekursiv. Um dies zu beweisen werden die folgenden Notationen eingeführt:

$$\begin{aligned} \bar{m} &= a^{\text{card}(\underline{V})} \\ \bar{b} &= a^{\bar{A}(b)+1} \quad \text{für jedes } b \in \underline{V} ; \end{aligned}$$

dabei ist $\bar{A}$ die inverse Funktion von A. Gemäß Übung 1.3.1.-$\underline{1}$ gilt für jedes Wort $a_1 a_2 , , , a_k$, wobei $a_1, a_2, \ldots, a_k \in \underline{V}$ und $k \geq 1$, das folgende:

$$VN(a_1 a_2 \ldots a_k) = VN(a_1 a_2 \ldots a_{k-1}) \times l(\bar{m}) + l(\bar{a}_k) .$$

Es ist dann einfach einzusehen, daß VW definiert wird durch

$$\begin{aligned} & VW(\varepsilon) = \varepsilon \\ & VW(yb) = \text{conc}(\text{mul}(U_1^2(VW(y),y), \text{cons}_{\bar{m}}(Z_2(VW(y),y))), \\ & \qquad\qquad \text{cons}_{\bar{b}}(Z_2(VW(y),y))) \quad \text{für jedes } b \in \underline{V} ; \end{aligned}$$

dabei sind $\text{cons}_{\bar{m}}$ und $\text{cons}_{\bar{b}}$ Funktionen des in diesem Abschnitt unter (2°) beschriebenen Typs.

132

(10°) Es wird jetzt bewiesen, daß die $\underline{V}$-Funktion tail rekursiv ist. Dazu wird zuerst bewiesen, daß für jedes Wort $p \in \underline{V}^*$ die Funktion

$$\text{tail}_p = \text{tail} \cup \{(\varepsilon,p)\}$$

primitiv-rekursiv ist:

$$\left|\begin{array}{l} \text{tail}_p(\varepsilon) = p \\ \text{tail}_p(ya) = S_a(Z_2(\text{tail}_p(y),y)) \end{array}\right. \quad \text{für jedes } a \in \underline{V} .$$

Dann ist:

$$\text{tail}(x) = U_1^2(\text{tail}_p(x),\mu_a y[\text{empty}(U_2^2(y,x)) = \varepsilon]) .$$

Man bemerke, daß tail(ε) undefiniert ist, weil für $x=\varepsilon$ das zweite Argument von U_1^2 undefiniert ist; die Berechnungsregel der Komposition aus
Abschn. 3.1.2.3 schreibt nämlich die Berechnung der Werte der Funktionen
g_i vor, auch wenn diese Werte den Wert der Funktion h nicht beeinflus-
sen.

Man beachte, daß die Funktion f, die durch das Schema

$$\left|\begin{array}{l} f(\varepsilon) = \mu_a y[S_a(y) = \varepsilon] \\ f(xa) = S_a(Z_2(f(x),x)) \end{array}\right.$$

definiert ist, die leere Funktion und nicht die Funktion tail ist, d.h.

$$f = \{ \} \neq \text{tail} ;$$

dies geht eindeutig aus der Berechnungsregel der Rekursion hervor.

Übrigens könnte man meinen, daß der Beweis, daß die Funktion tail rekursiv ist, unnötig oder sogar wertlos ist, weil die Funktion tail bei
der Definition der rekursiven Funktion und zwar bei der Beschreibung
der Berechnungsregel der Rekursion benutzt wurde. In Wirklichkeit beruft sich diese Berechnungsregel nicht direkt auf die Funktion tail,
sondern auf einen Algorithmus, der den Wert dieser Funktion berechnet;
dabei ist, genau wie für die Basisfunktionen, nur ein intuitives Verständnis dieses Algorithmus nötig. - Eine analoge Situation tritt auch
bei der Turing-Maschine für Funktionen wie succ oder delete auf.

Die vorigen Beispiele verleiten zu der Annahme, alle totalen rekursiven Funktionen seien primitiv-rekursiv; daß dies nicht der Fall ist,
wird in Abschn. 3.1.14 gezeigt.

Übungen

3.1.3.-**1** Sei $\underline{U}$ ein Zeichenvorrat, a ein Zeichen aus $\underline{U}$ und $\underline{W}$ = {a}. Sei weiter $(\underline{V},A)$ ein Alphabet, $\underline{V}$ = {a,b}, A = {(0,a),(1,b)}. Zeige, daß die folgenden Funktionen primitiv-rekursiv sind:

a) die Funktion reverse aus Abschn. 0.2.2;

b) le: $\underline{U}*^2 \to \{a,\varepsilon\}$: le(x,y) = $\begin{cases} a \text{ wenn } l(x) \le l(y) \\ \varepsilon \text{ wenn } l(x) > l(y) \end{cases}$;

c) leq: $\underline{U}*^2 \to \{a,\varepsilon\}$: leq(x,y) = $\begin{cases} a \text{ wenn } l(x) = l(y) \\ \varepsilon \text{ wenn } l(x) \neq l(y) \end{cases}$;

d) WVe: $\underline{V}* \to \underline{V}*$: WVe(x) = WV($a^{l(x)}$) (Beachte, daß WV=WVe$|\underline{W}*$ nicht total bzgl. $\underline{V}*$ und deshalb nicht primitiv-rekursiv ist);

e) W2W ;

f) V2W ;

g) V2V ;

h) WnV, n≥1 ;

i) VnW, n≥1 ;

j) VnV, n≥1 ;

k) diffeq$_a$: $\underline{U}*^2 \to \underline{U}*$: diffeq$_a$(x,y) = $\begin{cases} az \text{ wenn es } z \in \underline{V}* \text{ gibt,} \\ \quad \text{für das } y = zx \\ \varepsilon \quad \text{sonst} \end{cases}$

l) eq: $\underline{U}*^2 \to \{a,\varepsilon\}$: eq(x,y) = $\begin{cases} a \text{ wenn } x = y \\ \varepsilon \text{ wenn } x \neq y \end{cases}$.

3.1.3.-**2** Seien n, g und h_a definiert wie in Abschn. 3.1.2.4. Die *inverse Rekursion* wird definiert durch das Schema:

$$\begin{cases} f(\varepsilon,x_2,\ldots,x_n) = g(x_2,\ldots,x_n) \\ f(ax,x_2,\ldots,x_n) = h_a(f(x,x_2,\ldots,x_n),x,x_2,\ldots,x_n) \text{ für jedes } a \in \underline{V} \end{cases}$$

und durch eine Berechnungsregel, die der Berechnungsregel aus Abschn. 3.1.2.4 ähnlich ist. Beweise, daß die Funktion f primitiv-rekursiv ist, wenn die Funktionen g und h_a primitiv-rekursiv sind.

3.1.3.-**3** Seien n, a und g definiert wie in Abschn. 3.1.2.5 und sei c ein Zeichen aus $\underline{V}$. Die *erweiterte Minimalisierung* wird definiert durch das Schema

$$f(x_1,x_2,\ldots,x_n) = \mu_a x[g(x,x_1,x_2,\ldots,x_n) = c]$$

und durch eine Berechnungsregel, die der Berechnungsregel aus Abschn. 3.1.2.5 ähnlich ist. Beweise, daß die Funktion f rekursiv ist, wenn die Funktion g rekursiv und total ist.

3.1.3.-__4__ Zeige, daß die folgenden Funktionen rekursiv sind:

    a) head (siehe Abschn. 0.2.2) ;

    b) headbody (siehe Abschn. 0.2.2) ;

    c) bodytail (siehe Abschn. 0.2.2) ;

    d) ssub (siehe Abschn. 2.1.4.2)

    e) WV, wobei __W__ und (__V__,A) wie in Übung 3.1.3.-__1__ definiert sind.

3.1.4. *Endliche Funktionen*

Endliche Funktionen sind berechenbar im intuitiven Sinn des Wortes. Es muß deshalb möglich sein, zu beweisen, daß jede endliche __V__-Funktion eine rekursive Funktion ist. Es wird nun bewiesen, daß eine triviale Erweiterung einer solchen Funktion sogar primitiv-rekursiv ist. Die Erweiterung ist insofern nötig, als eine endliche __V__-Funktion nicht total ist und deshalb nicht primitiv-rekursiv sein kann.

__3.1.4.1__ *Satz:* Sei f eine endliche Funktion, $f \subset \underline{V}^{*n} \times \underline{V}^*$, $n \geq 1$, und sei p ein Wort, $p \in \underline{V}^*$. Dann ist die Erweiterung

$$f_p = f \cup \{((x_1,x_2,\ldots,x_n),p) \mid f(x_1,x_2,\ldots,x_n) \text{ ist unde-}$$
$$\text{finiert}\}$$

von f eine primitiv-rekursive Funktion.

Beweis

Der Beweis wird vorerst anhand des folgenden Beispiels illustriert. Sei

    $\underline{V} = \{a,b\}$,

    $n = 1$,

und $f = \{(ba,y_1),(b,y_2),(bb,y_3)\}$,

wobei y_1,y_2 und y_3 drei gegebene Worte aus $\underline{V}^*$ sind.

Man betrachte jetzt die folgenden Schemata, die die Funktionen f_p, k_a, k_b, k_{ba} und k_{bb} definieren; dabei werden ab jetzt der Lesbarkeit wegen Funktionen wie U_2^2, Z_2 oder $cons_p$ meistens weggelassen:

$$\left|\begin{array}{l} f_p(\varepsilon) = p \\ f_p(ya) = k_a(y) \qquad (= k_a(U_2^2(f_p(y),y))) \\ f_p(yb) = k_b(y) \end{array}\right.$$

$$\left|\begin{array}{l} k_a(\varepsilon) = p \\ k_a(ya) = p \qquad\qquad (= \mathrm{cons}_p(Z_2(f(y),y))) \\ k_a(yb) = k_{ba}(y) \end{array}\right.$$

$$\left|\begin{array}{l} k_b(\varepsilon) = y_2 \\ k_b(ya) = p \\ k_b(yb) = k_{bb}(y) \end{array}\right.$$

$$\left|\begin{array}{l} k_{ba}(\varepsilon) = y_1 \\ k_{ba}(ya) = p \\ k_{ba}(yb) = p \end{array}\right.$$

$$\left|\begin{array}{l} k_{bb}(\varepsilon) = y_3 \\ k_{bb}(ya) = p \\ k_{bb}(yb) = p \quad . \end{array}\right.$$

Da k_{bb} und k_{ba} primitiv-rekursiv sind, sind k_a und k_b es auch. Da k_a und k_b primitiv-rekursiv sind, ist f_p es auch.

Es ist einfach, aus diesem Beispiel einen Beweis für den allgemeinen Fall abzuleiten. ⌟

3.1.4.2 *Beispiele*

(1°) Für jedes $p \in \underline{V}^*$ ist die Funktion

$$\mathrm{eq}_p : \underline{V}^* \to \{a,\varepsilon\} : \mathrm{eq}_p(x) = \left|\begin{array}{l} a \text{ wenn } x = p \\ \varepsilon \text{ wenn } x \in \underline{V}^*-\{p\} \end{array}\right.$$

primitiv-rekursiv.

(2°) Für jedes $k \geq 0$ ist die Funktion

$$\mathrm{small}_k : \underline{V}^* \to \{a,\varepsilon\} : \mathrm{small}_k(x) = \left|\begin{array}{l} a \text{ wenn } l(x) < k \\ \varepsilon \text{ wenn } l(x) \geq k \end{array}\right.$$

primitiv-rekursiv, denn es gibt nur endliche viele Worte x aus $\underline{V}^*$, für die $l(x) < k$ gilt.

(3°) Für jedes $n \in \underline{N}$ ist die Funktion

$$\mathrm{eq}_n : \underline{V}^* \to \{a,\varepsilon\} : \mathrm{eq}_n(x) = \left|\begin{array}{l} a \text{ wenn } l(x) = n \\ \varepsilon \text{ wenn } l(x) \neq n \end{array}\right.$$

primitiv-rekursiv.

3.1.5. *Das Ziel der nächsten Abschnitte*

Auf die Definition der Turing-Maschine in Abschn. 2.1 folgte in Abschn. 2.2 die Einführung verschiedener Typen von Turing-Maschinen; diese Typen entsprachen entweder einer allgemeineren Definition (wie die Turing-Maschine mit mehreren Bändern) oder einer weniger allgemeinen (wie die normalisierte Turing-Maschine). Diese Betrachtung hatte drei Gründe: erstens sollte sie den Begriff Berechenbarkeit verdeutlichen und die These von Turing stützen; zweitens sollte sie ermöglichen, Beweise von Eigenschaften von Turing-Maschinen zu vereinfachen und, insbesondere, den Bau einer Turing-Maschine für eine gegebene Funktion zu erleichtern; schließlich wurden einige ihrer Resultate in späteren Abschnitten (z.B. über die universelle Turing-Maschine) verwendet.

Aus ähnlichen Gründen werden in den nachfolgenden Abschnitten 3.1.6 bis 3.1.10 Konstruktionen mit totalen und, insbesondere, primitiv-rekursiven Funktionen eingeführt; diese Konstruktionen könnten übrigens ohne Schwierigkeit für partielle bzw. rekursive Funktionen verallgemeinert werden.

3.1.6. *Fallunterscheidung*

Der Wert einer Funktion kann öfters in einfacher Weise mit Hilfe einer Fallunterscheidung ausgedrückt werden; ein einfaches Beispiel dafür ist die charakteristische Funktion einer Menge. Es wird jetzt gezeigt, daß diese Methode auch bei der Definition primitiv-rekursiver Funktionen verwendet werden darf; dazu muß aber vorerst der Begriff der Fallunterscheidung präzisiert werden.

3.1.6.1 *Die Konstruktion*

Seien n und m zwei Zahlen aus $\underline{N}$, n≥1, m≥1. Seien weiter

$$h_i : \underline{V}*^n \to \underline{V}* \ , \ 1 \leq i \leq m \ ,$$

m totale $\underline{V}$-Funktionen. Seien schließlich

$$c_j : \underline{V}*^n \to \{a, \varepsilon\} \ , \ 1 \leq j \leq m, \ a \in \underline{V},$$

m charakteristische Funktionen von m disjunkten Teilmengen von $\underline{V}*^n$, deren Vereinigung $\underline{V}*^n$ ist; m.a.W., für jedes $(x_1, x_2, \ldots, x_n) \in \underline{V}*^n$ gilt:

$$\mathrm{conc}_m(c_1(x_1, x_2, \ldots, x_n), \ldots, c_m(x_1, x_2, \ldots, x_n)) = a \ .$$

Die Konstruktion der *Fallunterscheidung* ergibt eine Funktion $f \subset \underline{V}*^n \times \underline{V}*$, wenn sie auf die 2m Funktionen h_i und c_j angewandt wird. Sie wird definiert durch das Schema:

$$f(x_1, x_2, \ldots, x_n) = \begin{cases} h_1(x_1, x_2, \ldots, x_n), & \text{wenn } c_1(x_1, x_2, \ldots, x_n) = a; \\ h_2(x_1, x_2, \ldots, x_n), & \text{wenn } c_2(x_1, x_2, \ldots, x_n) = a; \\ \quad \vdots \\ h_m(x_1, x_2, \ldots, x_n), & \text{wenn } c_m(x_1, x_2, \ldots, x_n) = a \end{cases}$$

und durch eine Berechnungsregel, die dem Leser wohl klar sein dürfte. Man beachte dabei insbesondere, daß für jedes $(x_1, x_2, \ldots, x_n) \in \underline{V}*^n$ der Wert der Funktionen h_i und c_j, $1 \leq i \leq m$, $1 \leq j \leq m$, definiert ist und daß für genau ein einziges j der Wert $c_j(x_1, x_2, \ldots, x_n)$ gleich a ist; die Reihenfolge, in der die Werte der Funktionen h_i und c_j berechnet werden, ist deshalb irrelevant.

3.1.6.2 *Satz:* Wenn die Konstruktion der Fallunterscheidung auf primitiv-rekursive Funktionen angewandt wird, ergibt sie eine primitiv-rekursive Funktion.

Beweis

Seien n, m, h_i und c_j definiert wie in Abschn. 3.1.6.1. Es gilt

$$\begin{aligned} f(x_1, x_2, \ldots, x_n) = \text{conc}_m(&\text{mul}(h_1(x_1, x_2, \ldots, x_n), c_1(x_1, x_2, \ldots, x_n)), \\ &\text{mul}(h_2(x_1, x_2, \ldots, x_n), c_2(x_1, x_2, \ldots, x_n)), \\ &\qquad \vdots \\ &\text{mul}(h_m(x_1, x_2, \ldots, x_n), c_m(x_1, x_2, \ldots, x_n))). \end{aligned}$$

Aus Abschn. 3.1.3 (6°) und 3.1.3 (7°) geht hervor, daß conc_m und mul primitiv-rekursiv sind; deshalb ist f primitiv-rekursiv, wenn h_i und c_j ($1 \leq i \leq m$, $1 \leq j \leq m$) primitiv-rekursiv sind. $\quad\lrcorner$

3.1.6.3 *Beispiel*

Für jedes $c \in \underline{V}$ ist die Funktion

$$\text{keep}_c : \underline{V}* \to \underline{V}* : \text{keep}_c(x) = \begin{cases} x & \text{wenn } x \in \{c\}* \\ \varepsilon & \text{wenn } x \in \underline{V}* - \{c\}* \end{cases}$$

primitiv-rekursiv, denn

$$\mathrm{keep}_c(x) = \begin{vmatrix} U_1^1(x), & \text{wenn } \mathrm{string}_c(x) = a \\ Z_1(x), & \text{wenn } \mathrm{empty}(\mathrm{string}_c(x)) = a \end{vmatrix}$$

3.1.7. *Erweiterte Initialisierung*

In einem Rekursionsschema dient die erste Gleichung dazu, den Wert der Funktion zu "initialisieren". Es wird jetzt gezeigt, daß die Initialisierung verallgemeinert werden kann, indem mehrere solcher Initialisierungsgleichungen erlaubt werden.

3.1.7.1 *Die Konstruktion*

Seien k und n zwei Zahlen aus $\underline{N}$, $k \geq 0$, $n \geq 1$. Seien weiter

$$h_a : \underline{V}^{*(n+1)} \to \underline{V}^* , \text{ wobei } a \in \underline{V} ,$$

card($\underline{V}$) totale $\underline{V}$-Funktionen. Seien schließlich, wenn $n \geq 2$,

$$g_t : \underline{V}^{*(n-1)} \to \underline{V}^* , \text{ wobei } t \in \underline{V}^*, \ 0 \leq l(t) \leq k$$

$\sum\limits_{j=0}^{k} (\mathrm{card}(\underline{V}))^j$ totale $\underline{V}$-Funktionen und, wenn n = 1,

$$g_t \in \underline{V}^* , \text{ wobei } t \in \underline{V}^* , \ 0 \leq l(t) \leq k ,$$

$\sum\limits_{j=0}^{k} (\mathrm{card}(\underline{V}))^j$ Worte; es gibt also ebensoviel g_t's, wie es Worte aus $\underline{V}^*$ gibt, deren Länge k nicht überschreitet.

Die Konstruktion der *Rekursion mit erweiterter Initialisierung* ergibt eine Funktion $f \subset \underline{V}^{*n} \times \underline{V}^*$, wenn sie auf die Funktionen h_a und die Funktionen g_t (oder, wenn n = 1, auf die Worte g_t) angewandt wird. Sie wird definiert durch das Schema

$$f(t,x_2,x_3,\ldots,x_n) = g_t(x_2,x_3,\ldots,x_n)$$
$$\text{für jedes Wort } t \in \underline{V}^*, \ 0 \leq l(t) \leq k$$
$$f(xa,x_2,x_3,\ldots,x_n) = h_a(f(x,x_2,x_3,\ldots,x_n),x,x_2,x_3,\ldots,x_n)$$
$$\text{für jedes } a \in \underline{V}$$

und durch eine Berechnungsregel, die identisch mit der Berechnungsregel der Rekursion aus Abschn. 3.1.2.4 ist, außer daß Schritt (i) durch

$$\text{Schritt (i): wenn } 0 \leq l(y_1) \leq k, \text{ berechne } g_{y_1}(y_2,y_3,\ldots,y_n)$$
$$\text{und halte mit diesem Wert als Resultat ;}$$

ersetzt ist; dabei stellt im Fall n=1 der Ausdruck $g_t(y_2,y_3,\ldots,y_n)$ das Wort g_t dar.

<u>3.1.7.2 *Satz:*</u> Wenn die Konstruktion der erweiterten Initialisierung auf primitiv-rekursive Funktionen angewandt wird, ergibt sie eine primitiv-rekursive Funktion.

Beweis

Seien k, n, h_a und g_t definiert wie in Abschn. 3.1.7.1.

Einfachheitshalber wird nun vorausgesetzt, daß n=2 ist; der Beweis kann aber ohne jede Schwierigkeit für ein beliebiges n verallgemeinert werden.

Die Konstruktion der Fallunterscheidung ermöglicht es, für jedes b $\in$ <u>V</u> die folgende Funktion d_b einzuführen:

$$d_b(z_1,z_2,z_3) = \begin{vmatrix} g_t(U_3^3(z_1,z_2,z_3)), & \text{wenn } eq_t(S_b(U_2^3(z_1,z_2,z_3))) = a \\ & \text{für jedes } b\in\underline{V} \text{ und jedes } t\in\underline{V}{}^*,\ 1\leq l(t)\leq k \\ h_b(z_1,z_2,z_3), & \text{wenn } empty(small_k(U_2^3(z_1,z_2,z_3))) = a; \end{vmatrix}$$

dabei sind eq_t, empty, $small_k$ die in Abschn. 3.1.4.2 (1º), 3.1.3 (3º), 3.1.4.2 (2º) eingeführten Funktionen. Die Funktion f wird dann durch das Rekursionsschema

$$\begin{vmatrix} f(\varepsilon,x) = g_\varepsilon(x) \\ f(ya,x) = d_a(f(y,x),y,x) \text{ für jedes } a \in \underline{V} \end{vmatrix}$$

definiert. Wenn die Funktionen h_a und g_t primitiv-rekursiv sind, sind die Funktionen d_a und also auch f primitiv-rekursiv; im Fall n=1 entfällt die Bedingung "g_t ist primitiv-rekursiv". ⌐

<u>3.1.7.3 *Beispiel*</u>

Für jedes Wort p aus <u>V</u>* ist die <u>V</u>-Funktion

$$head_p = head \cup \{(\varepsilon,p)\}$$

primitiv-rekursiv, denn:

$$\begin{vmatrix} head_p(\varepsilon) = p \\ head_p(b) = b & \text{für jedes } b \in \underline{V} \\ head_p(yb) = U_1^2(head_p(y),y) & \text{für jedes } b \in \underline{V} \end{vmatrix} \quad .$$

140

3.1.8.*Simultane Rekursion*

Es wird nun gezeigt, wie verschiedene Funktionen "parallel" definiert werden können; dabei darf im rechten Glied der zweiten Gleichung eines Rekursionsschemas nicht nur der eigene Funktionswert sondern auch der Wert der anderen Funktionen auftreten.

3.1.8.1 *Die Konstruktion*

Seien n und m zwei Zahlen aus $\underline{N}$, n≥1, m≥1. Seien weiter

$$h_{ai} : \underline{V}^{*(n+m)} \to \underline{V}^* \quad , \text{ wobei } 1 \leq i \leq m, a \in \underline{V},$$

m × card($\underline{V}$) totale $\underline{V}$-Funktionen. Seien schließlich, wenn n≥2,

$$g_i : \underline{V}^{*(n-1)} \to \underline{V}^* \quad , \text{ wobei } 1 \leq i \leq m$$

m totale $\underline{V}$-Funktionen und, wenn n=1,

$$g_i \in \underline{V}^* \quad , \text{ wobei } 1 \leq i \leq m$$

m Worte.

Die Konstruktion der *simultanen* (oder: *verschränkten*) *Rekursion* ergibt m Funktionen $f_i \subset \underline{V}^{*n} \times \underline{V}^*$, $1 \leq i \leq m$, wenn sie auf die Funktionen h_{ai} und die Funktionen g_i (oder, wenn n=1, auf die Worte g_i) angewandt wird. Sie wird definiert durch das Schema:

$$f_i(\varepsilon, x_2, x_3, \ldots, x_n) = g_i(x_2, x_3, \ldots, x_n)$$
$$\text{für jedes } i, \ 1 \leq i \leq m$$

$$f_i(xa, x_2, x_3, \ldots, x_n) = h_{ai}(f_1(x, x_2, x_3, \ldots, x_n),$$
$$f_2(x, x_2, x_3, \ldots, x_n),$$
$$\vdots$$
$$f_m(x, x_2, x_3, \ldots, x_n),$$
$$x, x_2, x_3, \ldots, x_n)$$
$$\text{für jedes } a \in \underline{V} \text{ und jedes } i, \ 1 \leq i \leq m$$

und durch m Berechnungsregeln, die für jedes i mit der Berechnungsregel der (normalen) Rekursion identisch sind, außer daß während des Schrittes (iii) die m Werte $f_j(y, y_2, y_3, \ldots, y_n)$, $1 \leq j \leq m$, - statt des einen Wertes $f(y, y_2, y_3, \ldots, y_n)$ - berechnet werden müssen.

<u>3.1.8.2 *Satz:*</u> Wenn die Konstruktion der simultanen Rekursion auf primi-
tiv-rekursive Funktionen angewandt wird, ergibt sie primitiv-rekursive Funktionen.

Beweis

Seien n, m, h_{ai} und g_i definiert wie in Abschn. 3.1.8.1.

Einfachheitshalber wird wieder vorausgesetzt, daß n = 2.

Das Prinzip des Beweises beruht auf der Einführung einer Funktion F;
der Wert dieser Funktion stellt (bei jedem Rekursionsschritt) eine "Kodierung" der Werte der Funktionen $f_1, f_2, \ldots, f_m$ (bei demselben Rekursionsschritt) dar.

Zur Vereinfachung der Notation setze man

$\qquad$ C = VmV

und

$\qquad D_i = VVm \circ U_i^m$, $1 \leq i \leq m$;

aus den Übungen 3.1.3.-<u>1</u> und 3.1.8.-<u>1</u> (a) kann abgeleitet werden, daß
diese Funktionen primitiv-rekursiv sind.

Die Funktion F wird dann wie folgt definiert:

$\qquad F : \underline{V}*^2 \to \underline{V}* : F(y,x) = C(f_1(y,x), f_2(y,x), \ldots, f_m(y,x))$.

Wenn die Funktionen h_{ai} und - wenn $n \geq 2$ ist - g_i primitiv-rekursiv sind,
ist auch F primitiv-rekursiv, denn F wird definiert durch das Rekursionsschema:

$$\left|\begin{aligned}
&F(\varepsilon,x) = C(g_1(x), g_2(x), \ldots, g_m(x)) \\
&F(ya,x) = C(h_{a1}(D_1(F(y,x)), D_2(F(y,x)), \ldots, D_m(F(y,x)), y, x), \\
&\qquad\quad h_{a2}(D_1(F(y,x)), D_2(F(y,x)), \ldots, D_m(F(y,x)), y, x),
\end{aligned}\right.$$

$$\vdots$$

$$h_{am}(D_1(F(y,x)), D_2(F(y,x)), \ldots, D_m(F(y,x)), y, x))$$
$$\text{für jedes } a \in \underline{V} \qquad\qquad\qquad\qquad ;$$

einfachheitshalber wurden in dieser Gleichung die Projektionsfunktionen
weggelassen; korrekterweise sollte jedes Argument von C, etwa das i-te,
geschrieben werden als

$$h_{ai}(D_1(U_1^3(F(y,x), y, x)), \ldots, D_m(U_1^3(F(y,x), y, x)),$$
$$U_2^3(F(y,x), y, x), U_3^3(F(y,x), y, x)) .$$

Da nun jede Funktion f_i, $1 \leq i \leq m$, durch das Kompositionsschema

$$f_i(y,x) = D_i(F(y,x))$$

definiert wird, ist der Satz bewiesen.

3.1.8.3 *Beispiele*

(1°) Die charakteristischen Funktionen

$$\text{even} : \underline{V}^* \to \{a,\varepsilon\} : \text{even}(x) = \begin{cases} a & \text{wenn } l(x) \text{ gerade ist} \\ \varepsilon & \text{wenn } l(x) \text{ ungerade ist} \end{cases}$$

und

$$\text{odd} : \underline{V}^* \to \{a,\varepsilon\} : \text{odd}(x) = \begin{cases} a & \text{wenn } l(x) \text{ ungerade ist} \\ \varepsilon & \text{wenn } l(x) \text{ gerade ist} \end{cases}$$

sind primitiv-rekursiv:

$$\begin{cases} \text{even}(\varepsilon) = a \\ \text{odd}(\varepsilon) = \varepsilon \\ \text{even}(yb) = U_2^3(\text{even}(y),\text{odd}(y),y) & \text{für jedes } b \in \underline{V} \\ \text{odd}(yb) = U_1^3(\text{even}(y),\text{odd}(y),y) & \text{für jedes } b \in \underline{V} \end{cases}$$

(2°) Man führe für jedes $m \geq 1$ die $\{a\}$-Funktion

$$\text{div}_m : \{a\}^* \to \{a\}^* : \text{div}_m(a^n) = a^p ,$$
$$\text{wobei } p \text{ durch } p \times m \leq n < p \times (m+1) \text{ definiert ist,}$$

ein; m.a.W.,

$$\text{div}_m(a^n) = a^{(n:m)} ,$$

wobei der Operator ":" die ganzzahlige Division darstellt.

Um zu beweisen, daß div_m primitiv-rekursiv ist, wird bewiesen, daß die $(m-1)$ Funktionen

$$\text{div}_{m,i} : \{a\}^* \to \{a\}^* : \text{div}_{m,i}(a^n) = \text{div}_m(a^{n+i})$$
$$\text{wobei } 1 \leq i \leq m-1$$

ebenfalls primitiv-rekursiv sind. Daß dies der Fall ist, folgt aus:

$$\begin{cases} \text{div}_m(\varepsilon) = \varepsilon \\ \text{div}_{m,1}(\varepsilon) = \varepsilon \\ \quad \vdots \\ \text{div}_{m,m-1}(\varepsilon) = \varepsilon \\ \text{div}_m(ya) = \text{div}_{m,1}(y) \\ \text{div}_{m,1}(ya) = \text{div}_{m,2}(y) \\ \quad \vdots \end{cases}$$

$$\begin{vmatrix} \mathrm{div}_{m,m-2}(ya) = \mathrm{div}_{m,m-1}(y) \\ \mathrm{div}_{m,m-1}(ya) = S_a(\mathrm{div}_m(y)) \end{vmatrix} .$$

Übungen

3.1.8.-$\underline{1}$ Sei $\underline{W} = \{a\}$. Beweise, daß die Funktion WW2 primitiv-rekursiv
ist:
a) ohne Benutzung der Konstruktion der simultanen Rekursion;
b) mit Hilfe der Konstruktion der simultanen Rekursion.

3.1.8.-$\underline{2}$ Sei $\underline{W} = \{a\}$, $\underline{V} = \{a,b\}$ und $n \geq 2$. Zeige, daß die folgenden Funktionen primitiv-rekursiv sind:
a) WV2 ,
b) VV2 ,
c) WWn ,
d) WVn ,
e) VVn .

3.1.9.* *Rekursion mit variablen Schritten*

In der zweiten Gleichung eines Rekursionsschemas wird der Wert der
Funktion ausgedrückt mit Hilfe des Wertes für ein Argument, das um genau ein Zeichen kürzer ist; man sagt deshalb, daß in diesem Schema der
"Rekursionsschritt" eins ist. Es wird jetzt gezeigt, daß es erlaubt ist,
größere Rekursionsschritte zu benutzen.

3.1.9.1 *Die Konstruktion*

Sei n eine Zahl aus $\underline{N}$, $n \geq 1$, und seien

$$h_a : \underline{V}^{*(n+1)} \to \underline{V}^*, \quad \text{wobei } a \in \underline{V}$$

card$(\underline{V})$ totale $\underline{V}$-Funktionen. Sei weiter, wenn $n \geq 2$,

$$g : \underline{V}^{*(n-1)} \to \underline{V}^*$$

eine totale $\underline{V}$-Funktion und, wenn $n=1$,

$$g \in \underline{V}^*$$

ein Wort. Sei schließlich

$$j : \underline{V}^* \to \underline{V}^*$$

eine totale $\underline{V}$-Funktion, die der folgenden Bedingung genügt: für jedes $x \in \underline{V}^*$ gibt es ein Wort $z \in \underline{V}^*$, so daß

$$x = \text{conc}(j(x),z) \; ;$$

j ist also eine Funktion, die ein (möglicherweise leeres) rechtes Teilwort von ihrem Argument abschneidet.

Die Konstruktion der *Rekursion mit variablen Schritten* ergibt eine Funktion $f \subset \underline{V}^{*n} \times \underline{V}^*$, wenn sie auf die Funktionen h_a, g und j (oder, wenn n=1, auf die Funktionen h_a und j, und auf das Wort g) angewandt wird. Sie wird definiert durch das Schema

$$\left| \begin{array}{l} f(\varepsilon,x_2,x_3,\ldots,x_n) = g(x_2,x_3,\ldots,x_n) \\ f(xa,x_2,x_3,\ldots,x_n) = h_a(f(j(x),x_2,x_3,\ldots,x_n),j(x),x_2,x_3,\ldots,x_n) \end{array} \right.$$

$$\text{für jedes } a \in \underline{V}$$

und durch eine Berechnungsregel, die mit der Berechnungsregel der (normalen) Rekursion identisch ist, außer, daß in Schritt (iii) und Schritt (iv) y durch den Wert j(y) ersetzt werden muß.

Man beachte, daß der Wert der Funktion f nicht von der Natur der Zeichen abhängt, die durch die Funktion j "abgeschnitten" werden. Man beachte auch, daß man die (normale) Rekursion erhält, wenn j die Identitätsfunktion ist.

<u>3.1.9.2 *Satz*:</u> Wenn die Konstruktion der Rekursion mit variablen Schritten auf primitiv-rekursive Funktionen angewandt wird, ergibt sie eine primitiv-rekursive Funktion.

Beweis

Seien n, h_a, g und j definiert wie in Abschn. 3.1.9.1.

Einfachheitshalber wird wieder vorausgesetzt, daß n=2. Zur Erleichterung der Notation setze man

$$C = V2V$$

und

$$D_i = VV2 \circ U_i^2 \; , \; 1 \leq i \leq 2 \; ;$$

diese Funktionen sind primitiv-rekursiv, wie aus Übung 3.1.3.-<u>1</u> und 3.1.8.-<u>1</u> abgeleitet werden kann.

Das Prinzip des Beweises beruht auf der Einführung der Funktionen G, D und E.

Die Funktion G hat einen Wert, der (bei jedem Rekursionsschritt) eine

"Kodierung" der Werte der Funktion f bei den vorhergehenden Rekursions-
schritten darstellt. Genauer ausgedrückt, G ist die Funktion:

$$G : \underline{V}^* \to \underline{V}^* : G(y,x) = C(f(a_1a_2\ldots a_k,x),$$
$$C(f(a_1a_2\ldots a_{k-1},x),$$
$$C(f(a_1a_2\ldots a_{k-2},x),$$
$$\vdots$$
$$C(f(a_1,x),$$
$$C(f(\varepsilon),\varepsilon)))\ldots) \; ,$$

wobei $y = a_1a_2\ldots a_k$ und $a_1,a_2,\ldots,a_k \in \underline{V}$; man beachte dabei die Ähnlichkeit mit der Kodierung aus Abschn. 1.3.2.2.

Die Funktion D ist definiert durch

$$D : \underline{V}^{*2} \to \underline{V}^* : D(y,x) = \underbrace{D_2(D_2(\ldots(D_2(x)))\ldots)}_{l(y)\,\text{mal}} \; ;$$

m.a.W., die Funktion D führt $l(y)$ "elementare Dekodierungen" des Wortes
x aus.

Schließlich ist die Funktion E definiert durch

$$E : \underline{V}^{*2} \to \underline{V}^* : E(x,y) = D_1(D(\text{diff}(y,j(y)),x)) \; ,$$

wobei diff die in Abschn. 3.1.3 (8°) eingeführte Funktion ist; m.a.W.,
die Funktion E soll aus x den Wert von f für $j(y)$ durch Dekodierung her-
leiten; man beachte dabei, daß die Länge des Wortes $\text{diff}(y,j(y))$ ein Maß
für die "Größe" des Rekursionsschrittes ist.

Nun ist die Funktion D primitiv-rekursiv, denn

$$\left|\begin{aligned} &D(\varepsilon,x) = x \\ &D(ya,x) = D_2(D(y,x)) \end{aligned}\right. \qquad \text{für jedes } a \in \underline{V} \; .$$

Weiter geht aus der Definition der Funktion E hervor, daß sie aus den
Funktionen j, diff, D und D_1 durch Komposition erhalten werden kann;
außerdem wird G definiert durch das Rekursionsschema:

$$\left|\begin{aligned} &G(\varepsilon,x) = C(g(x),\varepsilon) \\ &G(ya,x) = C(h_a(E(G(y,x),y),j(y),x),G(y,x)) \end{aligned}\right. \qquad \text{für jedes } a \in \underline{V} \quad [15]$$

und f durch das Kompositionsschema

$$f(x,y) = D_1(G(x,y)) \; .$$

---

[15] Ohne Abkürzungen wird das zweite Glied dieser Gleichung geschrieben
als
$$C(h_a(E(U_1^3(\ldots),U_2^3(\ldots)),j(U_2^3(\ldots)),U_3^3(\ldots)),U_1^3(\ldots)) \; ,$$
wobei $(\ldots)$ das Argument $(G(y,x),y,x)$ darstellt.

Falls j, h_a und - wenn n>1 - g primitiv-rekursiv sind, sind E, G und f es auch.   ⌐

3.1.9.3 *Beispiel*

Die Funktion even aus Abschn. 3.1.8.3 (1°) kann definiert werden durch Rekursion mit variablen Schritten (zusammen mit einer erweiterten Initialisierung):

$$\begin{aligned}
&\text{even}(\varepsilon) = a \\
&\text{even}(b) = \varepsilon \qquad \text{für jedes } b \in \underline{V} \\
&\text{even}(yb) = \text{even}(j(y)) \qquad \text{für jedes } b \in \underline{V} \ ,
\end{aligned}$$

wobei j definiert ist durch

$$\begin{aligned}
&j(\varepsilon) = \varepsilon \\
&j(yb) = y \qquad \text{für jedes } b \in \underline{V} \ .
\end{aligned}$$

3.1.10. *Reduktion des Zeichenvorrats*

3.1.10.1 *Einleitung*

Wie in Abschn. 3.1.2.8 (4°) bemerkt wurde, gehören zu der Definition einer rekursiven Funktion, etwa F, alle Schemata, die gebraucht werden um zu zeigen, daß diese Funktion F und die benutzten Hilfsfunktionen rekursiv sind. Aus einer genauen Betrachtung von Abschn. 3.1.2 geht außerdem hervor, daß, wenn F als eine $\underline{V}$-Funktion definiert ist, alle in der Definition von F auftretende Basisfunktionen und Hilfsfunktionen auch $\underline{V}$-Funktionen sein müssen.

Nun kann es vorkommen, daß es einfacher ist, eine $\underline{V}$-Funktion nicht als $\underline{V}$-Funktion sondern als $\underline{W}$-Funktion zu definieren, wobei $\underline{W} \supset \underline{V}$ ist. Ein einfaches Beispiel mit $\underline{V} = \{a\}$ und $\underline{W} = \{a,b\}$ ist die $\underline{V}$-Funktion

$$\text{simconc}(x,y) = WV(\text{conc}(VW(x),(VW(y)))) \ ,$$

die diesem Schema nach als $\underline{W}$-Funktion definiert ist; ein anderes Beispiel findet man in Abschn. 3.1.11. Die Zeichen von $\underline{W}-\underline{V}$ spielen also die Rolle von "Hilfszeichen".

Genau wie bei Turing-Maschinen läßt sich auch hier der Gebrauch von Hilfszeichen vermeiden. M.a.W., es ist möglich, die Schemata, die mit Hilfe von $\underline{W}$-Funktionen eine $\underline{V}$-Funktion definieren, durch Schemata zu ersetzen, in denen nur noch $\underline{V}$-Funktionen vorkommen. Diese Eigenschaft wird durch den folgenden Satz ausgedrückt.

Dieser Satz sagt - genau wie der Satz 2.2.4.2 - sogar mehr aus: er ist nicht nur anwendbar, wenn F eine $\underline{V}$-Funktion ist, sondern auch, wenn nur $F|\underline{V}*^n$ eine $\underline{V}$-Funktion ist.

3.1.10.2 *Satz:* Seien $\underline{V}$ und $\underline{W}$ zwei Zeichenvorräte, für die $\underline{V} \subset \underline{W}$ gilt. Sei weiter $F \subset \underline{W}*^n \times \underline{W}*$ eine $\underline{W}$-Funktion, deren Einschränkung

$$G = F|\underline{V}*^n$$

eine $\underline{V}$-Funktion ist, $n \geq 1$. Wenn F eine primitiv-rekursive (bzw. eine rekursive) $\underline{W}$-Funktion ist, dann ist G eine primitiv-rekursive (bzw. eine rekursive) $\underline{V}$-Funktion.

3.1.10.3* *Prinzip des Beweises*

Der Beweis hat große Ähnlichkeiten mit dem Beweis von Satz 2.2.4.2. Aus dem folgenden Grund muß aber eine andere Kodierung verwendet werden: in der Turing-Maschine verfügt man über die Zeichen aus $\underline{V}$ und über das leere Zeichen, also über wenigstens zwei Zeichen; bei den rekursiven Funktionen steht nur der Zeichenvorrat $\underline{V}$, d.h. möglicherweise nur ein Zeichen, zur Verfügung. Da die bei der Turing-Maschine benutzte Kodierung das Vorhandensein von wenigstens zwei Zeichen voraussetzt, muß hier eine "kompliziertere" - auf der VW-Funktion basierende - Kodierung benutzt werden.

Bevor das Prinzip des Beweises weiter behandelt wird, werden hinsichtlich dieser Kodierung einige Notationen eingeführt.

3.1.10.4* *Notationen*

Sei a ein beliebiges Zeichen aus $\underline{V}$. Man setze $\underline{U} = \{a\}$.

Sei A eine Abzählung von $\underline{V}$ und B eine Abzählung von $\underline{W}$, die der Bedingung

$$A \subset B$$

genügen, d.h. in der Abzählung B erscheinen die Zeichen aus $\underline{V}$ vor den Zeichen aus $\underline{W}$.

Man setze schließlich

$$m = \operatorname{card}(\underline{W}) ,$$
$$\bar{m} = a^m$$

und $\bar{b} = a^{\bar{B}(b)+1}$ für jedes $b \in \underline{W}$;

man beachte die Ähnlichkeit dieser Notationen mit denen aus Abschn. 3.1.3 (9°).

3.1.10.5* *Prinzip des Beweises (Fortsetzung)*

Der Beweis besteht darin, zu zeigen, wie man aus den Schemata, die die Funktion F definieren und in denen (ausschließlich) $\underline{W}$-Funktionen auftreten, Schemata ableiten kann, die die Funktion G definieren und in denen (ausschließlich) $\underline{V}$-Funktionen auftreten.

Zu diesem Zweck werden die folgenden $\underline{V}$-Funktionen eingeführt:

(1°) eine "Kodierfunktion" C, die jedes Wort aus $\underline{V}^*$ in ein Wort aus $\underline{U}^*$ abbildet;

(2°) für jede Funktion f, die in den Schemata der Funktion F auftritt, eine Funktion $\tilde{f}$, deren Aufgabe es ist, in dem Zeichenvorrat $\underline{U}$ die "Wirkung" von f zu "simulieren"; insbesondere entspricht der Funktion F eine Funktion $\tilde{F}$;

(3°) eine "Dekodierfunktion" D, die jedes Wort aus $\underline{U}^*$ in ein Wort aus $\underline{V}^*$ abbildet.

Diese verschiedenen Funktionen werden jetzt kurz besprochen.

Die Funktion C kann nicht die Funktion VU sein, weil sie "Platz" lassen muß für die Zeichen aus $\underline{W}-\underline{V}$, die während der Berechnung des Wertes von F für ein Argument aus $\underline{V}^*$ auftreten. Man setzt deshalb

$$C = WU|\underline{V}^* .$$

Man mag geneigt sein, sie Funktion D als die inverse Funktion der Funktion C zu definieren. Da der Beweis aber verlangt, daß die Funktion D total (bzgl. $\underline{V}^*$) ist, definiert man D als eine Erweiterung dieser inversen Funktion und zwar als

$$D : \underline{V}^* \to \underline{V}^* : D(x) = d(UW(a^{1(x)})) ,$$

wobei

$$d : \underline{W}^* \to \underline{V}^* : d(x) = \text{das Wort x, in der jedes Zeichen aus } \underline{W}-\underline{V}$$
$$\text{durch das Zeichen a ersetzt ist.}$$

Schließlich wird jede Funktion $\tilde{f}$ definiert als eine $\underline{V}$-Funktion, die eine (triviale) Erweiterung der folgenden $\underline{U}$-Funktion ist

$$\widetilde{\widetilde{f}} : \underline{U}*^k \rightarrow \underline{U}* : \widetilde{\widetilde{f}}(x_1,\ldots,x_k) = WU(f(UW(x_1),\ldots,UW(x_k))) \ ,$$

wobei k die Anzahl der Argumente der Funktion f ist.

Man mache sich klar, daß die Funktion G dann durch Komposition von $\underline{V}$-Funktionen erhalten werden kann:

$$G(x_1,x_2,\ldots,x_n) = D(\widetilde{F}(C(x_1),C(x_2),\ldots,C(x_n))) \ .$$

Zur Vollendung des Beweises des Satzes genügt es, wenn man:

(1°) beweist, daß die Funktionen C und D primitiv-rekursiv sind;

(2°) angibt, wie man jede $\underline{U}$-Funktion $\widetilde{\widetilde{f}}$ so definieren kann, daß sie primitiv-rekursiv (bzw. rekursiv) ist, wenn f primitiv-rekursiv (bzw. rekursiv) ist;

(3°) angibt, wie man jede $\underline{V}$-Funktion $\widetilde{f}$ so definieren kann, daß sie primitiv-rekursiv (bzw. rekursiv) ist, wenn $\widetilde{\widetilde{f}}$ primitiv-rekursiv (bzw. rekursiv) ist.

Diese drei Eigenschaften werden nun als drei Hilfssätze formuliert und bewiesen.

<u>3.1.10.6*</u> *Hilfssatz:* Die in Abschn. 3.1.10.5 eingeführten Funktionen C und D sind primitiv-rekursiv.

Beweis

Wie aus Abschn. 3.1.3 (9°) hervorgeht, gilt für die Funktion VU folgendes: für jedes Wort $a_1a_2\ldots a_k$, wobei $a_1,a_2,\ldots,a_k \in \underline{V}$ und $k \geq 0$ ist

$$VU(a_1a_2\ldots a_k) = a^q \ ,$$

wobei

$$q = \sum_{i=1}^{k} 1(\bar{a}_i)v^{k-i}$$

und

$$v = card(\underline{V}) \quad {}^{16} \ .$$

Offensichtlich gilt dasselbe für die Funktion $C = WU|\underline{V}*$, wenn man in dem Ausdruck für q die Zahl $v(=card(\underline{V}))$ durch $m(=card(\underline{W}))$ ersetzt. Der Beweis, daß C primitiv-rekursiv ist, kann dann wie in Abschn. 3.1.3 (9°) geführt werden.

---

[16] Der Fall k=0 ist so zu interpretieren, daß er dem Fall $a_1a_2\ldots a_k=\varepsilon$ entspricht.

Der Beweis, daß die Funktion D primitiv-rekursiv ist, kann mit ähnlichen
Überlegungen aus der Übung 3.1.3.-$\underline{1}$ (d) abgeleitet werden.　　　┘

$\underline{3.1.10.7^*\ Hilfssatz:}$　Seien $\widetilde{f}$ die in Abschnitt 3.1.10.5 eingeführten $\underline{U}$-
Funktionen. Jede dieser Funktionen ist primitiv-
rekursiv (bzw. rekursiv), wenn die entsprechende
$\underline{W}$-Funktion f primitiv-rekursiv (bzw. rekursiv) ist.

Beweis

Der Beweis besteht in der Angabe von Regeln, die jeder $\underline{W}$-Funktion f die
entsprechende $\underline{U}$-Funktion $\widetilde{f}$ zuordnen. Die ersten drei Regeln geben an,
welche die entsprechenden $\underline{U}$-Funktionen $\widetilde{f}$ der Basisfunktionen f sind;
die drei weiteren Regeln geben an, welche die entsprechenden $\underline{U}$-Funktio-
nen $\widetilde{f}$ der Funktionen f sind, die durch eine Konstruktion definiert werden.

(1°) Die Nachfolgerfunktionen

Für jede $\underline{W}$-Nachfolgerfunktion S_b, b $\in$ $\underline{W}$, ist die entsprechende $\underline{U}$-Funk-
tion

$$\widetilde{S}_b \ : \ \underline{U}^* \rightarrow \underline{U}^* \ : \ \widetilde{S}_b(a^j) = a^{j \times m+1(\bar{b})} \ ,$$

wie aus der Definition der Funktion C und aus Abschn. 3.1.3 (9°) hervorgeht.

Die Funktion $\widetilde{S}_b$ ist eine primitiv-rekursive $\underline{U}$-Funktion, denn

$$\widetilde{S}_b(x) = \mathrm{conc}(\mathrm{mul}(U_1^1(x),\ \mathrm{cons}_{\bar{m}}(x)),$$
$$\mathrm{cons}_{\bar{b}}(x))$$
$$\mathrm{mit}\ x \in \underline{U}^*,$$

wobei man die Bemerkung aus Abschn. 3.1.2.8 (2°) beachte; die Funktionen conc, mul und cons_p wurden in Abschn. 3.1.3 eingeführt.

(2°) Die Nullfunktionen

Für jede $\underline{W}$-Nullfunktion $Z_k:\underline{W}^{*^k} \rightarrow \{\varepsilon\}$, k≥1, ist die entsprechende $\underline{U}$-
Funktion $\widetilde{Z}_k$ die $\underline{U}$-Nullfunktion $Z_k:\underline{U}^{*^k} \rightarrow \{\varepsilon\}$.

(3°) Die Projektionsfunktionen

Für jede $\underline{W}$-Projektionsfunktion U_i^k, k≥1, 1≤i≤k, ist die entsprechende
$\underline{U}$-Funktion $\widetilde{U}_i^k$ die $\underline{U}$-Projektionsfunktion U_i^k.

(4°) Die Komposition

Für jede $\underline{W}$-Funktion f, die durch ein Kompositionsschema, etwa

$$f(x_1,x_2,\ldots,x_k) = h(g_1(x_1,x_2,\ldots,x_k),g_2(x_1,x_2,\ldots,x_k),\ldots,$$
$$g_1(x_1,x_2,\ldots,x_k))$$
$$\text{mit } (x_1,x_2,\ldots,x_k) \in \underline{W}^{*k}$$

definiert ist, wird die entsprechende $\underline{U}$-Funktion $\tilde{\tilde{f}}$ definiert durch

$$\tilde{\tilde{f}}(x_1,x_2,\ldots,x_k) = \tilde{\tilde{h}}(\tilde{\tilde{g}}_1(x_1,x_2,\ldots,x_k),\tilde{\tilde{g}}_2(x_1,x_2,\ldots,x_k),\ldots,$$
$$\tilde{\tilde{g}}_1(x_1,x_2,\ldots,x_k))$$
$$\text{mit } (x_1,x_2,\ldots,x_k) \in \underline{U}^{*k} \; .$$

(5°) Die Rekursion

Man beachte zuerst die folgende Eigenschaft der Funktion WU: immer wenn

$$WU(a_1 a_2 \ldots a_k) = a^p \quad (a_1,a_2,\ldots,a_k \in \underline{W}; \; k,p \geq 1) \; ,$$

gilt auch

$$WU(a_1 a_2 \ldots a_{k-1}) = a^q \; , \text{ wobei } q = (p-1) : m \text{ und ":" die ganzzahlige}$$
$$\text{Division darstellt}$$

und

$$WU(a_k) = a^r \; , \text{ wobei } r = p - q \times m \text{ und } 1 \leq r \leq m \; .$$

Um die Werte a^q und a^r aus a^p ableiten zu können, führt man jetzt zwei $\underline{U}$-Funktionen ein.

Die erste Funktion ist die primitiv-rekursive $\underline{U}$-Funktion $div_m(x)$ aus Abschn. 3.1.8.3 (2°). Man beachte, daß

$$div_m(a^{p-1}) = a^q$$

ist, wobei p und q wie oben definiert sind; man beachte außerdem, daß div_m der Bedingung genügt, die in Abschn. 3.1.9.1 an die Funktion j gestellt ist.

Die zweite Funktion ist

$$re : \underline{U}^* \to \underline{U}^* : re(a^x) = a^t \; , \text{ wobei } t = 1 + x - (x:m) \times m \; .$$

Man beachte, daß

$$re(a^{p-1}) = a^r \; ,$$

wobei p und r wie oben definiert sind. Die Funktion re ist eine primitiv-rekursive $\underline{U}$-Funktion:

$$re(x) = diff(S_a(x), mul(div_m(x),\bar{m})) \quad \text{mit } x \in \underline{U}^* \; .$$

Sei nun f die $\underline{W}$-Funktion, die durch das Rekursionsschema

$$\left| \begin{array}{l} f(\varepsilon,x_2,x_3,\ldots,x_k) = g(x_2,x_3,\ldots,x_k) \\ f(xb,x_2,x_3,\ldots,x_k) = h_b(f(x,x_2,x_3,\ldots,x_k),x,x_2,x_3,\ldots,x_k) \end{array} \right.$$
$$\text{für jedes } b \in \underline{W}$$

definiert ist. Die entsprechende $\underline{U}$-Funktion $\widetilde{\widetilde{f}}$ kann dann mit Hilfe der Rekursion mit variablen Schritten (und mit Hilfe der Fallunterscheidung) definiert werden:

$$\left|\begin{array}{l} \widetilde{\widetilde{f}}(\varepsilon,x_2,x_3,\ldots,x_k) = \widetilde{\widetilde{g}}(x_2,x_3,\ldots,x_k) \\ \widetilde{\widetilde{f}}(xa,x_2,\ldots,x_k) = \widetilde{h}_c(f(\mathrm{div}_m(x),x_2,\ldots,x_k),\mathrm{div}_m(x),x_2,\ldots,x_k) \end{array}\right.$$

$$\text{wenn } eq_{1(\bar{c})}(re(x))=a$$

$$\text{für jedes } c \in \underline{W} \text{ ;}$$

dabei ist $eq_{1(\bar{c})}$ die in Abschn. 3.1.4.2 (3°) eingeführte Funktion eq_n für $n=1(\bar{c})$; wegen "für jedes $c \in \underline{W}$" wird zwischen $card(\underline{W})$ Fällen unterschieden; man beachte schließlich, daß, obschon $c \in \underline{W}$, alle in dem Schema auftretenden Funktionen $\underline{U}$-Funktionen sind.

(6°) Die Minimalisierung

Man führe für jedes $c \in \underline{W}$ die $\underline{U}$-Funktion M_c ein:

$$M_c : \underline{U}^* \to \underline{U}^* : M_c(a^x) = WU(c^x) \text{ ;}$$

$M_c(a^x)$ stellt also eine "Kodierung" des Wortes a^x dar, in der alle a's durch c's ersetzt sind. Die Funktion M_c ist primitiv-rekursiv, denn:

$$\left|\begin{array}{l} M_c(\varepsilon) = \varepsilon \\ M_c(xa) = conc(mul(M_c(x),cons_{\bar{m}}(x)),cons_{\bar{c}}(x)) \text{ .} \end{array}\right.$$

Für jede $\underline{W}$-Funktion f, die durch das Minimalisierungsschema

$$f(x_1,x_2,\ldots,x_k) = \mu_c x[g(x,x_1,x_2,\ldots,x_k) = \varepsilon], c \in \underline{W} \text{ ,}$$

definiert wird, ist die entsprechende $\underline{U}$-Funktion $\widetilde{\widetilde{f}}$:

$$\widetilde{\widetilde{f}}(x_1,x_2,\ldots,x_k) = M_c(\mu_a x[\widetilde{\widetilde{g}}(M_c(x),x_1,x_2,\ldots,x_n) = \varepsilon]) \text{ .}$$

In dieser Weise wird die Minimalisierung in c auf eine Minimalisierung in a zurückgeführt.

Dies vollendet den Beweis. Man beachte insbesondere, daß in den Schemata, die $\widetilde{\widetilde{f}}$ definieren, genau dann Minimalisierungsschemata auftreten, wenn in der Definition von f solche auftreten.

3.1.10.8* *Hilfssatz:* Sei f eine primitiv-rekursive (bzw. rekursive) $\underline{U}$-Funktion; dann gibt es eine primitiv-rekursive (bzw. rekursive) $\underline{V}$-Funktion $\widetilde{f}$, für die

$$f = \widetilde{f}|\underline{U}^{*k}$$

gilt, wobei k die Anzahl der Argumente von f ist.

Beweis

Der Beweis besteht aus der Konstruktion einer solchen Funktion $\tilde{f}$. Dazu werden - wie im Beweis des vorigen Hilfssatzes - Regeln angegeben, die jeder $\underline{U}$-Funktion f eine $\underline{V}$-Funktion $\tilde{f}$ zuordnen.

(1°) Die Nachfolgerfunktionen

Für die $\underline{U}$-Nachfolgerfunktion S_a ist die entsprechende $\underline{V}$-Funktion $\tilde{S}_a$ die $\underline{V}$-Nachfolgerfunktion S_a.

(2°) Die Nullfunktionen

Wie (1°)

(3°) Die Projektionsfunktionen

Wie (1°)

(4°) Die Komposition

Für jede $\underline{U}$-Funktion f, die durch das Kompositionsschema

$$f(x_1,x_2,\ldots,x_k) = h(g_1(x_1,x_2,\ldots,x_k),g_2(x_1,x_2,\ldots,x_k),$$
$$\ldots,g_1(x_1,x_2,\ldots,x_k))$$
$$\text{mit } (x_1,x_2,\ldots,x_k) \in \underline{U}^{*k}$$

definiert ist, wird die entsprechende $\underline{V}$-Funktion $\tilde{f}$ definiert durch

$$\tilde{f}(x_1,x_2,\ldots,x_k) = \tilde{h}(\tilde{g}_1(x_1,x_2,\ldots,x_k),\tilde{g}_2(x_1,x_2,\ldots,x_k),\ldots,$$
$$\tilde{g}_1(x_1,x_2,\ldots,x_k))$$
$$\text{mit } (x_1,x_2,\ldots,x_k) \in \underline{V}^{*k}.$$

(5°) Die Rekursion

Wenn f definiert wird durch

$$\begin{vmatrix} f(\varepsilon,x_2,x_3,\ldots,x_k) = g(x_2,x_3,\ldots,x_k) \\ f(xa,x_2,x_3,\ldots,x_k) = h_a(f(x,x_2,x_3,\ldots,x_k),x,x_2,x_3,\ldots,x_k) \end{vmatrix}$$

dann wird $\tilde{f}$ definiert durch

$$\begin{vmatrix} \tilde{f}(\varepsilon,x_2,x_3,\ldots,x_k) = \tilde{g}(x_2,x_3,\ldots,x_k) \\ \tilde{f}(xa,x_2,x_3,\ldots,x_k) = \tilde{h}_a(\tilde{f}(x,x_2,x_3,\ldots,x_k),x,x_2,x_3,\ldots,x_k) \\ \tilde{f}(xb,x_2,x_3,\ldots,x_k) = \varepsilon \quad \text{für jedes } b \in \underline{V}-\underline{U} \,; \end{vmatrix}$$

man beachte, daß statt ε auch ein anderes Wort hätte gewählt werden können.

(6°) Die Minimalisierung

Wenn f definiert wird durch

$$f(x_1,x_2,\ldots,x_k) = \mu_a x[g(x,x_1,x_2,\ldots,x_k) = \varepsilon] \,,$$

154

dann wird $\widetilde{f}$ definiert durch

$$\widetilde{f}(x_1,x_2,\ldots,x_k) = \mu_a x[\widetilde{g}(x,x_1,x_2,\ldots,x_k) = \varepsilon] \qquad \qquad \lrcorner$$

3.1.10.9* *Beweis des Satezs 3.1.10.2*

Mit Hilfssatz 3.1.10.7 kann man für jede $\underline{W}$-Funktion f, die in der Definition von F auftritt, die entsprechenden $\underline{U}$-Funktionen $\widetilde{f}$ konstruieren; mit Hilfssatz 3.1.10.8 kann man für jede dieser $\underline{U}$-Funktionen $\widetilde{f}$ die entsprechende $\underline{V}$-Funktion $\widehat{f}$ konstruieren. Auf diese Weise kann man insbesondere die $\underline{V}$-Funktion $\widehat{F}$ konstruieren.

Nun ist

$$G(x_1,x_2,\ldots,x_n) = D(\widetilde{F}(C(x_1),C(x_2),\ldots,C(x_n))$$
$$\text{für } (x_1,x_2,\ldots,x_n) \in \underline{V}^{*n} \ ;$$

weiter sind nach Hilfssatz 3.1.10.6 die Funktionen C und D primitiv-rekursiv; schließlich treten in der Definition von $\widetilde{F}$ genau dann Minimalisierungsschemata auf, wenn auch in der Definition von F solche auftreten. Wenn also die Funktion F primitiv-rekursiv (bzw. rekursiv) ist, ist die Funktion G auch primitiv-rekursiv (bzw. rekursiv).

Schließlich geht aus der Definition der Funktionen C und D und aus der Konstruktion der Funktion $\widetilde{F}$ hervor, daß

$$G = F|\underline{V}^{*n}$$

ist. $\qquad \qquad \lrcorner$

3.1.11. *Die Äquivalenz von berechenbaren und rekursiven Funktionen*

Es wird jetzt gezeigt, daß eine Funktion genau dann rekursiv ist, wenn sie Turing-berechenbar ist. In dem Beweis werden verschiedene Resultate der vorigen Abschnitte benutzt.

3.1.11.1 *Hilfssatz:* Eine rekursive $\underline{V}$-Funktion ist Turing-berechenbar.

Beweis

Es ist trivial, für jede Basisfunktion eine Turing-Maschine anzugeben, die diese Basisfunktion definiert. So wird z.B. die $\underline{V}$-Funktion Z_n, $n\geq 1$, durch die Turing-Maschine $(\underline{V},\underline{Q},\underline{I},B,q_0)$ definiert, wobei

$$\underline{Q} = \{q_i \mid 0 \leq i \leq n\}$$

und

$$\underline{I} = \{(q_i,b) \to (q_i,B,R) \mid b \in \underline{V}, \; 0 \leq i \leq n-1\}$$
$$\cup \; \{(q_i,B) \to (q_{i+1},B,R) \mid 0 \leq i \leq n-1\} \; .$$

Weiter stellen die Berechnungsregeln der Komposition, der Rekursion und der Minimalisierung Algorithmen dar; z.B. erlaubt es die Berechnungsregel der Rekursion, eine Turing-Maschine zu konstruieren, die die Funktion f definiert, ausgehend von den Turing-Maschinen, die die Funktionen g und h_a definieren. Für die Komposition wurde eine genaue Beschreibung einer solchen Konstruktion in Abschn. 2.2.6.3 angegeben; für die Rekursion und die Minimalisierung sehe man Übungen 3.1.11.-$\underline{1}$ und 3.1.11.-$\underline{2}$.

Daraus geht hervor, daß man aus den Schemata, die eine rekursive Funktion $F \subset \underline{V}^{*n} \times \underline{V}^*$, $n \geq 1$, definieren, eine Turing-Maschine ableiten kann, die dieselbe Funktion definiert. Allgemein gilt deshalb, daß eine rekursive Funktion $F \subset \underline{V}^{*n} \times \underline{V}^{*m}$, $n \geq 1$, $m \geq 1$ Turing-berechenbar ist. $\quad\quad \rfloor$

3.1.11.2 *Hilfssatz:* Eine Turing-berechenbare $\underline{V}$-Funktion ist rekursiv.

3.1.11.2.1 *Prinzip des Beweises*

Der Grundgedanke des Beweises besteht darin, zu zeigen, daß eine leicht modifizierte Version der Funktion succ aus Abschn. 2.1.3.3 rekursiv - sogar primitiv-rekursiv - ist.

Nun sind die Werte der Funktion succ Konfigurationen, d.h. Tripel. Diese Schwierigkeit kann auf zwei Arten umgangen werden. Die erste Lösung besteht darin, succ durch die drei Funktionen $\text{succ} \circ U_i^3$, $1 \leq i \leq 3$, zu ersetzen; der Beweis führt dann zu drei Funktionen, die durch simultane Rekursion definiert werden. Die zweite Lösung besteht darin, jede Konfiguration, etwa (q,φ,ψ), durch das Wort $\varphi q \psi$ zu ersetzen; hierzu muß aber der Zeichenvorrat erweitert werden. In dem nun folgenden Beweis wird die zweite Lösung verwendet; die erste Lösung wird in Übung 3.1.11.-$\underline{3}$ behandelt.

Wie in Abschn. 3.1.11.1 genügt es, Funktionen $F \subset \underline{V}^{*n} \times \underline{V}^{*m}$ mit $m=1$ zu betrachten.

<u>3.1.11.2.2 *Notationen*</u>

Sei $F \subset \underline{V}^{*n} \times \underline{V}^*$, $n \geq 1$, eine Turing-berechenbare Funktion, sei

$$T = (\underline{V}, \underline{Q}, \underline{I}, B, q_s)$$

eine normalisierte $\underline{V}$-Turing-Maschine, die F definiert, und sei q_f der Endzustand dieser Turing-Maschine.

Nach eventuellen Umbenennungen wird jeder Zustand aus $\underline{Q}$ durch ein Zeichen dargestellt, das nicht zum Zeichenvorrat $\underline{V}_B$ gehört. Man setze dann

$$\underline{W} = \underline{V}_B \cup \underline{Q} \; ;$$

in diesem Ausdruck ist mit $\underline{Q}$ der Zeichenvorrat gemeint, der zur Darstellung der Zustände benutzt wird.

<u>3.1.11.2.3 *Beweis des Hilfssatzes*</u>

Um zu beweisen, daß F eine rekursive $\underline{V}$-Funktion ist, wird eine $\underline{W}$-Funktion H eingeführt, für die gilt, daß

$$F = H \mid \underline{V}^{*n} \; .$$

Zur Definition dieser Funktion H werden einige andere $\underline{W}$-Funktionen benutzt, die die Arbeit der Turing-Maschine T "simulieren":

(1°) Die erste dieser Funktionen ist eine $\underline{W}$-Funktion, die conf genannt wird; sie liefert die Konfiguration, die zum "Zeitpunkt" t – oder, genauer ausgedrückt, die nach Anwendung von l(t) Instruktionen – erreicht wird:

$$\begin{vmatrix} \text{conf}(\varepsilon, x_1, x_2, \ldots, x_n) = q_s x_1 B x_2 B \ldots x_n B \\ \text{conf}(ta, x_1, x_2, \ldots, x_n) = \text{suc}(\text{conf}(t, x_1, x_2, \ldots, x_n)) \text{ für jedes } a \in \underline{W}. \end{vmatrix}$$

Die in dieser Definition auftretende Funktion suc ist ebenfalls eine $\underline{W}$-Funktion, die die "Konfiguration" bestimmt, die aus der "vorigen" Konfiguration durch Anwendung einer Instruktion erhalten wird. Diese Funktion suc ist eine leicht modifizierte Version der in Abschn. 3.1.11.2.1 erwähnten Funktion succ und soll nun genau definiert werden.

(2°) Die Definition der Funktion suc stützt sich auf Funktionen wie suc_a, suc_{ab} und suc_{abc}. Es folgt jetzt eine Liste von Definitionen dieser verschiedenen Funktionen; anschließend an diese Definitionen folgt eine Erläuterung der Aufgaben dieser Funktionen.

(a) $\quad$ | $\text{suc}(\varepsilon) = \varepsilon$
$\quad\quad$ | $\text{suc}(ya) = \text{suc}_a(y)$
$\quad\quad\quad\quad$ für jedes $a \in \underline{W}$

(b) $\quad$ für jedes $a \in \underline{V}_B$:
$\quad\quad$ | $\text{suc}_a(\varepsilon) = \varepsilon$
$\quad\quad$ | $\text{suc}_a(yb) = \text{suc}_{ba}(y)$
$\quad\quad\quad\quad$ für jedes $b \in \underline{W}$

(c) $\quad$ für jedes $q \in \underline{Q}$:
$\quad\quad$ | $\text{suc}_q(\varepsilon) = \varepsilon$
$\quad\quad$ | $\text{suc}_q(yb) = \varepsilon$
$\quad\quad\quad\quad$ für jedes $b \in \underline{W}$

(d) $\quad$ für jedes $(a,b) \in \underline{V}_B \times \underline{V}_B$:
$\quad\quad$ | $\text{suc}_{ba}(\varepsilon) = \varepsilon$
$\quad\quad$ | $\text{suc}_{ba}(yc) = \text{suc}_{cba}(y)$
$\quad\quad\quad\quad$ für jedes $c \in \underline{W}$

(e) $\quad$ für jedes $(a,q) \in \underline{V}_B \times \underline{Q}$:

$$\text{suc}_{qa}(\varepsilon) = \begin{cases} q'a' & \text{wenn } (q,a) \rightarrow (q',a',O) \in \underline{I} \\ q'Ba' & \text{wenn } (q,a) \rightarrow (q',a',L) \in \underline{I} \\ a'q'B & \text{wenn } (q,a) \rightarrow (q',a',R) \in \underline{I} \\ \varepsilon & \text{wenn } q = q_f \end{cases}$$

$$\text{suc}_{qa}(yb) = \begin{cases} ybq'a' & \text{wenn } (q,a) \rightarrow (q',a',O) \in \underline{I} \\ yq'ba' & \text{wenn } (q,a) \rightarrow (q',a',L) \in \underline{I} \\ yba'q'B & \text{wenn } (q,a) \rightarrow (q',a',R) \in \underline{I} \\ \varepsilon & \text{wenn } q = q_f \end{cases}$$

$\quad\quad\quad\quad\quad\quad$ für jedes $b \in \underline{W}$

(f) $\quad$ für jedes $(a,b,c) \in \underline{V}_B \times \underline{V}_B \times \underline{V}_B$:
$\quad\quad$ | $\text{suc}_{cba}(\varepsilon) = \varepsilon$
$\quad\quad$ | $\text{suc}_{cba}(yd) = \text{conc}(\text{suc}_{dcb}(y),a)$
$\quad\quad\quad\quad$ für jedes $d \in \underline{W}$

(g) $\quad$ für jedes $(a,b,q) \in \underline{V}_B \times \underline{V}_B \times \underline{Q}$:

$$\text{suc}_{qba}(\varepsilon) = \begin{cases} q'b'a & \text{wenn } (q,b) \rightarrow (q',b',O) \in \underline{I} \\ q'Bb'a & \text{wenn } (q,b) \rightarrow (q',b',L) \in \underline{I} \\ b'q'a & \text{wenn } (q,b) \rightarrow (q',b',R) \in \underline{I} \\ \varepsilon & \text{wenn } q = q_f \end{cases}$$

$$\text{suc}_{qba}(yc) = \begin{cases} ycq'b'a & \text{wenn } (q,b) \rightarrow (q',b',O) \in \underline{I} \\ yq'cb'a & \text{wenn } (q,b) \rightarrow (q',b',L) \in \underline{I} \\ ycb'q'a & \text{wenn } (q,b) \rightarrow (q',b',R) \in \underline{I} \\ \varepsilon & \text{wenn } q = q_f \end{cases}$$

$\quad\quad\quad\quad\quad\quad\quad\quad$ für jedes $c \in \underline{W}$.

158

Während der Arbeit der Turing-Maschine können die Werte $suc(\varepsilon)$, $suc_a(\varepsilon)$, $suc_q(\varepsilon)$, $suc_q(yb)$, $suc_{ba}(\varepsilon)$ und $suc_{cba}(\varepsilon)$ nicht "vorkommen", da jedes Argument aus mindestens zwei Zeichen - davon genau einem aus $\underline{Q}$ - bestehen und sein Endzeichen aus $\underline{V}_B$ sein muß; diese Funktionswerte sind deshalb bedeutungslos und werden einfachheitshalber gleich ε gesetzt. Die Funktionswerte $suc_a(yb)$, $suc_{ba}(yc)$ und $suc_{cba}(yd)$ bewirken ein Absuchen des Arguments von rechts nach links bis ein Zeichen aus $\underline{Q}$ gefunden ist. Der Wert $suc_{qa}(\varepsilon)$ stellt den Fall dar, bei dem das Band der Turing-Maschine nur ein Zeichen enthält; der Wert $suc_{qa}(yb)$, bzw. $suc_{qba}(\varepsilon)$, stellt den Fall dar, bei dem der Kopf auf dem Endzeichen bzw. auf dem Anfangszeichen des Bandes steht. Man beachte auch, daß die Turing-Maschine T normalisiert ist und daß es daher für jedes $(q,a) \in (\underline{Q}-\{q_f\}) \times \underline{V}_B$ genau eine Instruktion gibt, deren linkes Glied (q,a) ist; von den vier Fällen, die bei der Definition des Wertes von $suc_{qa}(\varepsilon)$ betrachtet werden, tritt also für jedes $(q,a) \in \underline{Q} \times \underline{V}_B$ genau ein Fall auf; eine ähnliche Bemerkung gilt für die Werte $suc_{qa}(yb)$, $suc_{qba}(\varepsilon)$ und $suc_{qba}(yc)$. Schließlich beachte man, daß im Fall $q = q_f$ - d.h. der Fall, in dem die Turing-Maschine hält - das Argument teilweise "gelöscht" wird; wie aber später klar wird, stört dieses den weiteren Verlauf des Beweises nicht.

(3°) Eine weitere Funktion ist die Funktion Q, die im Argument das Zeichen aus $\underline{Q}$ herausfindet:

$$\left|\begin{array}{l} Q(\varepsilon) = \varepsilon \\ Q(ya) = Q(y) \quad \text{für jedes } a \in \underline{V}_B \\ Q(yq) = q \quad\quad \text{für jedes } q \in \underline{Q} \ . \end{array}\right.$$

(4°) Die nächste Funktion ist deletebq, die aus dem Argument die Zeichen aus $\{B\} \cup \underline{Q}$ entfernt:

$$\left|\begin{array}{l} deletebq(\varepsilon) = \varepsilon \\ deletebq(ya) = conc(deletebq(y),a) \\ \quad\quad\quad\quad \text{für jedes } a \in \underline{V} \\ deletebq(yc) = deletebq(y) \\ \quad\quad\quad\quad \text{für jedes } c \in \{B\} \cup \underline{Q} \ . \end{array}\right.$$

(5°) Die letzte Funktion ist die Funktion time, die den "Zeitpunkt" bestimmt, zu dem die Turing-Maschine hält, nachdem sie mit dem Argument $(x_1,x_2,\ldots,x_n)$ gestartet worden ist; wenn die Turing-Maschine nicht hält, ist der Wert dieser Funktion undefiniert:

$$time(x_1,x_2,\ldots,x_n) = \mu_a t[empty(eq_{qf}(Q(conf(t,x_1,x_2,\ldots,x_n)))) = \varepsilon]$$
$$\text{mit } (x_1,x_2,\ldots,x_n) \in \underline{W}^{*^n} \ ,$$

wobei a irgendein vorgegebenes Zeichen aus $\underline{W}$ ist. [17]

Es ist jetzt möglich, die $\underline{W}$-Funktionen H zu definieren:

$$H(x_1,x_2,\ldots,x_n) = \text{deletebq}(\text{conf}(\text{time}(x_1,x_2,\ldots,x_n),x_1,x_2,\ldots,x_n))$$
$$\text{mit } (x_1,x_2,\ldots,x_n) \in \underline{W}^{*n} \, .$$

Es dürfte klar sein, daß

$$F = H|\underline{V}^{*n}$$

ist; aus Satz 3.1.10.2 geht hervor, daß F eine rekursive $\underline{V}$-Funktion ist. ⌟

3.1.11.3 *Satz:* Eine $\underline{V}$-Funktion ist genau dann rekursiv, wenn sie Turing-berechenbar ist.

Beweis

Der Satz geht direkt aus den beiden vorigen Hilfssätzen hervor. ⌟

3.1.11.4 *Korollar:* Jede rekursive Funktion kann aus primitiv-rekursiven Funktionen durch eine einmalige Anwendung der Minimalisierung abgeleitet werden.

Beweis

Sei $F \subset \underline{V}^{*n} \times \underline{V}^*$, $n \geq 1$, eine rekursive Funktion, d.h. eine Funktion, die mit Hilfe von Kompositionsschemata, Rekursionsschemata und/oder Minimalisierungsschemata definiert ist. Es wird jetzt gezeigt, wie aus diesen Schemata andere Schemata abgeleitet werden können, die ebenfalls F definieren und genau ein Minimalisierungsschema enthalten.

Der Beweis des Hilfssatzes 3.1.11.1 ermöglicht es, eine $\underline{V}$-Turing-Maschine T zu konstruieren, die F definiert.

Der Beweis des Hilfssatzes 3.1.11.2 ermöglicht es, ausgehend von dieser Turing-Maschine T eine rekursive $\underline{W}$-Funktion H zu konstruieren, so daß

$$F = H|\underline{V}^{*n} \, ;$$

---

[17] Gemäß Übung 3.1.3.-$\underline{3}$ könnte das rechte Glied als
$$\mu_a t[Q(\text{conf}(t,x_1,x_2,\ldots,x_n)) = q_f]$$
geschrieben werden.

in den Schemata, die diese Funktion H definieren, tritt genau ein Minimalisierungsschema auf und zwar das, das zur Definition der Funktion
time gebraucht wird. Der Beweis von Satz 3.1.10.2 ermöglicht es dann,
aus den Schemata, die H definieren, Schemata abzuleiten, die die Funktion F definieren; da diese Konstruktion die Anzahl der Minimalisierungsschemata nicht ändert, tritt in den erhaltenen Schemata genau ein
Minimalisierungsschema auf.
$\rfloor$

Übungen

3.1.11.-$\underline{1}$ Seien n, h_a, g und f definiert wie in Abschn. 3.1.2.4:
   a) Konstruiere für den Fall n=1 eine Turing-Maschine, die
      die Funktion f definiert, ausgehend von Turing-Maschinen,
      die die Funktionen h_a definieren;
   b) konstruiere für den Fall n>1 eine Turing-Maschine, die
      die Funktion f definiert, ausgehend von Turing-Maschinen,
      die die Funktionen g und h_a definieren.

3.1.11.-$\underline{2}$ Seien n, a, g und f definiert wie in Abschn. 3.1.2.5. Konstruiere eine Turing-Maschine, die die Funktion f definiert,
   ausgehend von einer Turing-Maschine, die die Funktion g definiert.

3.1.11.-$\underline{3}$ a) In Abschn. 3.1.11.2.3 wurde die Funktion conf eingeführt:

   $$\text{conf} : \underline{W}^{*(n+1)} \to \underline{W}^* : \text{conf}(t,x_1,\ldots,x_n) = \varphi q \psi \,,$$

   wobei (q,φ,ψ) die Konfiguration ist, die nach Anwendung
   von $l(t)$ Instruktionen auf $(q_s,\varepsilon,x_1 B \ldots x_n B)$ erreicht wird.
   Man führe jetzt die Funktion config ein:

   $$\text{config} : \underline{W}^{*(n+1)} \to \underline{W}^{*3} : \text{config}(t,x_1,\ldots,x_n) = (q,\varphi,\psi),$$

   wobei q, φ und ψ wie für conf definiert sind. Beweise
   durch Anwendung der simultanen Rekursion, daß die drei
   Funktionen $\text{config} \circ U_i^3$, $1 \le i \le 3$, primitiv-rekursiv sind.

   b) Leite aus a) einen anderen Beweis für Hilfssatz 3.1.11.2
   ab.

3.1.12.* *Wortbeschreibungen, die universelle rekursive Funktion und unlösbare Probleme*

Die Theorie der rekursiven Funktionen kann, ähnlich wie die der Turing-Maschinen in den Abschnitten 2.3 bis 2.5 weitergeführt werden. Einige Aspekte hierzu werden im folgenden kurz besprochen.

3.1.12.1 *Wortbeschreibungen*

Die Definition einer $\underline{V}$-Funktion F besteht aus Kompositions-, Rekursions- und/oder Minimalisierungsschemata. Diese Schemata werden dargestellt mit Hilfe

- der Zeichen des Zeichenvorrats $\underline{V}$;
- von Bezeichnungen für die Basisfunktionen;
- von Bezeichnungen für die Funktionen, die keine Basisfunktionen sind (d.h. F und die benötigten Hilfsfunktionen);
- von Bezeichnungen für die Variablen (wie y oder x_3);
- von Zeichen wie Kommata, Klammern, Gleichheitszeichen, usw..

Ähnlich wie für die Turing-Maschine ist es möglich, diese Schemata eindeutig durch ein Wort über einen erweiterten vorgegebenen Zeichenvorrat $\underline{W} \supset \underline{V}$ zu beschreiben. Wenn s, z, u, i, n, f, x und + Zeichen sind, die nicht zu $\underline{V}$ gehören, könnte man z.B.:
- jede Basisfunktion S_a durch das Wort sa ersetzen;
- jede Basisfunktion Z_u, etwa Z_4, durch das Wort zzzz ersetzen;
- jede Basisfunktion U_i^n, etwa U_2^5, durch das Wort uiinnnnn ersetzen;
- die Funktionen, die keine Basisfunktionen sind, durch die Worte f, ff, fff,... ersetzen;
- die verschiedenen Gleichungen durch das Zeichen + voneinander trennen;
- usw. .

Eine vollständige Beschreibung der Konstruktion eines solchen Wortes aus $\underline{W}^*$ wird in Übung 3.1.12.-$\underline{1}$ behandelt.

Wie in Abschn. 2.3.2.4 führe man für den Zeichenvorrat $\underline{V}$ eine Abzählung A ein und für den Zeichenvorrat $\underline{W}$ eine Abzählung B, für die B $\supset$ A gilt. Wenn x $\in \underline{W}^*$ das Wort ist, das man mit Hilfe der soeben angedeuteten Konstruktion für die Schemata von F erhalten hat, dann heißt das Wort

$$y = \overline{WV}(x)$$

aus $\underline{V}^*$ eine *($\underline{V}$-)Beschreibung* der Funktion F.

Die Funktion, die durch die Schemata, deren $\underline{V}$-Beschreibung y ist, definiert wird, wird mit

$$f_y$$

bezeichnet.

Für ein gegebenes Alphabet $(\underline{V},A)$ wird die Menge aller $\underline{V}$-Beschreibungen der Schemata, die eine Funktion mit n Argumenten definieren $(n\geq 1)$, mit

$$\underline{D}_{R,n}$$

bezeichnet; die Menge aller $\underline{V}$-Beschreibungen der Schemata, die eine Funktion mit n Argumenten definieren $(n\geq 1)$ und in denen kein Minimalisierungsschema auftritt, wird mit

$$\underline{D}_{PR,n}$$

bezeichnet. Man mache sich klar, daß

$$\underline{D}_{PR,n} \subset \underline{D}_{R,n} \subset \underline{V}^*$$

und daß die Mengen $\underline{D}_{PR,n}$ und $\underline{D}_{R,n}$ rekursiv sind.

3.1.12.2 *Satz:* Für jedes Alphabet $(\underline{V},A)$ und für jedes $n \in \underline{N}$, $n\geq 1$, gibt es eine rekursive Funktion U_n, für die gilt

$$U_n = \{((x,y_1,y_2,\ldots,y_n),z) \mid x \in \underline{D}_{R,n} \text{ und}$$
$$((y_1,y_2,\ldots,y_n),z) \in f_x\} \ .$$

Die Funktion U_n heißt die *universelle rekursive Funktion (für das Alphabet $(\underline{V},A)$ und die Zahl n).*

Beweis

Im Beweis des Hilfssatzes 3.1.11.1 wurde gezeigt, wie für eine beliebige gegebene rekursive Funktion eine Turing-Maschine konstruiert werden kann, die diese Funktion definiert. Diese Konstruktion stellt eine berechenbare Funktion g dar, die jedes Wort x aus $\underline{D}_{R,n}$ in ein Wort $g(x)$ aus der Menge $\underline{D}$ aller $\underline{V}$-Beschreibungen von Turing-Maschinen abbildet, so daß

$$f_x = f_{T(g(x)),n}$$

gilt; m.a.W., für jede $\underline{V}$-Beschreibung x einer rekursiven Funktion liefert die Funktion g eine $\underline{V}$-Beschreibung $g(x)$ der Turing-Maschine $T(g(x))$, die dieselbe Funktion – nämlich f_x – definiert.

Sei nun U die universelle Turing-Maschine (für das Alphabet $(\underline{V},A)$); die Funktion U_n kann dann durch Komposition definiert werden:

$$U_n(x,y_1,y_2,\ldots,y_n) = f_{U,n+1}(g(x),y_1,y_2,\ldots,y_n) \; .$$

Da $f_{U,n+1}$ und g berechenbar - also auch rekursiv - sind, ist U_n rekursiv. Weiter ist

$$U_n = \{((x,y_1,y_2,\ldots,y_n),z) \mid ((g(x),y_1,y_2,\ldots,y_n),z) \in f_{U,n+1}\}$$

wegen der Definition der Funktion U_n

$$= \{((x,y_1,y_2,\ldots,y_n),z) \mid ((y_1,y_2,\ldots,y_n),z) \in f_{T(g(x)),n}\}$$

wegen der Definition der universellen Turing-Maschine

$$= \{((x,y_1,y_2,\ldots,y_n),z) \mid ((y_1,y_2,\ldots,y_n),z) \in f_x\}$$

wegen der Definition der Funktion g .　　⌐

3.1.12.3 *Unlösbare Probleme*

Die Resultate aus den Abschnitten 2.4 und 2.5 können für rekursive Funktionen umformuliert werden.

Die charakteristische Funktion der Menge

$$\{x \in \underline{D}_{R,1} \mid f_x(\varepsilon) \text{ ist definiert}\}$$

z.B. ist nicht rekursiv und die Menge

$$\{x \in \underline{D}_{R,1} \mid f_x \text{ ist total}\}$$

ist nicht rekursiv-aufzählbar.

Übung

3.1.12.-**1** a) Gib die genaue Beschreibung einer Methode an, die es ermöglicht, die Schemata, die eine rekursive $\underline{V}$-Funktion definieren, eindeutig mit Hilfe eines Wortes aus $\underline{W}^*$ zu bebeschreiben, wobei $\underline{W} \supset \underline{V}$ ist.

　　　　　b) Bestimme mit Hilfe dieser Methode das Wort aus $\underline{W}^*$, das das Schema aus Abschn. 3.1.3 (3°) beschreibt, das die Funktion empty definiert.

3.1.13.*Verallgemeinerung für andere Funktionen als Wortfunktionen*

Wie bei Turing-Maschinen können die Begriffe "primitiv-rekursive Funktion" und "rekursive Funktion" verallgemeinert werden für Funktionen, bei denen neben Worten auch nicht-negative ganze Zahlen auftreten. Insbesondere wird der Fall von Funktionen $F \subset \underline{N}^n \times \underline{N}$, $n \geq 1$, behandelt, indem ein Zeichenvorrat mit einem Zeichen, etwa {a}, betrachtet wird und jede Zahl, etwa j, durch das Wort a^j ersetzt wird.

Der Fall der Funktionen $F \subset \underline{N}^n \times \underline{N}$, $n\geq1$, kann aber auch "direkt" behandelt werden. Man ersetzt dazu die Basisfunktionen aus Abschn. 3.1.2.2 durch die Funktionen:

$$S : \underline{N} \to \underline{N} : S(x) = x+1 \ ,$$
$$Z_n : \underline{N}^n \to \{0\} : Z_n(x) = 0 \ , \ \text{wobei} \ n\geq1 \ ,$$
$$U_i^n : \underline{N}^n \to \underline{N} : U_i^n(x_1,x_2,\ldots,x_n) = x_i, \ \text{wobei} \ n\geq1 \ \text{und} \ 1\leq i\leq n;$$

außerdem werden die Konstruktionen aus den Abschnitten 3.1.2.3 bis 3.1.2.5 ersetzt durch:

- ein Kompositionsschema, das in seiner Form identisch mit dem Schema aus Abschn. 3.1.2.3 ist,
- ein Rekursionsschema

$$\left|\begin{array}{l} f(0,x_2,x_3,\ldots,x_n) = g(x_2,x_3,\ldots,x_n) \\ f(n+1,x_2,x_3,\ldots,x_n) = h(f(n,x_2,x_3,\ldots,x_n),n,x_2,x_3,\ldots,x_n) \ , \end{array}\right.$$

- ein Minimalisierungsschema

$$f(x_1,x_2,\ldots,x_n) = \mu x[g(x,x_1,x_2,\ldots,x_n) = 0]$$

und durch Berechnungsregeln, die ohne Schwierigkeit aus den Berechnungsregeln der Abschnitte 3.1.2.3 bis 3.1.2.5 abgeleitet werden können.

Übung

3.1.13.-$\underline{1}$ Zeige mit Hilfe der in der zweiten Hälfte des Abschn. 3.1.13 angegebenen Methode, daß die folgenden Funktionen primitiv-rekursiv sind:
a) sum: $\underline{N}^2 \to \underline{N}$: $sum(x,y) = x+y$;
b) prod: $\underline{N}^2 \to \underline{N}$: $prod(x,y) = x \times y$;
c) fac: $\underline{N} \to \underline{N}$: $fac(x) = x$!

<u>3.1.14.*</u> *Satz:* Nicht jede totale rekursive Funktion ist primitiv-rekursiv.

Beweis

Der Beweis beruht auf der Konstruktion einer rekursiven Funktion, die total, aber trotzdem nicht primitiv-rekursiv ist; er ist dem Beweis des Satzes 2.5.6.1 ähnlich, - auch angesichts der benutzten Notation.

Man betrachte die Menge $\underline{D}_{PR,1}$; wie in Abschn. 3.1.12.1 angedeutet wurde, ist diese Menge rekursiv und also auch rekursiv-aufzählbar. Sei E eine rekursive Abzählung von $\underline{D}_{PR,1}$.

Man führe jetzt mittels Komposition die Funktionen F und K ein:

$$F(x) = E(VN(x))$$

und

$$K(x) = conc(a,U_1(F(x),x)) \ , \tag{1}$$

wobei U_1 die universelle rekursive Funktion für n=1 ist. Es ist evident, daß K rekursiv und total ist.

Man nehme jetzt an, daß K primitiv-rekursiv ist, d.h. daß zur Definition von K nur Kompositions- und Rekursionsschemata nötig sind. Sei $k \in \underline{D}_{PR,1}$ eine $\underline{V}$-Beschreibung dieser Schemata. Dann gilt für jedes $x \in \underline{V}^*$:

$$K(x) = U_1(k,x) \ .$$

Da nun k ein Wort aus $\underline{D}_{PR,1}$ ist, gibt es ein $x_0 \in \underline{V}^*$, so daß

$$F(x_0) = k \ ;$$

für jedes $x \in \underline{V}^*$ gilt also

$$K(x) = U_1(F(x_0),x) \ . \tag{2}$$

Die Gleichungen (1) und (2) führen zu einem Widerspruch für $x = x_0$. Also ist kein $k \in \underline{D}_{PR,1}$ eine $\underline{V}$-Beschreibung von Schemata, die K definieren; das bedeutetet, daß K nicht primitiv-rekursiv (aber wegen (1) total und rekursiv) ist.   ⌟

Übung

3.1.14.-$\underline{1}$ Zeige, daß die Menge

$$\underline{M}_1 = \{x \in \underline{D}_{R,1} | x \notin \underline{D}_{PR,1} \text{ und } f_x \text{ ist total}\}$$

nicht rekursiv-aufzählbar ist.

<u>3.2. Die Markov-Algorithmen</u>

Nach der Definition der Markov-Algorithmen wird ihre Äquivalenz mit
den Turing-Maschinen gezeigt.

<u>3.2.1. *Einleitung*</u>

Markov-Algorithmen wurden erst zu Anfang der fünfziger Jahre eingeführt
und haben deshalb nicht dieselbe historische Bedeutung wie Turing-Maschinen oder rekursive Funktionen. Ihr Interesse liegt lediglich darin,
daß sie einen dritten Formalismus zur Definition des intuitiven Begriffes Algorithmus darstellen.

Die Grundoperation eines Markov-Algorithmus ist die folgende: zuerst
wird bestimmt, ob ein vorgegebenes Wort als Teilwort in einem anderen
Wort auftritt; ist dies der Fall, so wird dieses Vorkommen durch ein
anderes Wort ersetzt. Diese Grundoperation ist ziemlich "mächtig" und
wird sogar in Programmiersprachen für die Verarbeitung von nicht-nume-
rischen Daten verwandt. Die Konstruktion eines Markov-Algorithmus für
eine gegebene Funktion ist daher oft einfacher als die einer Turing-
Maschine oder der Schemata einer rekursiven Funktion.

<u>3.2.2. *Definitionen*</u>

Bevor es möglich ist, den Markov-Algorithmus und seine Arbeitsweise informell zu besprechen, müssen einige Begriffe eingeführt werden. Aus
diesem Grund wird vorerst in Abschn. 3.2.2.1 die formale Definition
des Markov-Algorithmus gegeben. Diese Definition wie auch die Definitionen aus den Abschnitten 3.2.2.3 bis 3.2.2.5 sind den entsprechenden
Definitionen für Turing-Maschinen sehr ähnlich.

<u>3.2.2.1 *Der Markov-Algorithmus*</u>

Ein *($\underline{V}$-)Markov-Algorithmus* wird definiert durch ein 4-tupel $(\underline{V},\underline{A},P,C)$,
wobei

(1°) $\underline{V}$ ein Zeichenvorrat ist;

(2°) $\underline{A}$ ein Zeichenvorrat ist, $\underline{A} \cap \underline{V} = \{\ \}$; $\underline{A}$ heißt der *Hilfszeichen-*
  vorrat;

(3°) C ein Zeichen ist, $C \in \underline{A}$; C heißt das *Komma*;

(4°) P eine endliche Folge von Tripeln, etwa (α,β,γ) ist, für die gilt

$$(\alpha,\gamma,\beta) \in (\underline{V} \cup \underline{A})^* \times (\underline{V} \cup \underline{A})^* \times \{.,\varepsilon\} \; ;$$

die Elemente von P heißen *Produktionen*; eine Produktion, etwa (α,β,γ) heißt *haltend* bzw. *nicht haltend*, wenn $\gamma = .$, bzw. $\gamma = \varepsilon$, ist.

Eine Produktion, etwa (α,β,γ), wird in der Regel als

$$\alpha \rightarrow \gamma\beta$$

geschrieben; das Wort α heißt das *linke Glied* der Produktion und das Wort β ihr *rechtes Glied*.

<u>3.2.2.2 *Informelle Beschreibung des Markov-Algorithmus*</u>

Genau wie eine Turing-Maschine definiert ein Markov-Algorithmus für jedes n, n≥1, eine Funktion mit n Argumenten.

Wenn der Markov-Algorithmus $(\underline{V},\underline{A},P,C)$ den Wert der von ihm definierten n-stelligen $\underline{V}$-Funktion für das Argument $(x_1,x_2,\ldots,x_n) \in \underline{V}^{*n}$ berechnen muß, wird er gestartet mit dem Wort

$$\varphi = x_1 C x_2 C \ldots C x_n \; .$$

Die Arbeit des Markov-Algorithmus besteht aus der iterativen Ausführung eines elementaren Schrittes. Während eines solchen Schrittes werden die Produktionen von P der Reihe nach untersucht, bis eine anwendbare Produktion gefunden wird, d.h. eine Produktion, etwa

$$\alpha \rightarrow \beta$$

oder

$$\alpha \rightarrow .\beta \; ,$$

deren linkes Glied α als Teilwort in dem betrachteten Wort φ auftritt. Diese Produktion wird dann angewandt, indem dieses Teilwort - wenn es mehrere Vorkommen gibt, das am weitesten links stehende - durch das rechte Glied β der Produktion ersetzt wird. Der Markov-Algorithmus hält, wenn es keine anwendbare Produktion gibt; er hält auch, wenn die angewandte Produktion eine haltende Produktion

$$\alpha \rightarrow .\beta$$

ist.

Der berechnete Wert der Funktion für das Argument $(x_1,x_2,\ldots,x_n)$ ist das Wort φ, mit dem der Markov-Algorithmus hält - vorausgesetzt, daß dieses Wort φ keine Zeichen aus dem Hilfszeichenvorrat $\underline{A}$ enthält; der

Wert ist undefiniert, wenn der Markov-Algorithmus nicht hält, oder wenn er mit einem Wort φ hält, das ein oder mehrere Zeichen aus dem Hilfszeichenvorrat enthält.

Man beachte, daß - im Gegensatz zu einer Turing-Maschine - ein Markov-Algorithmus auf zwei Arten halten kann und auf zwei Arten zu einem undefinierten Wert führen kann.

3.2.2.3 *Drei Relationen*

Die Arbeitsweise des Markov-Algorithmus muß noch formal definiert werden. Dazu werden - genau wie für die Turing-Maschine - vorerst einige Relationen eingeführt.

Sei $M = (\underline{V},\underline{A},P,C)$ ein Markov-Algorithmus, wobei $P = (z_1,z_2,\ldots,z_m)$ eine Folge von m Tripeln ist, $m \geq 1$.

Eine Produktion, etwa z_i, heißt *anwendbar* auf ein Wort φ aus $(\underline{V} \cup \underline{A})^*$, wenn das linke Glied von z_i in φ als Teilwort vorkommt. Ein Wort aus $(\underline{V} \cup \underline{A})^*$ heißt ein *Endwort (bzgl. des Markov-Algorithmus M)*, wenn darauf keine Produktion anwendbar ist.

Es werden jetzt drei Relationen zwischen Worten aus $(\underline{V} \cup \underline{A})^*$ eingeführt.

Die Relation

$$\varphi \underset{M}{\rightarrow} \psi \qquad (\varphi,\psi \in (\underline{V} \cup \underline{A})^*) \; ,$$

gilt, wenn es $\omega_1,\omega_2 \in (\underline{V} \cup \underline{A})^*$ und i, $1 \leq i \leq m$, gibt, so daß die folgenden fünf Bedingungen erfüllt sind;

(i) $z_1,z_2,\ldots,z_{i-1}$ sind nicht anwendbar auf φ;

(ii) z_i ist eine nicht-haltende Produktion;

(iii) $\varphi = \omega_1 \alpha_i \omega_2$, wobei α_i das linke Glied von z_i ist (z_i ist also anwendbar auf φ);

(iv)   es gibt kein $\omega_1', \omega_2' \in (\underline{V} \cup \underline{A})^*$, so daß $l(\omega_1') < l(\omega_1)$ und $\varphi = \omega_1' \alpha_i \omega_2'$ ist;

(v) $\psi = \omega_1 \beta_i \omega_2$, wobei β_i das rechte Glied von z_i ist.

Die Relation $\varphi \underset{M}{\rightarrow} \psi$ drückt also aus, daß ψ aus φ durch Anwendung einer nicht-haltenden Produktion nach den Regeln von Abschn. 3.2.2.2 hervorgeht.

Die Relation

$$\varphi \underset{M}{\overset{\bullet}{\rightarrow}} \psi \qquad (\varphi,\psi \in (\underline{V} \cup \underline{A})^*)$$

wird auf dieselbe Weise definiert; Bedingung (ii) lautet nun aber:

(ii) z_i ist eine haltende Produktion.

Schließlich gilt die Relation

$$\varphi \overset{*}{\underset{M}{\to}} \psi \quad (\varphi, \psi \in (\underline{V} \cup \underline{A})^*) \ ,$$

wenn entweder $\varphi = \psi$ gilt oder es eine endliche Folge von Worten aus $(\underline{V} \cup \underline{A})^*$

$$\omega_1, \omega_2, \ldots, \omega_n \qquad (n>1)$$

gibt, so daß

$$\omega_1 = \varphi$$
$$\omega_n = \psi$$

und $\omega_i \underset{M}{\to} \omega_{i+1}$ für jedes i, $1 \leq i \leq n-1$.

Die Relation $\varphi \overset{*}{\underset{M}{\to}} \psi$ entspricht also der Anwendung einiger nicht-haltender Produktionen.

Man beachte, daß die Relationen $\underset{M}{\to}$ und $\overset{*}{\underset{M}{\to}}$ Funktionen sind; man beachte auch die Ähnlichkeit der Relationen $\underset{M}{\to}$ und $\overset{*}{\underset{M}{\to}}$ mit den in Abschn. 2.1.3.4 eingeführten Relationen $\underset{T}{\to}$ und $\overset{*}{\underset{T}{\to}}$.

3.2.2.4 *Die von einem Markov-Algorithmus definierte Funktion*

Genau wie eine Turing-Maschine *definiert* ein Markov-Algorithmus, etwa $M = (\underline{V}, \underline{A}, P, C)$ *eine Funktion*

$$f_{M,n} \subseteq \underline{V}^{*n} \times \underline{V}^*$$

für jedes $n \geq 1$; diese Funktion ist

$$f_{M,n} = \gamma_n' \circ \omega' \circ \delta' \ ,$$

wobei γ_n', ω' und δ' den Funktionen γ_n, ω und δ aus Abschn. 2.1.3.5 ähnlich sind:

$$\gamma_n' : \underline{V}^{*n} \to (\underline{V} \cup \underline{A})^* : \gamma_n'(x_1, x_2, \ldots, x_n) = x_1 C x_2 C \ldots C x_n \ ;$$

$$\omega' = \{(\varphi, \psi) \in (\underline{V} \cup \underline{A})^{*2} \mid \varphi \overset{*}{\underset{M}{\to}} \psi \ \text{und} \ \psi \ \text{ist ein Endwort}\}$$

$$\cup \{(\varphi, \psi) \in (\underline{V} \cup \underline{A})^{*2} \mid \text{es gibt} \ \xi \in (\underline{V} \cup \underline{A})^*, \ \text{so daß}$$

$$\varphi \overset{*}{\underset{M}{\to}} \xi \ \text{und} \ \xi \overset{\cdot}{\underset{M}{\to}} \psi\} \ ;$$

$$\delta' : \underline{V}^* \to \underline{V}^* : \delta'(x) = x \ .$$

Man beachte, daß der Wert von $f_{M,n}$ (für das Argument $(x_1, x_2, \ldots, x_n)$) undefiniert ist, wenn der Markov-Algorithmus nicht hält oder wenn der Markov-Algorithmus mit einem Wort aus $(\underline{V} \cup \underline{A})^* - \underline{V}^*$ hält; im ersten Fall gibt es nämlich in ω' kein β für das vorgegebene α und im zweiten Fall gehört β nicht zu dem Definitionsbereich von δ'.

3.2.2.5 *Markov-berechenbare Funktionen*

Eine $\underline{V}$-Funktion $F \subset \underline{V}*^n \times \underline{V}*$, $n \geq 1$, ist *Markov-berechenbar*, wenn es einen $\underline{W}$-Markov-Algorithmus M gibt, $\underline{W} \supseteq \underline{V}$, für den

$$f_{M,n} = F$$

gilt.

Die Verallgemeinerung für Funktionen $F \subset \underline{V}*^n \times \underline{V}*^m$, $n \geq 1$, $m \geq 1$, erfolgt wie in Abschn. 2.1.5.

3.2.3. *Beispiele*

In den nächsten Beispielen wird C sowohl als Variable wie als Zeichen benutzt; eine ähnliche Konvention galt bei Turing-Maschinen für B (Abschn. 2.1.4.2).

(1°) Die $\underline{V}$-Funktion conc

Sei $M = (\underline{V},\underline{A},P,C)$ ein $\underline{V}$-Markov-Algorithmus, wobei

$$\underline{A} = \{C\}$$
$$P = (C \to .\varepsilon)$$

ist.

Man sieht einfach ein, daß

$$f_{M,2} = \text{conc}$$

ist. Dasselbe Resultat hätte man auch mit

$$P = (C \to \varepsilon)$$

erreicht.

(2°) Die $\{a,b\}$-Funktion S_a

Sei $M = (\underline{V},\underline{A},P,C)$ ein Markov-Algorithmus mit

$$\underline{V} = \{a,b\}$$
$$\underline{A} = \{C\}$$
$$P = (Ca \to aC ,$$
$$\quad Cb \to bC ,$$
$$\quad C \to .a ,$$
$$\quad \varepsilon \to C) .$$

Man sieht einfach ein, daß $f_{M,1} = S_a$; zum Beispiel gilt

$$aab \underset{M}{\to} Caab$$
$$\underset{M}{\to} aCab$$
$$\underset{M}{\to} aaCb$$
$$\underset{M}{\to} aab\dot{C}$$
$$\underset{\dot{M}}{\to} aaba$$

(3°) Die {a,b}-Funktion head wird durch den folgenden Markov-Algorithmus M = ($\underline{V},\underline{A}$,P,C) definiert:

$\underline{V}$ = {a,b}
$\underline{A}$ = {C,D}
P = (Da $\to$ aC ,
    Db $\to$ bC ,
    Ca $\to$ C ,
    Cb $\to$ C ,
    C $\to$.ε ,
    ε $\to$ D).

Man beachte insbesondere, daß $f_{M,1}(\varepsilon)$ undefiniert ist.

(4°) Die Funktion

$$ssub : \{(a^p,a^q)\,|\,p{\geq}q{\geq}0\} \to \{a\}* : ssub(a^x,a^y) = a^{x-y}$$

aus Abschn. 2.1.4.2 wird durch den Markov-Algorithmus M = ($\underline{V},\underline{A}$,P,C) definiert:

$\underline{V}$ = {a}
$\underline{A}$ – {C}
P = (aCa $\to$ C ,
    Ca $\to$ Ca ,
    C $\to$.ε).

Übungen

3.2.3.-$\underline{1}$ Sei $\underline{W}$ = {a} und ($\underline{V}$,A) = ({a,b},{(0,a),(1,b)}). Konstruiere
        für jede der folgenden Funktionen einen Markov-Algorithmus,
        der diese Funktion definiert:
        a) die $\underline{V}$-Funktion bodytail aus Abschn. 0.2.2;
        b) die $\underline{V}$-Funktion U_3^4 ;
        c) die $\underline{V}$-Funktion string$_a$ aus Abschn. 3.1.3 (4°);
        d) mul : $\underline{W}*^2 \to \underline{W}*$: mul(a^n,a^m) = a^{nm} ;
        e) f : $\underline{W}*^2 \to \underline{W}*$: f(a^k,a^l) = a^p, wobei p = 1.2^k ;

f) $g : \underline{V}^* \to \{\varepsilon,a\} : g(x) = \begin{cases} \varepsilon, & \text{wenn es ein } n\in\underline{N} \text{ gibt, für das} \\ & x = a^n b^n a^n \\ a, & \text{sonst ;} \end{cases}$

g) WV ;

h) W2W .

3.2.3.-$\underline{2}$ Beweise, daß man für jeden Markov-Algorithmus M einen Markov-Algorithmus M' konstruieren kann, so daß:

(1°) $f_{M',n} = f_{M,n}$ für jedes $n\geq 1$ ist;

(2°) M' besitzt genau eine haltende Produktion;

(3°) M' hält nur durch Anwendung dieser Produktion.

3.2.3.-$\underline{3}$ Beweise, daß es Markov-berechenbare Funktionen gibt, die nicht durch einen Markov-Algorithmus ohne haltende Produktion definiert werden können.

3.2.3.-$\underline{4}$ M_1 und M_2 seien zwei beliebige $\underline{V}$-Markov-Algorithmen. Konstruiere einen Markov-Algorithmus, der die Funktion $f_{M_1,1} \circ f_{M_2,1}$ definiert.

3.2.4. *Die Äquivalenz mit Turing-Maschinen*

Es wird jetzt gezeigt, daß eine Funktion genau dann Markov-berechenbar ist, wenn sie Turing-berechenbar ist.

3.2.4.1 *Hilfssatz:* Jede Markov-berechenbare $\underline{V}$-Funktion ist Turing-berechenbar.

Aus der Definition des Markov-Algorithmus geht klar hervor, daß ein Markov-Algorithmus einen Algorithmus (im Sinne der These von Turing) darstellt.

Ein exakterer Beweis wird dem Leser überlassen.

3.2.4.2 *Hilfssatz:* Jede Turing-berechenbare $\underline{V}$-Funktion ist Markov-berechenbar.

Beweis

Es genügt, den Beweis für Funktionen $F \subset \underline{V}^{*n} \times \underline{V}^*$, $n\geq 1$, zu liefern.

Sei

$$T = (\underline{V},\underline{Q},\underline{I},B,q_s)$$

eine normalisierte $\underline{V}$-Turing-Maschine, die eine solche Funktion F definiert, und sei q_f der Endzustand dieser Turing-Maschine.

Mit Hilfe dieser Turing-Maschine wird jetzt der folgende $\underline{V}$-Markov-Algorithmus konstruiert:

$$M = (\underline{V},\underline{A},P,C) \ ,$$

wobei

$$\underline{A} = \underline{Q} \cup \{B,D\}$$
$$C = B$$

$$
\begin{aligned}
P = (\ &Da \rightarrow aD && \text{für jedes } a \in \underline{V}_B \ , \\
&D \rightarrow B \ , \\
&qa \rightarrow q'a' && \text{für jedes } (q,a) \rightarrow (q',a',O) \in \underline{I} \ , \\
&cqa \rightarrow q'ca' && \text{für jedes } (q,a) \rightarrow (q',a',L) \in \underline{I} \text{ und jedes } c \in \underline{V}_B \ , \\
&qa \rightarrow q'Ba' && \text{für jedes } (q,a) \rightarrow (q',a',L) \in \underline{I} \ , \\
&qac \rightarrow a'q'c && \text{für jedes } (q,a) \rightarrow (q',a',R) \in \underline{I} \text{ und jedes } c \in \underline{V}_B \ , \\
&qa \rightarrow a'q'B && \text{für jedes } (q,a) \rightarrow (q',a',R) \in \underline{I} \ , \\
&Bq_f \rightarrow q_f \ , \\
&q_f a \rightarrow aq_f && \text{für jedes } a \in \underline{V} \ , \\
&q_f B \rightarrow q_f \ , \\
&q_f \rightarrow .\varepsilon \ , \\
&\varepsilon \rightarrow q_s D \ ) \ ;
\end{aligned}
$$

dabei stellt $\underline{Q}$ den Zeichenvorrat dar, der zur Darstellung der Zustände benötigt wird; mit der Zeile

$$Da \rightarrow aD \quad \text{für jedes } a \in \underline{V}_B$$

sind die Produktionen der Menge

$$\{Da \rightarrow aD \mid a \in \underline{V}_B\}$$

gemeint; die Reihenfolge, in der diese Produktionen in P auftreten, ist irrelevant.

Wenn dieser Markov-Algorithmus für ein Argument $(x_1,x_2,\ldots,x_n) \in \underline{V}^{*n}$ gestartet wird, führt er die folgenden Operationen aus:

(i)   er schreibt ein Zeichen B rechts von dem Wort $x_1 Bx_2 B \ldots Bx_n$;

(ii) er simuliert die Arbeit der Turing-Maschine T, wenn sie mit der Konfiguration $(q_s,\varepsilon,x_1 Bx_2 B \ldots x_n B)$ gestartet wird ;

(iii) er löscht die B's, die rechts und links vom Resultat stehen.

Offensichtlich gilt

$$f_{M,n} = f_{T,n} = F \ .$$

3.2.4.3 *Satz:* Eine V-Funktion ist genau dann Turing-berechenbar, wenn
sie Markov-berechenbar ist.

Beweis

Der Satz geht aus den beiden vorigen Hilfssätzen hervor.   ⌐

3.2.5. *Bemerkung*

Die Theorie der Markov-Algorithmen kann in derselben Weise weiterent-
wickelt werden wie die der Turing-Maschinen oder der rekursiven Funktionen. Insbesondere ist es möglich, einen universellen Markov-Algorithmus zu konstruieren und die unlösbaren Probleme aus Abschn. 2.4 für
Markov-Algorithmen umzuformulieren.

Wegen seines "mechanischen" Charakters gleicht ein Markov-Algorithmus
eher einer Turing-Maschine als (der Definition) einer rekursiven Funktion. Die Basisoperationen eines Markov-Algorithmus sind aber weniger
elementar als die einer Turing-Maschine; so gehört z.B. das Aufsuchen
eines Teilwortes zu den Basisoperationen eines Markov-Algorithmus, während eine Turing-Maschine zu diesem Zweck "in mühsamer Arbeit" die verschiedenen Zeichen des Teilwortes nacheinander lesen muß. Die Konstruktion eines Markov-Algorithmus für eine vorgegebene Funktion ist deshalb
im allgemeinen wesentlich einfacher als die einer Turing-Maschine.

Kapitel 4: Nicht deterministische Algorithmen und Grammatiken

<u>4.1. Die Begriffe</u>

Wenn eine Berechnungsregel die Bedingungen von Abschn. 1.1.3 erfüllt
mit der Ausnahme, daß nach der Ausführung eines Schrittes mehrere
Schritte zur Auswahl stehen, spricht man von einem nicht-deterministischen Algorithmus. Dieser Begriff und seine formale Definition werden
kurz besprochen. Anschließend werden zwei spezielle nicht-deterministische Algorithmen, nämlich Grammatiken und axiomatische Systeme, eingeführt.

<u>4.1.1. *Nicht-deterministische Algorithmen*</u>

Ein Algorithmus ist - wie gesagt - eine Berechnungsregel, deren Ausführung aus der sukzessiven Ausführung elementarer Schritte besteht; nachdem ein solcher Schritt ausgeführt ist, liegt der nächste Schritt eindeutig fest. Ein Algorithmus definiert daher eine Funktion, indem er
jedem Argument aus seinem Definitionsbereich den Wert für dieses Argument zuordnet.

Ein *nicht-deterministischer Algorithmus* ist ebenfalls eine Berechnungsregel, deren Anwendung aus der sukzessiven Ausführung elementarer Schritte besteht. Nachdem ein solcher Schritt ausgeführt ist, liegt aber der
nächste Schritt nicht eindeutig fest: nicht ein einziger Schritt, sondern ein beliebiger Schritt aus einer bestimmten endlichen Menge von
Schritten kann als nächster ausgeführt werden; die Wahl zwischen den
verschiedenen möglichen Schritten wird vom nicht-deterministischen Algorithmus nicht angegeben und ist, mathematisch gesehen, irrelevant.
Ein nicht-deterministischer Algorithmus *definiert* daher eine zweistel-
lige *Relation*, indem er einem Element x die Menge

{y|y kann durch Anwendung des Algorithmus auf x erhalten
werden}

zuordnet.

Nicht-deterministische Algorithmen könnten benutzt werden, um den Begriff "berechenbare Relation" einzuführen und könnten auf diese Art zu
einer Verallgemeinerung der Theorie der berechenbaren Funktionen führen. Dies ist aber nicht die Absicht dieses Buches, das sich im Abschn.
4.2 hauptsächlich auf Grammatiken konzentriert, d.h. spezielle nicht-
deterministische Algorithmen, die sich zur Definition von Mengen eignen.

Bevor der Begriff einer Grammatik eingeführt wird, wird anhand einer
Turing-Maschine der Begriff eines nicht-deterministischen Algorithmus
näher präzisiert.

4.1.2. *Die formale Definition nicht-deterministischer Algorithmen*

4.1.2.1 *Prinzip*

Nicht-deterministische Algorithmen können in ähnlicher Weise wie (deterministische) Algorithmen definiert werden. Insbesondere ist es möglich, die Formalismen, die im zweiten und dritten Kapitel besprochen
wurden, so zu verallgemeinern, daß sie sich zur Definition nicht-deterministischer Algorithmen eignen.

Die Definition der Turing-Maschine z.B. kann verallgemeinert werden,
indem die Menge der Instruktionen als eine endliche Relation (statt
einer endlichen Funktion) definiert wird. Die von ihr definierte Relation ist dann die Menge der Paare (x,y), die folgenderweise definiert
ist: wird die Turing-Maschine mit x gestartet, so kann sie zu einer
Endkonfiguration führen, die y als Wert liefert. Der Gebrauch einer
solchen Maschine, *nicht-deterministische Turing-Maschine* genannt, wird
anhand der folgenden Beispiele illustriert.

4.1.2.2 *Beispiele*

(1°) Sei $N = (\underline{V},\underline{Q},\underline{I},B,q_s)$ eine nicht-deterministische Turing-Maschine
mit

$$\underline{V} = \{a\} \ ,$$
$$\underline{Q} = \{q_s,q_f\} \ ,$$
$$\underline{I} = \{(q_s,B) \rightarrow (q_f,B,O) \ ,$$
$$(q_s,a) \rightarrow (q_f,a,O) \ ,$$
$$(q_s,a) \rightarrow (q_s,B,R) \} \ .$$

Die durch diese nicht-deterministische Turing-Maschine definierte Relation $\underline{r}_{N,1} \subseteq \underline{V}^{*2}$ ist:

$$\underline{r}_{N,1} = \{(x,y) \in \underline{V}^{*2} \mid l(x) \geq l(y)\} \ .$$

(2°) Sei $N = (\underline{V},\underline{Q},\underline{I},B,q_s)$ eine nicht-deterministsiche Turing-Maschine
mit

$$\underline{V} = \{a,b\} \ ,$$
$$\underline{Q} = \{q_s,q_f\} \ ,$$
$$\underline{I} = \{(q_s,a) \rightarrow (q_s,a,L) \ ,$$
$$(q_s,b) \rightarrow (q_s,b,L) \ ,$$
$$(q_s,B) \rightarrow (q_s,a,L) \ ,$$
$$(q_s,B) \rightarrow (q_f,a,O) \} \ .$$

Die durch N definierte Relation $\underline{r}_{N,1} \subseteq \underline{V}^{*2}$ ist jetzt

$$\underline{r}_{N,1} = \{(x,a^n x) \mid x \in \underline{V}^*, \ n \geq 1\} \ .$$

Man beachte, daß die Relation $\underline{r}_{N,1}$ z.B. dem Element b die Menge

$$\underline{S} = \{y \mid (b,y) \in \underline{r}_{N,1}\}$$
$$= \{a^n b \mid n \geq 1\}$$

zuordnet.

Übung

4.1.2.-**1**   Sei $\underline{V}$ ein Zeichenvorrat und a ein Zeichen. Konstruiere für
jede der folgenden Relationen eine nicht-deterministische
Turing-Maschine:
a) die $\{a\}$-Relation $\underline{R}_1 = \{(a^l,a^{1+n}) \mid l,n \in \underline{N}\}$;
b) die $\underline{V}$-Relation $\underline{R}_2 = \{(x,y) \in \underline{V}^{*2} \mid x \neq y\}$.

4.1.3. *Grammatiken*

Nicht-deterministische Algorithmen können benutzt werden, um Relationen
zu definieren, wie z.B. die Relationen $\underline{r}_{N,1}$ aus Abschn. 4.1.2.2 (1º)
und 4.1.2.2 (2º). Sie können aber auch benutzt werden, um Mengen zu definieren, wie z.B. die Menge $\underline{S}$ aus Abschn. 4.1.2.2 (2º); dies führt zu
dem Begriff Grammatik.

Eine *Grammatik* besteht aus einem nicht-deterministischen Algorithmus,
etwa α, zusammen mit einem Wort, etwa x; die durch diese Grammatik definierte Menge ist die Menge aller y, für die (x,y) ein Element aus
der durch α definierten Relation ist. Die Grammatik zum Beispiel, die
aus der nicht-deterministischen Turing-Maschine N von Abschn. 4.1.2.2
(2º) zusammen mit dem Wort b besteht, definiert die Menge

$$\underline{S} = \{a^n b \mid n \geq 1\} \ .$$

Genau wie Turing-Maschinen den Begriff "berechenbare Funktion" definieren, können Grammatiken benutzt werden, um den intuitiven Begriff "erzeugbare Menge" zu formalisieren. Im Abschn. 4.2 wird anhand eines speziellen Grammatiktyps illustriert, daß diese erzeugbaren Mengen genau
die rekursiv-aufzählbaren Mengen sind.

4.1.4.* *Axiomatische Systeme*

Im Laufe dieses Buches kam einige Male der Begriff "axiomatisches System" zur Sprache. Es ist interessant zu notieren, daß axiomatische
Systeme auf einfache Weise mit Hilfe der soeben eingeführten Begriffe
definiert werden können.

Ein *axiomatisches System* besteht aus einem nicht-deterministischen Algorithmus, zusammen mit einer endlichen Menge von Worten, *Axiome* (oder
genauer, *Axiomschemata*) genannt. Sei nun x das Wort, das eine Kodierung
dieser Axiome darstellt; das axiomatische System definiert die Menge
aller Worte y, für die (x,y) ein Element der von dem nicht-deterministischen Algorithmus definierten Relation ist; die Elemente dieser Menge heißen die *Sätze* des axiomatischen Systems.

Eine Grammatik kann als ein axiomatisches System mit nur einem (unko-
dierten) Axiom betrachtet werden. Ein weiteres Merkmal einer Grammatik
besteht darin, daß der zugrunde liegende nicht-deterministische Algorithmus im allgemeinen wesentlich "elementarer" als bei einem axiomatischen System ist; der Unterschied stammt daher, daß die Struktur
eines axiomatischen Systems, wie des axiomatischen Systems des Prädika-

tenkalküls zum Beispiel, nicht im Hinblick auf ihre Einfachheit gewählt wurde, sondern im Hinblick auf die Interpretation der Sätze des Systems.

4.2. Semi-Thue-Algorithmen und semi-Thue-Grammatiken

Es wird vorerst ein Formalismus für nicht-deterministische Algorithmen eingeführt, der nach dem norwegischen Mathematiker Thue semi-Thue-Algorithmus genannt wird. Aus diesem Formalismus wird eine Grammatik, semi-Thue-Grammatik genannt, abgeleitet.

Es wird dann gezeigt, daß semi-Thue-Grammatiken genau die rekursiv-aufzählbaren Mengen definieren.

Weiter wird kurz angedeutet, wie die Theorie der semi-Thue-Grammatiken ähnlich der der Turing-Maschinen erweitert werden kann.

Zum Schluß wird mit Hilfe der semi-Thue-Grammatiken die Unlösbarkeit des Korrespondenzproblems von Post bewiesen, - ein Resultat, das häufig in der Theorie der formalen Sprachen benutzt wird.

4.2.1. *Semi-Thue-Algorithmen*

4.2.1.1 *Informelle Beschreibung*

Ein semi-Thue-Algorithmus stellt eine Formalisierung des Begriffes "nicht-deterministischer Algorithmus" dar. Er besteht im wesentlichen aus einem Markov-Algorithmus, dessen Definition wie folgt "gelockert" worden ist: erstens darf zu jedem Zeitpunkt eine beliebige anwendbare Produktion (statt der ersten anwendbaren Produktion) angewandt werden; zweitens darf bei der Anwendung einer Produktion ein beliebiges Teilwort (statt des am weitesten links stehenden Teilwortes) durch das rechte Glied der anwendbaren Produktion ersetzt werden.

Aus technischen Gründen gibt es zwischen einem semi-Thue-Algorithmus und einem Markov-Algorithmus außerdem noch zwei unwesentliche Unterschiede: erstens gibt es nur nicht-haltende Produktionen, aber dafür ist es dem semi-Thue-System zu jedem Zeitpunkt erlaubt zu halten; zweitens wird das Komma ersetzt durch eine "Endmarkierung", die nicht nur die Argumente voneinander trennt, sondern auch links vom ersten und rechts vom letzten Argument steht.

4.2.1.2 *Formale Definition*

Ein *($\underline{V}$-)semi-Thue-Algorithmus* wird definiert durch ein 4-tupel $(\underline{V},\underline{A},\underline{P},D)$, wobei

(1°) $\underline{V}$ ein Zeichenvorrat ist;

(2°) $\underline{A}$ ein Zeichenvorrat ist, $\underline{A} \cap \underline{V} = \{\ \}$; $\underline{A}$ heißt der *Hilfszeichenvorrat*;

(3°) D ein Zeichen ist, $D \in \underline{A}$; D heißt die *Endmarkierung*;

(4°) $\underline{P}$ eine endliche Menge von Paaren ist, $\underline{P} \subset (\underline{V}\cup\underline{A})^{*2}$; ein Element (α,β) von $\underline{P}$ heißt *Produktion* und wird normalerweise als $\alpha \to \beta$ geschrieben; α heißt das *linke*, β das *rechte Glied* dieser Produktion.

Als Unterschied zu einem Markov-Algorithmus beachte man vor allem, daß $\underline{P}$ eine Menge statt einer Folge ist.

Sei $S = (\underline{V},\underline{A},\underline{P},D)$ ein semi-Thue-Algorithmus. Es werden nun für diesen semi-Thue-Algorithmus - in der bekannten Weise - zwei Relationen zwischen Worten aus $(\underline{V}\cup\underline{A})^{*}$ eingeführt. Die Relation

$$\varphi \underset{S}{\to} \psi \quad (\varphi,\psi \in (\underline{V}\cup\underline{A})^{*})$$

gilt, wenn es Worte $\omega_1,\omega_2 \in (\underline{V}\cup\underline{A})^{*}$ und eine Produktion $\alpha \to \beta \in \underline{P}$ gibt, so daß

$$\varphi = \omega_1\alpha\omega_2$$

und $\quad \psi = \omega_1\beta\omega_2 \quad$.

Die Relation

$$\varphi \underset{S}{\overset{*}{\to}} \psi \quad (\varphi,\psi \in (\underline{V}\cup\underline{A})^{*})$$

gilt, wenn entweder $\varphi = \psi$ gilt oder wenn es eine Folge von Worten aus $(\underline{V}\cup\underline{A})^{*}$

$$\omega_1,\omega_2,\ldots,\omega_n \quad (n>1)$$

gibt, so daß

$$\omega_1 = \varphi\ ,$$
$$\omega_n = \psi\ ,$$

und $\quad \omega_i \underset{S}{\to} \omega_{i+1} \quad$ für jedes i, $1\leq i\leq n-1$.

Wenn der semi-Thue-Algorithmus S eindeutig bekannt ist, darf $\to$ statt $\underset{S}{\to}$ und $\overset{*}{\to}$ statt $\underset{S}{\overset{*}{\to}}$ geschrieben werden.

Man beachte, daß die Relation $\underset{S}{\to}$ im allgemeinen keine Funktion ist, im Gegensatz zu der für den Markov-Algorithmus eingeführten Relation $\underset{M}{\to}$.

Die durch den semi-Thue-Algorithmus $S = (\underline{V},\underline{A},\underline{P},D)$ *definierte Relation* $\underline{r}_{S,n}$ für n, $n\geq 1$, ist

$$r_{S,n} = \{((x_1,x_2,\ldots,x_n),y) \in \underline{V}^{*n} \times \underline{V}^* \mid Dx_1 Dx_2 D \ldots Dx_n D \overset{*}{\underset{S}{\Rightarrow}} y\}.$$

Man beachte: führt der semi-Thue-Algorithmus zu einem "Resultat" $y \in (\underline{V} \cup \underline{A})^* - \underline{V}^*$, so ist dieses "wertlos", da $((x_1,x_2,\ldots,x_n),y)$ nicht zu $r_{S,n}$ gehört; eine ähnliche Situation trat übrigens auch beim Markov-Algorithmus auf: wenn das Resultat y der Berechnung Zeichen aus $\underline{A}$ enthält, ist der Wert der durch den Markov-Algorithmus definierten Funktion für das Argument $(x_1,x_2,\ldots,x_n)$ undefiniert.

<u>4.2.1.3 *Beispiele*</u>

(1°) Sei $S = (\underline{V},\underline{A},\underline{P},D)$ ein semi-Thue-Algorithmus, für den

$$\underline{V} = \{a\}\ ,$$
$$\underline{A} = \{D\}\ ,$$
$$\underline{P} = \{Da \to aD\ ,$$
$$Da \to D\ ,$$
$$DD \to \varepsilon\}\ .$$

Es ist einfach einzusehen, daß

$$r_{S,1} = \{(a^p,a^q) \mid p \geq q \geq 0\}\ ;$$

es gilt z.B.:

$$DaaD \to aDaD$$
$$\to aDD$$
$$\to a\ ,$$

also $(aa,a) \subset r_{S,1}$.

(2°) Der semi-Thue-Algorithmus $(\underline{V},\underline{A},\underline{P},D)$, bei dem $\underline{V}$, $\underline{A}$ und D wie oben definiert sind und

$$\underline{P} = \{D \to \varepsilon\ ,$$
$$a \to \varepsilon\}\ ,$$

definiert dieselbe Relation $r_{S,n}$. Es gilt z.B.:

$$DaaD \to aaD$$
$$\to aD$$
$$\to a\ ,$$

oder auch

$$DaaD \to Daa$$
$$\to aa$$
$$\to a\ ;$$

aus jeder dieser beiden Folgen geht hervor, daß (aa,a) ein Element der durch den semi-Thue-Algorithmus definierten Relation $r_{S,1}$ ist.

(3°) Sei $\underline{S} = (\underline{V},\underline{A},\underline{P},D)$ ein semi-Thue-Algorithmus, für den

$$\underline{V} = \{a\} \ ,$$
$$\underline{A} = \{D\} \ ,$$
$$\underline{P} = \{Da \to aaD \ ,$$
$$DD \to \varepsilon\} \quad .$$

Man kann beweisen, daß

$$\underline{r}_{S,1} = \{(a^p,a^q) \,|\, q = 2p, \ p \geq 0\} \ ,$$

was durch folgendes Beispiel illustriert wird:

$$DaaD \to aaDaD$$
$$\to aaaaDD$$
$$\to aaaa \ ,$$

also $(aa,aaaa) \in \underline{r}_{S,1}$. Man beachte, daß $\underline{r}_{S,1}$ eine Funktion ist, weil zu jedem Zeitpunkt höchstens eine Produktion anwendbar ist.

(4°) Man betrachte dem semi-Thue-Algorithmus $S = (\underline{V},\underline{A},\underline{P},D)$ mit:

$$\underline{V} = \{a,b\} \ ,$$
$$\underline{A} = \{A,B,D\} ,$$
$$\underline{P} = \{Da \to aAD \ ,$$
$$Db \to bBD \ ,$$
$$ADD \to DDa \ ,$$
$$BDD \to DDb \ ,$$
$$DD \to \varepsilon \ ,$$
$$Aa \to aA \ ,$$
$$Ab \to bA \ ,$$
$$Ba \to aB \ ,$$
$$Bb \to bB\} \quad .$$

Dann ist

$$\underline{r}_{S,1} = \{(x,y) \in \{a,b\}*^2 \,|\, y = xx\} \ ,$$

wie durch das folgende Beispiel illustriert wird:

$$DabD \to aADbD \to aAbBDD \to aAbDDb$$
$$\to abADDb \to abDDab \to abab$$

also $(ab,abab) \in \underline{r}_{S,1}$;

daß $(ab,abab) \in \underline{r}_{S,1}$, kann auch wie folgt bewiesen werden:

$$DabD \to aADbD \to aAbBDD \to abABDD$$
$$\to abADDb \to abDDab \to abab \quad .$$

Man beachte, daß für diesen semi-Thue-Algorithmus die Relation $\underline{r}_{S,1}$ eine Funktion ist, obschon zu bestimmten Zeitpunkten mehr als eine Produktion anwendbar ist; m.a.W., die Reihenfolge, in der die Produktionen angewandt werden, beeinflußt das Resultat nicht.

Man beachte auch, daß es möglich ist, Worte aus $(\underline{V}\underline{UA})^*\text{-}\underline{A}^*$ zu erhalten, auf die keine Produktion anwendbar ist; dies ist der Fall für das Wort aAbB, das wie folgt erhalten werden kann:

$$DabD \rightarrow aADbD \rightarrow aAbBDD \rightarrow aAbB \;;$$

der semi-Thue-Algorithmus hat dann in eine "Sackgasse" geführt und hat also "umsonst" gearbeitet.

Übungen

4.2.1.-$\underline{1}$ Sei $\underline{V}$ ein Zeichenvorrat und a ein Zeichen. Konstruiere für jede der folgenden Relationen einen semi-Thue-Algorithmus:
a) $\{(x,y) \in \underline{V}^{*2} \,|\, x$ ist ein Teilwort von $y\}$;
b) $\{\varepsilon\} \times \underline{V}^*$;
c) $\underline{R}_2$ aus der Übung 4.1.2.-$\underline{1}$.

4.2.1.-$\underline{2}$ Zeige, daß jede Turing-berechenbare $\underline{V}$-Funktion $F, F \subset \underline{V}^{*n} \times \underline{V}^*$, $n \geq 1$, durch einen $\underline{V}$-semi-Thue-Algorithmus definiert werden kann.

4.2.2. *Semi-Thue-Grammatiken*

4.2.2.1 *Einleitung*

Eine Grammatik wird - wie gesagt - definiert durch einen nicht-deterministischen Algorithmus zusammen mit einem Wort. Bei semi-Thue-Grammatiken ist der nicht-deterministische Algorithmus ein semi-Thue-Algorithmus und das Wort ε; aus technischen Gründen wird der Begriff Endmarkierung durch einen Begriff "Axiom" ersetzt.

Semi-Thue-Grammatiken stellen eine einfache Formalisierung des intuitiven Begriffes "erzeugbare Menge" dar. Die semi-Thue-Grammatiken sind weiter von Interesse, da die Syntax verschiedener Programmiersprachen (darunter Algol 60) mit Hilfe spezieller semi-Thue-Grammatiken - sogenannter kontextfreien Grammatiken - beschrieben wird; eine solche Grammatik definiert dann die Menge aller Worte, die syntaktisch richtige

Programme darstellen.

4.2.2.2 *Formale Definition*

Eine *(V-)semi-Thue-Grammatik* (oder: *(Chomsky-)0-Grammatik*, oder *(allgemeine) Phrasenstruktur-Grammatik*) wird definiert durch ein 4-tupel $G = (\underline{V},\underline{A},\underline{P},Z)$, wobei

(1°) $\underline{V}$, $\underline{A}$ und $\underline{P}$ wie in Abschn. 4.2.1.2 definiert sind;

(2°) Z ein Zeichen ist, $Z \in \underline{A}$; Z heißt das *Axiom* (oder: *Anfangszeichen*).

Die Relationen $\underset{G}{\rightarrow}$ und $\underset{G}{\overset{*}{\rightarrow}}$ werden wie die Relationen $\underset{S}{\rightarrow}$ und $\underset{S}{\overset{*}{\rightarrow}}$ aus Abschn. 4.2.1.2 definiert. Wenn die semi-Thue-Grammatik G eindeutig bekannt ist, darf $\rightarrow$ statt $\underset{G}{\rightarrow}$ und $\overset{*}{\rightarrow}$ statt $\underset{G}{\overset{*}{\rightarrow}}$ geschrieben werden.

Die durch die semi-Thue-Grammatik $G = (\underline{V},\underline{A},\underline{P},Z)$ *definierte Menge* wird *Sprache* genannt und ist:

$$\underline{L}_G = \{x \in \underline{V}^* | Z \overset{*}{\rightarrow} x\} \ .$$

Man sieht einfach ein, daß

$$\underline{L}_G = \{x \in \underline{V}^* | (\varepsilon,x) \in \underline{r}_{S,1}\} \ ,$$

wobei S der semi-Thue-Algorithmus

$$S = (\underline{V},\underline{A}\cup\{D\}, \underline{P}\cup\{DD \rightarrow Z\},D)$$

ist.

Der Begriff "Sprache" entspricht dem gleichlautenden Begriff aus der Theorie der formalen Sprachen; übrigens können auch alle in Abschn. 2.5 behandelten Teilmengen von $\underline{V}^*$ als Sprachen betrachtet werden.

4.2.2.3 *Beispiel*

Sei $G = (\underline{V},\underline{A},\underline{P},Z)$ eine semi-Thue-Grammatik mit

$$\underline{V} = \{a,b\} \ ,$$
$$\underline{A} = \{A,B,C\} \ ,$$
$$Z = A$$
$$\underline{P} = \{A \rightarrow aBa \ ,$$
$$B \rightarrow b \ ,$$
$$B \rightarrow aBC \ ,$$
$$Ca \rightarrow baa,$$
$$Cb \rightarrow bC\} \ ,$$

Man kann beweisen, daß die durch diese Grammatik definierte Sprache

$$\underline{L}_G = \{a^n b^n a^n | n \geq 1\}$$

ist. Daß z.B. aabbaa ein Element aus $\underline{L}_G$ ist, geht hervor aus

$$A \rightarrow aBa \rightarrow aaBCa \rightarrow aabCa \rightarrow aabbaa$$

oder aus

$$A \rightarrow aBa \rightarrow aaBCa \rightarrow aaBbaa \rightarrow aabbaa \ .$$

4.2.2.4* *Kontextfreie Grammatiken*

Eine *kontext-freie Grammatik* ist eine semi-Thue-Grammatik, bei der jede Produktion, etwa $\alpha \rightarrow \beta$, der Bedingung

$$\alpha \in \underline{A}$$

genügt. Bezüglich ihrer Eigenschaften wird auf die Theorie der formalen Sprachen verwiesen.

Übungen

4.2.2.-$\underline{1}$ Konstruiere für jede der folgenden Mengen eine $\{a,b,c\}$-semi-Thue-Grammatik:
a) $\{a^n b^m c^{m+n} | m, n \geq 0\}$;
b) $\{xcxx | x \in \{a,b\}^*\}$;
c) $\{aba^2 b^2 a^3 b^3 \ldots a^k b^k | k \geq 1\}$.

4.2.2.-$\underline{2}$ $\underline{V}$ sei ein Zeichenvorrat, c ein Zeichen, $c \notin \underline{V}$ und $\underline{W} = \underline{V} \cup \{c\}$. Zeige, daß es für jeden $\underline{V}$-semi-Thue-Algorithmus S eine $\underline{W}$-semi-Thue-Grammatik G gibt, so daß

$$\underline{L}_G = \{xcy | (x,y) \in \underline{r}_{S,1}\} \ .$$

4.2.2.-$\underline{3}$ Zeige durch Induktion, daß die semi-Thue-Grammatik G aus Abschnitt 4.2.2.3 die Sprache $\{a^n b^n a^n | n \geq 1\}$ definiert.

4.2.2.-$\underline{4}$ Beweise die folgende Eigenschaft: für jede semi-Thue-Grammatik G kann man eine semi-Thue-Grammatik G' konstruieren, so daß:

(1°) $\underline{L}_G = \underline{L}_{G'}$;
(2°) für jede Produktion $\varphi \rightarrow \psi$ von G' gilt $\varphi \notin \underline{V}^*$.

4.2.2.-$\underline{5}$ Beweise die folgende Eigenschaft: für jede semi-Thue-Grammatik G kann man eine semi-Thue-Grammatik G' = $(\underline{V},\underline{A},\underline{P},Z)$ konstruieren, so daß:

(1°) $\underline{L}_G = \underline{L}_{G'}$;
(2°) für jede Produktion $\varphi \to \psi$ aus $\underline{P}$ gilt:

entweder $\varphi \in \underline{A}^+$ und $\psi \in \underline{A}^+$

oder $\varphi \in \underline{A}$ und $\psi \in \underline{V}\cup\{\varepsilon\}$.

4.2.3. *Semi-Thue-Grammatiken und rekursiv-aufzählbare Mengen*

In diesem Abschnitt wird bewiesen, daß die semi-Thue-Grammatiken genau die rekursiv-aufzählbaren Mengen definieren. Zu diesem Beweis werden einige Hilfssätze benötigt. Der erste Hilfssatz gibt einen Algorithmus an, der für eine beliebige endliche Menge $\underline{S}$ von Worten die Menge $\underline{T}$ aller Worte konstruiert, die aus den Worten von $\underline{S}$ durch Anwendung einer einzigen Produktion erhalten werden können.

4.2.3.1 *Hilfssatz:* Es gibt einen Algorithmus, der für jede semi-Thue-Grammatik G = $(\underline{V},\underline{A},\underline{P},Z)$ und jede endliche Menge $\underline{S}$, $\underline{S} \subset (\underline{V}\cup\underline{A})^*$, die Menge

$\underline{T} = \{\psi \in (\underline{V}\cup\underline{A})^* \mid \text{es gibt } \varphi \in \underline{S}, \text{ für das } \varphi \underset{G}{\to} \psi \text{ gilt}\}$

konstruiert.

Beweis

Die Menge $\underline{T}$ ist endlich und kann wie folgt konstruiert werden.

Man betrachtet nacheinander die verschiedenen Worte der Menge $\underline{S}$.

Für jedes dieser Worte, etwa φ, betrachtet man nacheinander die verschiedenen Produktionen aus $\underline{P}$.

Für jede dieser Produktionen, etwa $\alpha \to \beta$, betrachtet man nacheinander die verschiedenen Vorkommen des Wortes α als Teilwort in dem Wort φ; wenn es keine solchen Vorkommen gibt, geht man zur nächsten Produktion über.

Für jedes dieser Vorkommen, etwa das durch

$\varphi = \omega_1\alpha\omega_2 \quad (\omega_1,\omega_2 \in (\underline{V}\cup\underline{A})^*)$

definierte, konstruiert man das Wort

$\psi = \omega_1\beta\omega_2$.

Die Menge $\underline{T}$ ist die Menge aller Worte ψ. ⌐

4.2.3.2 *Hilfssatz:* Die durch eine semi-Thue-Grammatik definierte Sprache ist eine rekursiv-aufzählbare Menge.

Beweis

Sei G = $(\underline{V},\underline{A},\underline{P},Z)$ eine semi-Thue-Grammatik und a ein Zeichen aus $\underline{V}$.
Man betrachte jetzt für diese Grammatik den folgenden Algorithmus; die-
ser Algorithmus, der mit einem beliebigen Wort x aus $\underline{V}^*$ gestartet wird,
benutzt die Variable $\underline{S}$:

Schritt (i)   : setze $\underline{S}$ zu $\{Z\}$;
Schritt (ii) : wenn $x \in \underline{S}$, halte mit dem Zeichen a als Resultat;
Schritt (iii): konstruiere die Menge

$$\underline{T} = \{\psi \in (\underline{V}\cup\underline{A})^* \mid \text{es gibt } \varphi \in \underline{S}, \text{ wofür } \varphi \underset{G}{\rightarrow} \psi \text{ gilt}\},$$

wie in Hilfssatz 4.2.3.1 gezeigt worden ist;
Schritt (iv) : setze $\underline{S}$ zu $\underline{T}$;
Schritt (v)   : gehe nach Schritt (ii).

Dieser Algorithmus definiert die a-Akzeptorfunktion der Menge $\underline{L}_G$, wie
aus den folgenden Überlegungen hervorgeht.

Wenn der Algorithmus hält (mit dem Wert a), nachdem der Schritt (ii)
n-mal durchlaufen worden ist, gibt es eine Folge von Worten

$$\omega_1,\omega_2,\ldots,\omega_n ,$$

für die gilt

$$\omega_1 = Z ,$$
$$\omega_n = x$$

und $\omega_i \underset{G}{\rightarrow} \omega_{i+1}$ für jedes i, $1 \leq i \leq n-1$;

daraus geht hervor, daß $Z \underset{G}{\overset{*}{\rightarrow}} x$, also $x \in \underline{L}_G$.

Umgekehrt, wenn $x \in \underline{L}_G$, dann gilt $Z \underset{G}{\overset{*}{\rightarrow}} x$. Es gibt also eine Folge von m
Worten, m>1,

$$\omega_1,\omega_2,\ldots,\omega_m ,$$

für die gilt

$$\omega_1 = Z ,$$
$$\omega_m = x ,$$

und $\omega_i \underset{G}{\rightarrow} \omega_{i+1}$ für jedes i, $1 \leq i \leq m-1$;

der Algorithmus wird also halten (mit dem Wert a), wenn der Schritt (ii)
zum m-ten Mal durchlaufen wird. ⌐

Im nächsten Hilfssatz wird für eine gegebene rekursiv-aufzählbare Menge $\underline{S} \subseteq \underline{V}^*$ und ein gegebenes Wort x aus $\underline{V}^*$ eine Grammatik konstruiert. Die von dieser Grammatik definierte Sprache besteht aus einem einzigen Wort, etwa a, wenn $x \in \underline{S}$, und ist die leere Menge, wenn $x \notin \underline{S}$. Eine solche Grammatik ist natürlich von einem praktischen Standpunkt aus "uninteressant"; sie besitzt aber eine gewisse Ähnlichkeit mit der Akzeptorfunktion der Menge $\underline{S}$ - wie übrigens auch aus dem Beweis des Hilfssatzes hervorgeht - und erleichtert den späteren Beweis, daß jede rekursiv-aufzählbare Menge von einer semi-Thue-Grammatik definiert werden kann.

<u>4.2.3.3 *Hilfssatz*:</u> Sei $\underline{V}$ ein Zeichenvorrat, a ein Zeichen aus $\underline{V}$ und $\underline{S}$ eine rekursiv-aufzählbare Menge, $\underline{S} \subseteq \underline{V}^*$. Für jedes Wort x aus $\underline{V}^*$ kann eine semi-Thue-Grammatik, etwa G_x, konstruiert werden, für die gilt:

$$\underline{L}_{G_x} = \{a\} \ , \ \text{wenn } x \in \underline{S}$$
und
$$\underline{L}_{G_x} = \{ \} \ , \ \text{wenn } x \in \underline{V}^*\text{-}\underline{S} \ .$$

Beweis

Sei $T = (\underline{V},\underline{Q},\underline{I},B,q_s)$ eine normalisierte Turing-Maschine mit Endzustand q_f, die die a-Akzeptorfunktion der Menge $\underline{S}$ definiert. Sei weiter x ein beliebiges Wort aus $\underline{V}^*$. Die Grammatik G_x wird so definiert, daß sie die Arbeit der Turing-Maschine T "simuliert", wenn sie mit dem Argument x gestartet wurde. Dazu setze man

$$G_x = (\underline{V}_x,\underline{A}_x,\underline{P}_x,Z_x) \ ,$$

wobei

$$\underline{V}_x = \{a\} \ ,$$
$$\underline{A}_x = (\underline{V}_B - \{a\}) \cup \underline{Q} \cup \{Z_x,D\} \ ,$$
$$\underline{P}_x = \underline{P}_{x1} \cup \underline{P}_{x2} \cup \underline{P}_{x3} \ ,$$
$$\underline{P}_{x1} = \{Z_x \to Dq_s xBD\} \ ,$$
$$\underline{P}_{x2} = \{qb \to q'b' \mid (q,b) \to (q',b',O) \in \underline{I}\}$$
$$\cup \ \{cqb \to q'cb' \mid (q,b) \to (q',b',L) \in \underline{I} \text{ und } c \in \underline{V} \cup \{B\}\}$$
$$\cup \ \{Dqb \to Dq'Bb' \mid (q,b) \to (q',b',L) \in \underline{I}\}$$
$$\cup \ \{qbc \to b'q'c \mid (q,b) \to (q',b',R) \in \underline{I} \text{ und } c \in \underline{V} \cup \{B\}\}$$
$$\cup \ \{qbD \to b'q'BD \mid (q,b) \to (q',b',R) \in \underline{I}\} \ ,$$
$$\underline{P}_{x3} = \{Bq_f \to q_f \ ,$$
$$Dq_f aB \to Dq_f a \ ,$$
$$Dq_f aD \to a\} \ .$$

Man beachte die Ähnlichkeit mit dem Markov-Algorithmus aus dem Beweis von Hilfssatz 3.2.4.2; ein Unterschied besteht in der Einführung der beiden "Endmarkierungen" D, die notwendig sind, weil eine semi-Thue-Grammatik - im Gegensatz zu einem Markov-Algorithmus - das Anfangszeichen oder das Endzeichen eines Wortes nicht lokalisieren kann; ein weiterer Unterschied besteht darin, daß das "Resultat der Berechnung" das Zeichen a ist, während es in Abschn. 3.2.4.2 irgendein Wort aus $\underline{V}^*$ ist.

Man beachte auch, daß G_x eine sehr spezielle semi-Thue-Grammatik ist, weil zu jedem Zeitpunkt höchstens eine Produktion anwendbar ist.

Aus diesen Überlegungen geht deutlich hervor, daß

$$\underline{L}_{G_x} = \{a\} \quad , \text{ wenn } f_{T,1}(x) = a, \text{ d.h. wenn } x \in \underline{S}$$

und

$$\underline{L}_{G_x} = \{ \} \quad , \text{ wenn } f_{T,1}(x) \text{ undefiniert ist, d.h. wenn } x \in \underline{V}^*\text{-S} \; . \; \rfloor$$

Der nächste Hilfssatz beweist, daß jede rekursiv-aufzählbare Menge von einer semi-Thue-Grammatik definiert werden kann.

4.2.3.4 *Hilfssatz:* Sei $\underline{V}$ ein Zeichenvorrat und $\underline{S}$ eine rekursiv-aufzählbare Menge, $\underline{S} \subseteq \underline{V}^*$. Es ist möglich, eine $\underline{V}$-semi-Thue-Grammatik, etwa G, zu konstruieren, für die $\underline{L}_G = \underline{S}$ gilt.

Beweis

Seien $T = (\underline{V},\underline{Q},\underline{I},B,q_s)$, q_f, a und, für jedes x aus $\underline{V}^*$, $G_x = (\underline{V}_x,\underline{A}_x,\underline{P}_x, Z_x)$, $\underline{P}_{x1}$, $\underline{P}_{x2}$ und $\underline{P}_{x3}$ definiert wie im Beweis des vorigen Hilfssatzes.

Die Produktionen der zu konstruierenden semi-Thue-Grammatik G bestehen im wesentlichen aus den umgekehrten Produktionen von $\underline{P}_{x2}$ und $\underline{P}_{x3}$; man beachte dabei, daß $\underline{P}_{x2}$ und $\underline{P}_{x3}$ nicht von x abhängen, d.h. daß für alle x und y aus $\underline{V}^*$:

$$\underline{P}_{x2} = \underline{P}_{y2}$$
$$\text{und} \quad \underline{P}_{x3} = \underline{P}_{y3} \; .$$

Aus technischen Gründen wird das rechte Glied a der letzten Produktion von $\underline{P}_{x3}$ durch das Zeichen Z ersetzt.

Die semi-Thue-Grammatik G wird nun definiert als

$$G = (\underline{V},\underline{A},\underline{Q},Z)$$

mit

$$\underline{A} = \underline{Q} \cup \{B,Z,D\} \ ,$$
$$\underline{P} = \underline{P}_3 \cup \underline{P}_2 \cup \underline{P}_1 \ ,$$
$$\underline{P}_3 = \{Z \to Dq_f aD \ ,$$
$$Dq_f a \to Dq_f aB \ ,$$
$$q_f \to Bq_f\} \quad ;$$
$$\underline{P}_2 = \{\psi \to \varphi | \varphi \to \psi \in \underline{P}_{x2}\}$$
$$\underline{P}_1 = \{Dq_s \to q_s\}$$
$$\cup \{q_s c \to cq_s | c \in \underline{V}\}$$
$$\cup \{q_s BD \to \varepsilon\} \ .$$

Um zu beweisen, daß $\underline{L}_G = \underline{S}$ gilt, wird erst bewiesen, daß $\underline{S} \subseteq \underline{L}_G$ und dann, daß $\underline{L}_G \subseteq \underline{S}$ ist.

Sei x ein Wort aus $\underline{S}$. Dann gilt

$$\underline{L}_{G_x} = \{a\} \ ,$$

d.h.

$$Z_x \overset{*}{\underset{G_x}{\to}} Dq_s xBD \overset{*}{\underset{G_x}{\to}} a \quad .$$

Aus $\underline{P}_3$ und $\underline{P}_2$ geht dann hervor, daß

$$Z \overset{*}{\underset{G}{\to}} Dq_s xBD \ ;$$

aus $\underline{P}_1$ geht hervor, daß

$$Dq_s xBD \overset{*}{\underset{G}{\to}} x \quad .$$

Also gilt

$$Z \overset{*}{\underset{G}{\to}} x \ ,$$

d.h. $x \in \underline{L}_{G_x}$. Somit ist bewiesen, daß $\underline{S} \subseteq \underline{L}_G$.

Sei nun y ein Wort aus $\underline{L}_G$. Dann gilt

$$Z \overset{*}{\underset{G}{\to}} y \ .$$

Da es nur eine Produktion aus $\underline{P}$ gibt, deren linkes Glied Z ist, gilt

$$Z \underset{G}{\to} Dq_f aD \overset{*}{\underset{G}{\to}} y \ .$$

Man beachte nun, daß nur die Produktion

$$q_s BD \to \varepsilon$$

aus $\underline{P}$ es ermöglicht, ein Wort, das ein Zeichen aus $\underline{Q}$ enthält, in ein Wort zu überführen, das kein Zeichen aus $\underline{Q}$ enthält; andererseits ist keine Produktion anwendbar auf ein Wort, das kein Zeichen aus $\underline{Q}\cup\{Z\}$ enthält; es gibt daher Worte u und v aus $\underline{V}^*$, für die gilt

$$Z \underset{G}{\to} Dq_f aD \overset{*}{\underset{G}{\to}} uq_s BDv \underset{G}{\to} y$$

und

$$uv = y \;.$$

Nun kann nur durch Anwendung von Produktionen aus $\underline{P}_2$ ein Wort, das das Zeichen q_f enthält, in ein Wort, das das Zeichen q_s enthält, überführt werden; da auf der anderen Seite die Produktionen aus $\underline{P}_2$ ein Wort aus $\{D\} \cdot \underline{V}_B^* \cdot \underline{Q} \cdot \underline{V}_B^* \cdot \{D\}$ in ein Wort aus $\{D\} \cdot \underline{V}_B^* \cdot \underline{Q} \cdot \underline{V}_B^* \cdot \{D\}$ transformieren, gibt es Worte s und t aus $\underline{V}_B^*$, so daß

$$Z \underset{G}{\overset{*}{\Rightarrow}} Dq_f aD \underset{G}{\overset{*}{\Rightarrow}} Dsq_s tD \underset{G}{\overset{*}{\Rightarrow}} uq_s BDv \underset{G}{\overset{*}{\Rightarrow}} y \;.$$

Da die Turing-Maschine T normalisiert ist, tritt das Zeichen q_s nicht in einem linken Glied einer Produktion aus $\underline{P}_2$ auf und kann das Wort $Dsq_s tD$ in das Wort $uq_s BDv$ nur durch Anwendung von Produktionen aus $\underline{P}_1$ überführt werden; eine genaue Untersuchung dieser Produktionen führt zu den folgenden Resultaten:

$$s = \varepsilon \;,$$
$$v = \varepsilon \;,$$
$$u = y \quad (da\ uv = y) \;,$$

und $t = yB$.

Es gilt also

$$Z \underset{G}{\overset{*}{\Rightarrow}} Dq_f aD \underset{G}{\overset{*}{\Rightarrow}} Dq_s yBD \underset{G}{\overset{*}{\Rightarrow}} yq_s BD \underset{G}{\overset{*}{\Rightarrow}} y \;.$$

Da nun, wie oben bemerkt, das Wort $Dq_f aD$ in das Wort $Dq_s yBD$ nur durch Anwendung von Produktionen aus $\underline{P}_2$ und von den beiden letzten Produktionen auf $\underline{P}_3$ überführt werden kann, gilt auch

$$Dq_s yBD \underset{G_y}{\overset{*}{\Rightarrow}} Dq_f aD \;,$$

wobei G_y die semi-Thue-Grammatik ist, die nach Hilfssatz 4.2.3.3 dem Wort y zugeordnet ist. Da

$$Z_y \underset{G_y}{\overset{*}{\Rightarrow}} Dq_s yBD$$

und

$$Dq_f aD \underset{G_y}{\overset{*}{\Rightarrow}} a \;,$$

gilt auch

$$Z_y \underset{G_y}{\overset{*}{\Rightarrow}} a \;,$$

also

$$a \in \underline{L}_{G_y} \;.$$

Aus der Definition der semi-Thue-Grammatik G_y geht hervor, daß $y \in \underline{S}$. Es gilt also $\underline{L}_G \subseteq \underline{S}$.

Aus $\underline{S} \subseteq \underline{L}_G$ und $\underline{L}_G \subseteq \underline{S}$ folgt, daß $\underline{S} = \underline{L}_G$ ist. ⌐

4.2.3.5 *Satz:* Sei $\underline{V}$ ein Zeichenvorrat und $\underline{S}$ eine Menge, $\underline{S} \subseteq \underline{V}^*$. Die Menge $\underline{S}$ ist genau dann rekursiv-aufzählbar, wenn es eine $\underline{V}$-semi-Thue-Grammatik G gibt, für die $\underline{L}_G = \underline{S}$ gilt.

Beweis

Der Satz folgt sofort aus den Hilfssätzen 4.2.3.2 und 4.2.3.4.　　　⌟

4.2.3.6 *Korollar:* Sei $\underline{V}$ ein Zeichenvorrat; es gibt $\underline{V}$-semi-Thue-Grammatiken G, für die es keinen Algorithmus gibt, der für ein beliebiges Wort x aus $\underline{V}^*$ entscheidet, ob $x \in \underline{L}_G$ oder $x \in \underline{V}^*-\underline{L}_G$.

Beweis

Der Satz folgt aus der Tatsache, daß es rekursiv-aufzählbare Teilmengen von $\underline{V}^*$ gibt, die nicht rekursiv sind.　　　⌟

4.2.3.7 *Korollar:* Sei $\underline{V}$ ein Zeichenvorrat; es gibt keinen Algorithmus, der für eine beliebige $\underline{V}$-semi-Thue-Grammatik G und ein beliebiges Wort x aus $\underline{V}^*$ entscheidet, ob $x \in \underline{L}_G$ oder $x \in \underline{V}^*-\underline{L}_G$.

Beweis

Die Existenz eines solchen Algorithmus stände in Widerspruch zu Korollar 4.2.3.6.　　　⌟

4.2.3.8* *Definition*

Das *Wortproblem* einer semi-Thue-Grammatik $G = (\underline{V},\underline{A},\underline{P},Z)$ besteht darin, für ein beliebiges Paar (φ,ψ) aus $(\underline{V}\underline{UA})^{*2}$ zu entscheiden, ob $\varphi \overset{*}{\underset{G}{\Rightarrow}} \psi$ gilt oder nicht.

4.2.3.9* *Satz:* Es gibt semi-Thue-Grammatiken, für die das Wortproblem unlösbar ist.

Beweis

Die Lösbarkeit des Wortproblems für jede semi-Thue-Grammatik stände in
Widerspruch zu Korollar 4.2.3.6.   ⌟

4.2.4.* ε-freie semi-Thue-Grammatiken

Es wird nun ein relativ "uninteressanter" Satz bewiesen, der aber in
einem Beweis in Abschn. 4.2.6 benötigt wird. Er besagt, daß man auf den
Gebrauch von Produktionen verzichten kann, bei denen ein Glied das leere Wort ist - vorausgesetzt, daß man nur Sprachen betrachtet, die das
leere Wort nicht enthalten. Zuvor muß noch eine Definition erfolgen.

4.2.4.1 *Definition*

Eine semi-Thue-Grammatik $(\underline{V},\underline{A},\underline{P},Z)$ heißt *ε-frei*, wenn

$$\underline{P} \subseteq (\underline{V} \cup \underline{A})^{+2}$$

(statt $\underline{P} \subseteq (\underline{V} \cup \underline{A})^{*2}$) gilt.

4.2.4.2 *Satz:* Sei $\underline{V}$ ein Zeichenvorrat und $\underline{S}$ eine rekursiv-aufzählbare
Menge, $\underline{S} \subseteq \underline{V}^*$. Es ist möglich, eine ε-freie $\underline{V}$-semi-Thue-
Grammatik, etwa H, zu konstruieren, so daß $\underline{L}_H = \underline{S} \setminus \{ε\}$.

Beweis

Man erhält die gewünschte semi-Thue-Grammatik H, indem man in der semi-
Thue-Grammatik G aus dem Beweis von Hilfssatz 4.2.3.4 die Produktion

$$q_s BD \rightarrow ε$$

aus $\underline{P}_1$ durch die Produktionen aus

$$\{a q_s BD \rightarrow a \mid a \in \underline{V}\}$$

ersetzt.   ⌟

4.2.4.3 *Korollar:* Sei $\underline{V}$ ein Zeichenvorrat; es gibt keinen Algorithmus,
der für eine beliebige ε-freie semi-Thue-Grammatik G
und ein beliebiges Wort x aus $\underline{V}^*$ entscheidet, ob
$x \in \underline{L}_G$ oder $x \in \underline{V}^* - \underline{L}_G$.

Beweis

Sei $\underline{S} \subseteq \underline{V}^*$ eine Menge, die rekursiv-aufzählbar, aber nicht rekursiv ist. Dann ist die Menge $\underline{S} \setminus \{\varepsilon\}$ ebenfalls rekursiv-aufzählbar und nicht rekursiv. Der Satz folgt aus der Existenz einer ε-freien semi-Thue-Grammatik G, für die $\underline{L}_G = \underline{S} \setminus \{\varepsilon\}$ gilt. $\quad\lrcorner$

4.2.5. *Weiterentwicklung der Theorie*

Die Theorie der semi-Thue-Algorithmen und der semi-Thue-Grammatiken kann ähnlich wie für Turing-Maschinen, rekursive Funktionen oder Markov-Algorithmen weitergeführt werden.

Für semi-Thue-Algorithmen ist es z.B. möglich:

(1°) den Begriff der Wortbeschreibung eines semi-Thue-Algorithmus einzuführen;

(2°) einen universellen $\underline{V}$-semi-Thue-Algorithmus, etwa U, zu konstruieren, der jeden $\underline{V}$-semi-Thue-Algorithmus "simulieren" kann; genauer ausgedrückt, für jedes $n \in \underline{N}$, $n \geq 1$, gilt:

$$\underline{r}_{U,n+1} = \{((x,y_1,y_2,\ldots,y_n),z) \in \underline{V}^{*n+1} \times \underline{V}^* \mid x \text{ ist eine } \underline{V}\text{-Beschrei-}$$
$$\text{bung eines } \underline{V}\text{-semi-Thue-Algorithmus , etwa S, und}$$
$$((y_1,y_2,\ldots,y_n),z) \in \underline{r}_{S,n}\} \; .$$

Für semi-Thue-Grammatiken ist es z.B. möglich:

(1°) den Begriff der Wortbeschreibung einer semi-Thue-Grammatik einzuführen;

(2°) einen "universellen" $\underline{V}$-semi-Thue-Algorithmus, etwa US, zu konstruieren, der jede $\underline{V}$-semi-Thue-Grammatik "simulieren" kann; genauer ausgedrückt, der semi-Thue-Algorithmus US ist so konstruiert, daß

$$\underline{r}_{US,1} = \{(x,y) \in \underline{V}^{*2} \mid x \text{ ist eine } \underline{V}\text{-Beschreibung einer } \underline{V}\text{-semi-Thue-}$$
$$\text{Grammatik, etwa G, und } y \in \underline{L}_G\};$$

(3°) eine "universelle" $(\underline{V} \cup \{C\})$-semi-Thue-Grammatik, etwa UG, zu konstruieren, die jede $\underline{V}$-semi-Thue-Grammatik im folgenden Sinn simuliert:

$$\underline{L}_{UG} = \{xCy \mid x \in \underline{V}^*, \; y \in \underline{V}^*, \; x \text{ ist eine } \underline{V}\text{-Beschreibung einer } \underline{V}\text{-semi-}$$
$$\text{Thue-Grammatik G und } y \in \underline{L}_G\} \; ;$$

dabei ist C ein Zeichen, $C \notin \underline{V}$;

(4°) zu beweisen, daß die Menge

$$\{(x,y) \in \underline{V}^{*2} \mid x \text{ und } y \text{ sind } \underline{V}\text{-Beschreibungen von } \underline{V}\text{-semi-Thue-Gramma-}$$
$$\text{tiken, etwa G und H, und } \underline{L}_G = \underline{L}_H\}$$

nicht rekursiv-aufzählbar ist.

Übungen

4.2.5.-**1** Zeige, daß die Menge

    {g|g ist eine V-Beschreibung einer semi-Thue-Grammatik G
      und $\varepsilon \in \underline{L}_G$}

    nicht rekursiv ist.

4.2.5.-**2** Zeige, daß die Menge

    {g|g ist eine V-Beschreibung einer semi-Thue-Grammatik G
      und $\underline{L}_G$ = { }}

    nicht rekursiv-aufzählbar ist.

4.2.6.* *Das Korrespondenzproblem von Post*

4.2.6.1 *Einleitung*

Das Korrespondenzproblem von Post ist ein "Spiel" mit Worten, dessen
Bedeutung aus den folgenden beiden Tatsachen hervorgeht. Erstens führt
es auf ein unlösbares Problem, obschon es sich nicht auf "allgemeine
Mechanismen" wie Turing-Maschinen oder semi-Thue-Grammatiken beruft.
Zweitens kann in der Theorie der formalen Sprachen die Unlösbarkeit
eines Problems oft durch Zurückführung auf das Korrespondenzproblem
von Post gezeigt werden.

Die Unlösbarkeit des Korrespondenzproblems wird hier mit Hilfe von semi-Thue-Grammatiken bewiesen. Vorher wird aber das Problem genau definiert.

4.2.6.2 *Das Problem*

Sei V ein Zeichenvorrat und

    $\underline{C} = \{(x_1,y_1),(x_2,y_2),\ldots,(x_n,y_n)\}$,
      wobei $n \geq 1$ und $(x_i,y_i) \in \underline{V}^{+2}$ für jedes i, $1 \leq i \leq n$

eine endliche nicht-leere Menge von Paaren nicht-leerer Worte.

Das *Korrespondenzproblem von Post (für die Menge C)* besteht darin, eine
Folge von Elementen aus C

    $(x_{i_1},y_{i_1}),(x_{i_2},y_{i_2}),\ldots,(x_{i_p},y_{i_p})$

196

wobei $p \geq 1$ und $1 \leq i_j \leq n$ für jedes j, $1 \leq j \leq p$

zu finden, für die gilt

$$x_{i_1} x_{i_2} \ldots x_{i_p} = y_{i_1} y_{i_2} \ldots y_{i_p} \quad .$$

Die Folge

$$(x_{i_1}, y_{i_1}), (x_{i_2}, y_{i_2}), \ldots, (x_{i_p}, y_{i_p})$$

heißt dann eine *Lösung* des Korrespondenzproblems für $\underline{C}$; das Wort $x_{i_1} x_{i_2} \ldots x_{i_p}$ heißt das *Lösungswort* dieser Lösung.

Man beachte, daß das Korrespondenzproblem für eine gegebene Menge $\underline{C}$ entweder keine oder unendliche viele Lösungen hat; denn wenn

$$(x_{i_1}, y_{i_1}), (x_{i_2}, y_{i_2}), \ldots, (x_{i_p}, y_{i_p})$$

eine Lösung ist, dann ist

$$(x_{i_1}, y_{i_1}), (x_{i_2}, y_{i_2}), \ldots, (x_{i_p}, y_{i_p}), (x_{i_1}, y_{i_1}), (x_{i_2}, y_{i_2}), \ldots, (x_{i_p}, y_{i_p})$$

ebenfalls eine Lösung.

4.2.6.3 *Beispiele*

(1°) Sei

$$\underline{V} = \{a, b\}$$

und

$\underline{C} = \{(ababb, a),$	(1)
(a, aba) ,	(2)
$(ab, bab)\}$.	(3)

Eine Lösung für das Korrespondenzproblem ist dann die Folge

$$(ababb, a), (ab, bab), (ab, bab), (a, aba) \quad .$$

Diese Lösung kann wie folgt dargestellt werden:

```
x :  ┌─────1─────┐ ┌─3─┐ ┌─3─┐ ┌2┐
       a b a b b  b a b  a b a
     └─┘└───┘ └───┘ └───┘
y : 1    3       3      2
```

(2°) Sei

$$\underline{V} = \{a, b\}$$

und

$$\underline{C} = \{(a, ba), (bab, bbaa), (a, aa)\} \quad .$$

Das Korrespondenzproblem für $\underline{C}$ hat keine Lösung, weil

$$l(x_i) < l(y_i)$$

für jedes i, $1 \leq i \leq 3$, also auch

$$l(x_{i_1} x_{i_2} \ldots x_{i_p}) < l(y_{i_1} y_{i_2} \ldots y_{i_p})$$

für jede Folge

$$(x_{i_1}, y_{i_1}), (x_{i_2}, y_{i_2}), \ldots, (x_{i_p}, y_{i_p}) \ .$$

<u>4.2.6.4 *Eine Konstruktion*</u>

Es wird nun eine Menge eingeführt, die im Beweis der beiden nachfolgenden Hilfssätze benutzt wird.

Sei $\underline{V}$ ein Zeichenvorrat, $G = (\underline{V}, \underline{A}, \underline{P}, Z)$ eine ε-freie semi-Thue-Grammatik und x ein Wort aus $\underline{V}^*$. Die folgende Konstruktion ordnet dem Paar (G, x) eine Menge von Paaren $\underline{C}_{G,x}$ zu.

Man ordne zunächst jedem Zeichen $a \in \underline{V}\underline{A}$ ein Zeichen $\bar{a} \notin \underline{V}\underline{A}$ zu. Wenn φ ein Wort aus $(\underline{V}\underline{A})^*$ ist, stelle die Notation $\bar{\varphi}$ das Wort dar, das aus φ erhalten wird, wenn man jedes seiner Zeichen, etwa a, durch das Zeichen $\bar{a}$ ersetzt. Man setze dann

$$\underline{W} = \underline{V} \cup \underline{A} \cup \{\bar{a} \mid a \in \underline{V}\underline{A}\} \cup \{C, \bar{C}, D\} \ .$$

Die Menge $\underline{C}_{G,x}$ ist eine endliche Menge von Paaren aus $\underline{W}^{+2}$, nämlich

$$
\begin{aligned}
\underline{C}_{G,x} = &\ \{(D, DZC)\} & (1) \\
&\cup \{(\bar{C}xD, D)\} & (2) \\
&\cup \{(\varphi, \bar{\psi}) \mid \varphi \to \psi \in \underline{P}\} & (3) \\
&\cup \{(\bar{\varphi}, \psi) \mid \varphi \to \psi \in \underline{P}\} & (4) \\
&\cup \{(a, \bar{a}) \mid a \in \underline{V}\underline{A}\} & (5) \\
&\cup \{(\bar{a}, a) \mid a \in \underline{V}\underline{A}\} & (6) \\
&\cup \{(C, \bar{C})\} & (7) \\
&\cup \{(\bar{C}, C)\} \ . & (8)
\end{aligned}
$$

In den beiden folgenden Hilfssätzen wird bewiesen, daß das Korrespondenzproblem für $\underline{C}_{G,x}$ genau dann eine Lösung hat, wenn $x \in \underline{L}_G$.

<u>4.2.6.5 *Hilfssatz:*</u> Seien $\underline{V}$, G, x und $\underline{C}_{G,x}$ definiert wie in Abschn. 4.2.6.4. Wenn x ein Element aus $\underline{L}_G$ ist, dann hat das Korrespondenzproblem für $\underline{C}_{G,x}$ eine Lösung.

Beweis

Wenn x ein Element aus $\underline{L}_G$ ist, gibt es eine Folge von Worten aus $(\underline{V}\underline{U}\underline{A})^*$

$$\omega_1, \omega_2, \ldots, \omega_n \quad (n>1) \ ,$$

für die gilt

$$\omega_1 = Z \ ,$$
$$\omega_n = x \ ,$$
$$\omega_i \to \omega_{i+1} \quad \text{für jedes i, } 1 \leq i \leq n-1 \ ;$$

m.a.W., es gibt Worte $\alpha_i, \beta_i, \varphi_i$ und ψ_i aus $(\underline{V}\underline{U}\underline{A})^*$, $1 \leq i \leq n-1$, so daß

$$Z = \alpha_1 \varphi_1 \beta_1 \quad (\text{also } \alpha_1 = \beta_1 = \varepsilon, \ \varphi_1 = Z) \ ,$$
$$x = \alpha_{n-1} \psi_{n-1} \beta_{n-1} \ ,$$
$$\alpha_i \psi_i \beta_i = \alpha_{i+1} \varphi_{i+1} \beta_{i+1} \quad \text{für jedes i, } 1 \leq i \leq n-2$$

und $\quad \varphi_i \to \psi_i \quad$ für jedes i, $1 \leq i \leq n-1$.

Man unterscheidet zwei Fälle, je nachdem ob n gerade oder ungerade ist. Für ungerades n betrachte man das Wort

$$1 = D\omega_1 C\bar{\omega}_2 \bar{C}\omega_3 C \ldots C\bar{\omega}_{n-1} \bar{C}\omega_n D \ ;$$

m.a.W.:

$$1 = DZC\bar{\alpha}_2 \bar{\varphi}_2 \bar{\beta}_2 \bar{C}\alpha_3 \varphi_3 \beta_3 C \ldots C\bar{\alpha}_{n-1} \bar{\varphi}_{n-1} \bar{\beta}_{n-1} \bar{C} \quad x \quad D$$
$$= DZC \ \bar{\psi}_1 \ \bar{C}\alpha_2 \psi_2 \beta_2 C \ldots C\bar{\alpha}_{n-2} \bar{\psi}_{n-2} \bar{\beta}_{n-2} \bar{C}\alpha_{n-1} \psi_{n-1} \beta_{n-1} D \ .$$

Dieses Wort ist das Lösungswort einer Lösung des Korrespondenzproblems für $\bar{C}_{G,x}$, die wie folgt dargestellt werden kann:

```
   1 376*4 6*8 ...       ... 7 6*   4    6*        2
   ⌐⌐⌐⌐⌐⌐ ⌐⌐⌐           ⌐⌐⌐  ⌐⌐  ⌐⌐     ⌐⌐⌐⌐

   DZCᾱ₂φ̄₂β̄₂C̄α₃φ₃β₃C ... Cᾱₙ₋₁φ̄ₙ₋₁β̄ₙ₋₁C̄    x        D

 = DZC  ψ̄₁· C̄α₂ψ₂β₂C ... Cᾱₙ₋₂ψ̄ₙ₋₂β̄ₙ₋₂C̄αₙ₋₁ψₙ₋₁βₙ₋₁D
   ⌊⌋⌊__⌋⌊⌋⌊⌋⌊⌋⌊⌋⌊⌋          ⌊⌋⌊__⌋⌊⌋⌊⌋⌊⌋⌊⌋
    1   3    76*4 6*8 ...            ...7 6*  4   6* 2
```

In dieser Darstellung entsprechen die Zahlen 1,2,7 und 8 den betreffenden Paaren aus $\underline{C}_{G,x}$. Die Zahlen 3 und 4 entsprechen einem Paar aus der betreffenden Teilmenge von $\underline{C}_{G,x}$, z.B. dem Paar $(\bar{\varphi}_2, \psi_2)$; jedes dieser Paare "simuliert" die Anwendung einer Produktion. Schließlich entsprechen 5* bzw. 6* einer Folge von Paaren aus der betreffenden Teilmenge von $\underline{C}_{G,x}$, z.B. der Folge

$$(\bar{a}, a), (\bar{b}, b), (\bar{a}, a) \ ,$$

wenn $\alpha_2 = aba$; jede dieser Folgen "simuliert" das Kopieren eines Wortes α_i oder β_i, $1 \leq i \leq n-1$.

Für n gerade bildet das Wort

$$l' = D\omega_1 C \; \bar{\omega}_2 \; \bar{C} \; \omega_3 \; C\ldots\bar{C} \quad \omega_{n-1} \quad C \quad \bar{\omega}_n \quad \bar{C}\omega_n D$$

$$= DZ \; C\bar{\alpha}_2\bar{\varphi}_2\bar{\beta}_2\bar{C}\alpha_3\varphi_3\beta_3 C\ldots\bar{C}\alpha_{n-1}\varphi_{n-1}\beta_{n-1} C \quad \bar{x} \quad \bar{C}x\,D$$

$$= DZ \; C \quad \bar{\psi}_1 \quad \bar{C}\alpha_2\psi_2\beta_2 C\ldots\bar{C}\alpha_{n-2}\psi_{n-2}\beta_{n-2} C\bar{\alpha}_{n-1}\bar{\psi}_{n-1}\bar{\beta}_{n-1}\bar{C}x\,D$$

das Lösungswort einer Lösung, die wie folgt dargestellt werden kann:

$$
\begin{array}{l}
\overset{\displaystyle 1\,3\,7\,6*4\quad 6*8 \qquad\qquad\qquad 8\ \ 5*\quad 3\quad\ 5*\ 7\qquad\quad 6*\qquad\qquad 2}{\mathrm{DZC}\bar{\alpha}_2\bar{\varphi}_2\bar{\beta}_2\bar{C}\alpha_3\varphi_3\beta_3 C\ldots\bar{C}\alpha_{n-1}\varphi_{n-1}\beta_{n-1}C \qquad \bar{x} \qquad\quad \bar{C}\ x\ D} \\[2em]
= \underset{\displaystyle 1\quad\ 3\quad\ \ 76*4\ \ 6*8 \qquad\qquad\qquad\qquad\quad 8\ \ 5*\quad 3\quad\ \ 5*\ 7\ 6*2}{\mathrm{DZC}\quad \bar{\psi}_1\quad \bar{C}\alpha_2\psi_2\beta_2 C\ldots\bar{C}\alpha_{n-2}\psi_{n-2}\beta_{n-2}C\bar{\alpha}_{n-1}\bar{\psi}_{n-1}\bar{\beta}_{n-1}\bar{C}\ x\ D}
\end{array}
$$

In dieser Darstellung sind die Zahlen wie für den vorigen Fall zu interpretieren. Diese Lösung unterscheidet sich von der Lösung für den vorigen Fall nur durch das zusätzliche Auftreten von 7 und 6*, die das Wort $C\bar{x}$ in das Wort $\bar{C}x$ überführen.

In beiden Fällen – n gerade und n ungerade – gibt es also eine Lösung des Korrespondenzproblems für $\underline{C}_{G,x}$. ⌐

4.2.6.6 *Hilfssatz:* Seien $\underline{V}$, G, x und $\underline{C}_{G,x}$ definiert wie in Abschn. 4.2.6.4. Wenn das Korrespondenzproblem für $\underline{C}_{G,x}$ eine Lösung hat, ist x ein Element aus $\underline{L}_G$.

Beweis

Man nehme an, daß das Korrespondenzproblem für $\underline{C}_{G,x}$ eine Lösung hat. Da nun für jedes Paar (y,z) aus $\underline{C}_{G,x}$

$$\mathrm{head}(y) \neq \mathrm{head}(z)$$

ist, außer für das Paar

$$(D,DZC)\ ,$$

ist dieses Paar das erste Paar in der Lösung des Korrespondenzproblems. Da ähnlich

$$\mathrm{tail}(y) \neq \mathrm{tail}(z)$$

ist, außer für das Paar

$$(\bar{C}xD,D)\ ,$$

ist dieses Paar das letzte in der Lösung. Da nun außerdem das Zeichen D nur in diesen beiden Paaren auftritt, ist das Lösungswort der Lösung ein Wort

$$\theta = DZC\varphi_1\bar{C}xDDZC\varphi_2\bar{C}xD...DZC\varphi_k\bar{C}xD \ ,$$

wobei $k\geq1$ und $\varphi_i \in (\underline{W}-\{D\})^+$ für jedes i, $1\leq i\leq k$. Jedes der k Teilworte etwa

$$\theta_i = DZC\varphi_i\bar{C}xD \ ,$$

ist also auch das Lösungswort einer Lösung des Korrespondenzproblems.

Nun geht aus der Form der Paare von $\underline{C}_{G,x}$ (und aus Überlegungen, ähnlich wie beim Beweis des vorigen Hilfssatzes) hervor, daß

$$\theta_i = D\omega_1 C\bar{\omega}_2\bar{C}\omega_3 C...C\bar{\omega}_{2p}\bar{C}\omega_{2p+1}D,$$

wobei $p\geq1$, $\omega_i \in (\underline{V}\cup\underline{A})^*$ für jedes i, $1\leq i\leq 2p+1$, $\omega_1 = Z$ und $\omega_{2p+1} = x$. Dabei gilt

$$\omega_i \overset{*}{\rightarrow} \omega_{i+1} \quad \text{für jedes i, } 1\leq i\leq 2p \ ,$$

weil ω_i nur mit Paaren von Typ (5) und (3) (oder (6) und (4)) in ω_{i+1} überführt werden kann: deshalb ist entweder $\omega_i = \omega_{i+1}$ (wenn nur Paare von Typ (5) oder (6) angewandt werden) oder ω_i kann in ω_{i+1} überführt werden durch Anwendung von q Produktionen, $q\geq1$ (wenn q Paare von Typ (3) oder (4) und eine bestimmte Anzahl von Paaren von Typ (5) oder (6) angewandt werden).

Es gilt also

$$\omega_1 \overset{*}{\rightarrow} \omega_{2p+1} \ ,$$

d.h.

$$Z \overset{*}{\rightarrow} x \ ,$$

also

$$x \in \underline{L}_G \ . \qquad\qquad \lrcorner$$

4.2.6.7 *Eine weitere Konstruktion*

Aus den vorigen Hilfssätzen könnte schon die Unlösbarkeit des Korrespondenzproblems für den in Abschn. 4.2.6.4 eingeführten Zeichenvorrat $\underline{W}$ abgeleitet werden. Hier soll aber die Unlösbarkeit des Korrespondenzproblems für beliebige, mindestens zweielementige Zeichenvorräte bewiesen werden. Dazu wird jetzt eine weitere Menge $\underline{D}_{G,x}$ eingeführt.

$\underline{W}$ und $\underline{C}_{G,x}$ seien definiert wie in Abschn. 4.2.6.4, A sei eine Abzählung von $\underline{W}$ und $\underline{X} = \{a,b\}$ sei ein Zeichenvorrat mit zwei Zeichen.

Man nenne jetzt $\underline{D}_{G,x} \subset \underline{X}^{+2}$ die endliche Menge von Paaren, die man erhält, wenn in $\underline{C}_{G,x}$ jedes Zeichen $c \in \underline{W}$ durch das Wort

$$ba^{\bar{A}(c)}b$$

ersetzt wird; dabei bezeichnet $\bar{A}$ die inverse Funktion der Abzählung A. Der nächste Hilfssatz zeigt, daß $\underline{C}_{G,x}$ und $\underline{D}_{G,x}$ sich bzgl. des Korrespondenzproblems ähnlich verhalten.

__4.2.6.8 *Hilfssatz*:__ Das Korrespondenzproblem von Post für die Menge $\underline{D}_{G,x}$ hat genau dann eine Lösung, wenn $x \in \underline{L}_G$.

Beweis

Aus der Konstruktion von $\underline{D}_{G,x}$ geht hervor, daß das Korrespondenzproblem für $\underline{D}_{G,x}$ genau dann eine Lösung hat, wenn das Korrespondenzproblem für $\underline{C}_{G,x}$ eine Lösung hat. Der Hilfssatz folgt dann aus den Hilfssätzen 2.4.6.5 und 2.4.6.6. ⌟

__4.2.6.9 *Satz*:__ Sei $\underline{V}$ ein Zeichenvorrat mit wenigstens zwei Zeichen. Es gibt keinen Algorithmus, der für eine beliebige endliche Menge $\underline{C}$, $\underline{C} \subset \underline{V}^{+2}$, entscheidet, ob das Korrespondenzproblem für diese Menge $\underline{C}$ eine Lösung hat oder nicht.

Beweis

Aus Hilfssatz 4.2.6.8 und aus der Tatsache, daß $\underline{D}_{G,x} \subset \underline{X}^{+2}$ mit card$(\underline{X})$ = 2 ist, geht hervor, daß die Existenz eines solchen Algorithmus in Widerspruch zu Korollar 4.2.4.3 stände. ⌟

Übungen

4.2.6.-__1__ Zeige, daß das Korrespondenzproblem von Post für die Menge

$\{(10,101),(10,010),(011,11),(101,011)\}$

keine Lösung hat.

4.2.6.-__2__ Sei $\underline{V}$ ein Zeichenvorrat mit einem Zeichen. Zeige, daß es einen Algorithmus gibt, der für eine beliebige endliche Menge $\underline{C}$, $\underline{C} \subset \underline{V}^{+2}$, entscheidet, ob das Korrespondenzproblem von Post für diese Menge $\underline{C}$ eine Lösung hat oder nicht.

Eine Schlußbemerkung

Die Algorithmentheorie, die in diesem Buch behandelt wurde, führt Formalismen ein, die eine formale Definition des intuitiven Begriffes "Algorithmus" darstellen, und befaßt sich mit ihren Eigenschaften. Diese Formalismen sind elementar, so daß ihre Übereinstimmung mit dem intuitiven Begriff einleuchtet. Es gibt zwei Theorien, die mit der Algorithmentheorie verwandt sind und die nun kurz besprochen werden.

Die *Theorie der Programmierung* (engl.: Theory of computation) - eine Theorie, die erst im Entstehen ist, die aber in den letzten Jahren viele interessante Anstöße erhalten hat - befaßt sich ebenfalls mit Algorithmen. Die in dieser Theorie eingeführten Formalismen, wie z.B. die if-then-else-Konstruktion, haben ihren Ursprung in den Programmiersprachen und sind daher weniger elementar als die der Algorithmentheorie. Eines der wichtigsten Ziele der Theorie der Programmierung ist es, Methoden zu entwickeln, die es ermöglichen - unter bestimmten Bedingungen - Eigenschaften, wie z.B. die Korrektheit eines Programms, zu beweisen.

Die *Automatentheorie* und die *Theorie der formalen Sprachen* sind wohl etablierte Theorien. Sie befassen sich mit Formalismen, die nicht immer so allgemein sind wie die der Algorithmentheorie. In der Automatentheorie werden z.B. Kellerautomaten eingeführt; diese Automaten sind spezielle Turing-Maschinen und können nur eine Teilmenge der berechenbaren Funktionen definieren. In der Theorie der formalen Sprachen werden z.B. die kontextfreien Grammatiken studiert, die - wie schon erwähnt - einen Spezialfall der semi-Thue-Grammatiken darstellen und die nur eine Teilmenge der Menge aller rekursiven Mengen definieren können. Die Automatentheorie und die Theorie der formalen Sprachen werden u.a. bei der Definition von Programmiersprachen und bei der Konstruktion von Übersetzern für Programmiersprachen benutzt.

Literatur

Bücher, die dieselben Ziele verfolgen wie das vorliegende sind [1] und
[2]. Dabei führt [1] den Begriff Algorithmus mit Hilfe einer elementaren Programmiersprache ein; es behandelt außerdem einige der Algorithmentheorie verwandte Themen und ist auch schon aus diesem Grund als Er-
gänzung zu diesem Buch sehr empfehlenswert. In [2] schließt das Studium
der Algorithmentheorie an die Theorie der formalen Systeme an. Eine ori-
ginelle Behandlung der Algorithmentheorie findet man in [3].

Der erste Teil von [4] stellt eine gute, aber kurze Einführung in die
Algorithmentheorie dar. In konzentrierter Form wird das Thema auch in
[5] behandelt. Das Buch [6] kann zum intuitiven Verständnis behilflich
sein.

Bücher, die mehr der mathematischen Logik zugewandt sind, sind [7],[8],
[9],[10] und [11]; dabei handelt es sich bei den ersten drei um Stan-
dardwerke; [10] ist ausführlich und [11] bietet in seinem ersten Teil
eine klare Behandlung der Theorie der rekursiven Funktionen.

Ältere Werke sind [12] und [13].

Ein klassisches Werk, das einer Weiterführung der Algorithmentheorie
gewidmet ist, ist [14]. In [15] wird über die Algorithmentheorie hinaus
die Theorie der Programmierung behandelt.

[1]   W.S. Brainerd, L.H Landweber, *Theory of Computation*, J. Wiley,
      New York, 1974.

[2]   N.D. Jones, *Computability Theory*, Academic Press, New York, 1973.

[3]   E. Engeler, *Introduction to the Theory of Computation*, Academic
      Press, New York, 1973.

[4]   R. Kurki-Suonio, *Computability and Formal Languages*, Auerbach
      Publ., Princeton (N.J.), 1971.

[5]   M.A. Arbib, *Theories of Abstract Automata*, Prentice-Hall, Engle-
      wood Cliffs, 1969.

[6] M. Minsky, *Computation: Finite and Infinite Machines*, Prentice-Hall, Englewood Cliffs, 1967.

[7] S.C. Kleene, *Introduction to Metamathematics*, North-Holland Publ. Co., Amsterdam, 1952.

[8] M. Davis, *Computability and Unsolbability*, McGraw-Hill, New York, 1958.

[9] A.I. Malcev, *Algorithmen und rekursive Funktionen*, Vieweg, Braunschweig, 1974 (Übersetzung aus dem Russischen).

[10] H. Hermes, *Aufzählbarkeit, Entscheidbarkeit, Berechenbarkeit*, Heidelberger Taschenbücher, Springer-Verlag (2. Auflage), 1971.

[11] A. Yasuhara, *Recursive Function Theory and Logic*, Academic Press, New York, 1971.

[12] M. Gross, A. Lentin, *Notions sur les grammaires formelles*, Gauthier-Villars, Paris, 1967.

[13] W. Brauer, K. Indermark, *Algorithmen, rekursive Funktionen und formale Sprachen*, Bibliographisches Institut, Mannheim, 1968.

[14] H. Rogers, *Theory of Recursive Functions and Effective Computability*, McGraw-Hill, New York, 1967.

[15] Z. Manna, *Mathematical Theory of Computation*, McGraw-Hill, New York, 1974.

Lösungen und Lösungshinweise der wichtigsten Übungen

1.2.2.-**1**   a) $\bar{G}(x,y) = x + \sum\limits_{i=0}^{x+y} i$.

b) $G_1(z) = z - \frac{n}{2} \cdot (n+1)$, $G_2(z) = n - (z - \frac{n}{2} \cdot (n+1))$,
wobei $n = $ entier $(-\frac{1}{2} + \sqrt{\frac{1}{4} + 2z}\,)$.

1.2.2.-**2**   Wenn E_n eine Abzählung von $\underline{N}^n$ ist, dann ist E_{n+1} eine Abzäh-lung von $\underline{N}^{n+1}$:

$$E_{n+1}(O) = (O, E_n(O))$$

$$E_{n+1}(m) = \begin{cases} (O, E_n(p+1)) & \text{wenn } E_{n+1}(m-1) = (p, E_n(O)) \\ (p+1, E_n(q-1)) & \text{wenn } E_{n+1}(m-1) = (p, E_n(q)) \end{cases} .$$

1.2.2.-**3**   a) $E(n) = (-1)^n \times ((n+1):2)$; b) $\underline{N}^2$ ist abzählbar.

1.2.2.-**4**   Wenn $2^{\underline{N}}$ abzählbar ist, dann gibt es eine Liste $\underline{S}_1, \underline{S}_2, \underline{S}_3, \cdots$.
Setze $\underline{U} = \{i \in \underline{N} \mid i \notin \underline{S}_i\}$ und sei j definiert durch $\underline{U} = \underline{S}_j$. Die
Frage, ob $j \in \underline{U}$, führt zu einem Widerspruch (Diagonalisierungs-verfahren).

1.2.2.-**5**   Diagonalisierungsverfahren.

1.2.6.-**1**   Die Menge aus Satz 1.2.2.3 ist eine Teilmenge.

1.2.6.-**2**   Mit Hilfe der Abzählungen von $\underline{S}$ und dessen Elementen konstru-iere man eine Funktion $A : \underline{N} \twoheadrightarrow \underline{R}$.

1.2.6.-**3**   Für $\underline{A}$ endlich gilt $\underline{A} = \underline{B}$; für $\underline{A}$ unendlich betrachte man die Funktion $f : \underline{N} \twoheadrightarrow \underline{N} - \{O\}: f(x) = x+1$.

1.2.6.-**4**   Wie Abschn. 1.2.2.3 mit $K : \underline{N} \to \underline{S} : K(x) = y$, wobei $y \neq F_x(x)$.

1.3.1.-**1**   a) $VN(a_1 a_2 \ldots a_k) = \sum\limits_{i=1}^{k} (\bar{A}(a_i)+1) \times (\text{card}(\underline{V}))^{k-i}$

b) $E(a_1 a_2 \ldots a_k) = \sum\limits_{i=1}^{k} (\bar{A}(a_i)) \times (\text{card}(\underline{V}))^{k-i}$.

1.3.1.-**2**   a) Inverse Funktion von F .

b) $\{6,3,2,O\}$, denn die binäre Notation von 77 ist 1001101.

206

    c) $\underline{U} \notin \underline{S}_N$.

    d) Komposition mit NV .

1.3.2.-$\underline{1}$ $NnN(x_1,\ldots,x_n) = s_n$, wobei $s_1,s_2,\ldots,s_n$ rekursiv definiert sind durch:

$$s_1 = x_n \ ,$$
$$s_k = \tfrac{1}{2}(x_{n-k+1}+s_{k-1}+1)(x_{n-k+1}+s_{k-1})+x_{n-k+1} \quad (k\geq 2)$$

1.3.2.-$\underline{2}$ $NN3_1(z) = z - \tfrac{1}{2}n(n+1)$,

        $NN3_2(z) = z' - \tfrac{1}{2}n'(n'+1)$,

        $NN3_3(z) = n' - (z'-\tfrac{1}{2}n'(n'+1))$, wobei

        $n = \text{entier} \ (-\tfrac{1}{2} + \sqrt{\tfrac{1}{4}+2z}\,)$,

        $n' = \text{entier} \ (-\tfrac{1}{2} + \sqrt{\tfrac{1}{4}+2z'}\,)$,

        $z' = n-(z - \tfrac{1}{2}n(n+1))$.

1.3.2.-$\underline{4}$ $(\underline{V},A)$ sei ein Alphabet. Man ordne jeder Zeichenreihe

        $\alpha = a_0 a_1 a_2 \ldots a_i \ldots$

        die Funktion $f_\alpha : \underline{N} \to \underline{N} : f_\alpha(i) = \bar{A}(a_i)$ zu. Man wende Übung 1.2.6.-$\underline{4}$ an.

1.3.3.-$\underline{1}$ a) a^9; b) aaa; c) (a,aa); d) a^7; e) aaaa; f) $(a,\varepsilon,\varepsilon,\varepsilon,\varepsilon,a)$; g) (aaaa,a).

1.3.5.-$\underline{1}$ $nconck(n,m) = (card(\underline{V}))^k . n+m$.

1.3.5.-$\underline{2}$ a) $f_1(n) = (n-1)-((n-1):2)\times 2 + 1$.

        b) $f_2(a^n) = a^{n+1}$.

        c) $f_3(x) = \begin{cases} a^{k+1} & \text{wenn } x = b^k,\ k \in \underline{N} \\ yba^k & \text{wenn } x = yab^k,\ y \in \underline{V}^*,\ k \in \underline{N} \end{cases}$.

1.3.5.-$\underline{3}$ $conc_w(a^n,a^m) = a^{nq+m}$, wobei $q = 2^r$ und $r = \text{entier}(\log_2(m+1))$.

1.3.5.-$\underline{4}$ $\underline{S} = \{a^{2(n^2+n)} \mid n \in \underline{N}\}$.

2.1.4.-$\underline{1}$ a) $\underline{I} = \{(q_s,B) \to (q_2,B,O),(q_s,a) \to (q_1,B,R)$,

        $(q_1,a) \to (q_s,a,R),(q_1,B) \to (q_2,B,O)\}$.

        b) Die Kopie von x wird Zeichen für Zeichen angefertigt. Nachdem ein Zeichen a von x gelesen ist, wird es um ein Feld nach links geschoben (um anzugeben, daß es "behandelt" wurde), und die zentrale Einheit wird in einen Zustand q_a überführt; der Kopf bewegt sich nach rechts und schreibt auf das erste leere Feld das Zeichen a.

c) Ähnlich wie b).

d) Für jedes Zeichen von a^p wird eine Kopie von a^q gemacht.

e) Siehe Übung 1.2.2.-$\underline{1}$.

2.1.4.-$\underline{2}$ a) { };   b) unmöglich .

2.1.4.-$\underline{3}$ a) Die Eigenschaft gilt für $l(\psi) = 1$. Sei nun $\psi = \psi_0 s$ mit $l(\psi_0) \geq 1$, $s \in \underline{V}$; aus der Induktionshypothese und aus der Tatsache, daß es keine Instruktion mit $\delta = L$ gibt, folgt

$$(q_0,\varepsilon,\psi_0 s\P) \overset{*}{\twoheadrightarrow} (q,head(\psi_0)(\P)^{l(\psi_0)-1},s\P);$$

aus den Instruktionen (4), (5) und (6) folgt die Eingeschaft für ψ .

b) $(q_0,\varepsilon,\psi\P) \overset{*}{\twoheadrightarrow} (q_f,head(\psi)(\P)^{l(\psi)-1},\P)$

für jedes $\psi \in \underline{V}^+$; weiter gilt: wenn

$(q_0,\varepsilon,\P) \overset{*}{\twoheadrightarrow} \alpha$,

dann ist $\alpha = (q_0,\varepsilon,\P)$.

2.1.4.-$\underline{4}$ Wie die vorige Übung.

2.1.4.-$\underline{5}$ Induktion über k, wobei k definiert ist durch

$$(q,\varphi,\psi) = \alpha_1 \twoheadrightarrow \alpha_2 \twoheadrightarrow \ldots \twoheadrightarrow \alpha_k = (q',\varphi',\psi').$$

2.1.4.-$\underline{6}$ Folgt aus der vorigen Übung.

2.1.4.-$\underline{7}$ Folgt aus der Übung 2.1.4.-$\underline{5}$.

2.1.4.-$\underline{8}$ a) S schiebt den Kopf über das erste Argument und arbeitet dann wie T.

b) Ähnlich wie a).

c) Ähnlich wie a) und b): man transformiert das Wort $x_n B..B x_1$ in $x_1 B...B x_n$, oder umgekehrt.

2.1.5.-$\underline{1}$ Illustration der Lösung: wenn (ab,cde) ein Element der endlichen Funktion ist, dann enthält die Turing-Maschine die Instruktionen $(q_s,a) \rightarrow (q_a,B,R)$, $(q_a,b) \rightarrow (q_{ab},B,R)$, $(q_{ab},B) \rightarrow (p_{de},c,R)$, $(p_{de},B) \rightarrow (p_e,d,O)$, $(p_e,B) \rightarrow (q_f,e,O)$.

2.1.5.-$\underline{2}$ a) Kopiere x_{n-1};   b) lösche x_{n+1}.

2.1.5.-$\underline{3}$ T müßte unendlich viele Zustände haben.

2.1.5.-$\underline{4}$ Ersetze $(q,a) \rightarrow (q',a',O)$ durch $(q,a) \rightarrow (q'_1,a',R)$ und $(q'_1,b) \rightarrow (q',b,L)$ für jedes b aus $\underline{V}_B$.

2.2.3.-$\underline{2}$ Beschränke den Definitionsbereich auf $\underline{V}^{*n}$ wie in Abschn. 2.1.4.3; zähle dabei die Argumente wie in Abschn. 2.2.3.3.

2.2.3.-$\underline{3}$ a) $f_{P,n}(x_1,\ldots,x_n) = \begin{cases} x_1 x_2 \ldots x_n, & \text{wenn } s = 0 \\ x_1 0 x_2 \ldots x_n, & \text{wenn } s > 0 \text{ und } s \text{ gerade} \\ x_1 1 x_2 \ldots x_n, & \text{wenn } s \text{ ungerade} , \end{cases}$

wobei $s = 1(\text{delete}(0,x_1))$.
b) $n = 1$.

2.2.3.-$\underline{4}$ Man führe das Zeichen ¶ und für jedes $(a,b) \in \underline{V}_B^2$ das Zeichen $[a,b]$ (vergleiche mit Abschn. 2.2.5.4) ein. Man ersetze dann $(q_s,\varepsilon,a_1 a_2 a_3 \ldots a_m)$ durch $(q_s,\varepsilon,¶[a_2,a_1]a_3 \ldots a_m)$. Weiter ordne man jeder Konfiguration $(q,b_1 \ldots b_1,c_1 \ldots c_k)$ von T die Konfiguration $(q,\varepsilon,¶[c_1,b_1][c_2,b_{1-1}]\ldots)$ von TE zu. Zum Schluß werden die Zeichen $[a,b]$ durch die Zeichen a und b ersetzt.

2.2.5.-$\underline{1}$ a) Wie in Abschn. 2.1.4.3, aber das Löschen der a's und die Berechnung des nächsten Wortes werden auf Band 1 bzw. auf Band 2 vorgenommen.
b) Band 2 bzw. Band 3 wie Band 1 bzw. Band 2 aus a); der Inhalt von Band 3 wird mit dem Argument auf Band 1 verglichen.
c) Wie b).

2.2.5.-$\underline{2}$ Wie b) aus der vorigen Übung mit einer (m+n)-Band-Turing-Maschine, wenn die Funktion eine Teilmenge von $\underline{V}^{*m} \times \underline{V}^{*n}$ ist.

2.2.5.-$\underline{4}$ Für die zwei Operanden und für das Resultat wird jeweils ein Band benutzt.

2.2.5.-$\underline{5}$ Die Werte von f und g werden mit Hilfe verschiedener Bänder berechnet.

2.2.5.-$\underline{6}$ Das zweite Band enthält a^i, $i \geq 0$; auf dem dritten Band wird $F(a^i)$ berechnet.

2.2.5.-$\underline{7}$ a) Wenn beide Köpfe auf demselben Feld stehen.
b) Eine Instruktion z.B. hat die Form

$(q,a,b) \rightarrow (q',a',b',\delta_1,\delta_2)$,

wobei $a = b$ impliziert, daß $a' = b'$.
c) Ähnlich wie in Abschn. 2.2.5.5.

2.3.2.-**1** $I = \{ \}$.

2.3.2.-**2** pbppppbOpO...OLppppbOppppbR .

2.3.2.-**3** a) pbppaO; b) a^{26682} .

2.3.3.-**2** b) $\{(a^n, a^{2n}) \mid n \geq 0\}$.

2.3.3.-**3** $I = \{(q_S, a) \to (q_S, B, R)\}$.

2.3.6.-**1** $F(p^{u_1} c_1 p^{v_1} d_1 \delta_1 \ldots p^{u_k} c_k p^{v_k} d_k \delta_2) =$
$$pbpbOpa_1 ppa_1 O \ldots pa_n ppa_n Op^{u_1+1} c_1 p^{v_1+1} d_1 \delta_1 \ldots p^{u_k+1} d_k \delta_k \ .$$
Definiere F mit Hilfe einer 2-Band-Turing-Maschine.

2.3.6.-**2** Wie die vorige Übung.

2.4.2.-**1** Wie der Beweis von Satz 2.4.2.2.

2.4.2.-**2** $HB(x) = H(x, \varepsilon)$.

2.4.4.-**1** Ähnlich wie der Beweis von Satz 2.4.2.2 oder Satz 2.4.3.2.

2.4.4.-**2** a) $HU(x) = \begin{cases} a & \text{wenn } H(u, \varepsilon) = \varepsilon \\ \varepsilon & \text{wenn } H(u, \varepsilon) = a \ , \end{cases}$

wobei u wie folgt definiert ist: $T(u)$ berechnet nacheinander die Werte $H(x, NV(O))$, $H(x, NV(1)), \ldots$ und hält, sobald einer dieser Werte ε ist. $f_{T(u),1}(\varepsilon)$ ist genau dann definiert, wenn $f_{T(x),1}$ nicht total ist.

b) Sei T so, daß $f_{T,1} = \{(y, \varepsilon) \mid y \in \underline{V}^*\}$. Dann gilt

$HT(x) = \begin{cases} a & \text{wenn } H(v, \varepsilon) = \varepsilon \\ \varepsilon & \text{wenn } H(v, \varepsilon) = a \ , \end{cases}$

wobei $T(v)$ den folgenden Algorithmus berechnet: (i) setze n zu O; (ii) wenn $H(x, NV(n)) = \varepsilon$, halte; (iii) wenn $f_{T(x),1}(NV(n)) \neq \varepsilon$, halte; (iv) setze n zu n+1 und gehe nach (ii).

2.4.4.-**3** Folgt z.B. aus der Unlösbarkeit des Äquivalenzproblems für $F = \{ \}$ (siehe Übung 2.4.4.-**1**); man ordne jeder Funktion f die Funktion $f \circ \{(x, x_O) \mid x \in \underline{V}^*\}$ zu.

2.4.4.-**4** Beweise, daß es eine Turing-Maschine T gibt, die HB $\circ \{(a,a)\}$ definiert und nimm $y_O = \varepsilon$. Dann ist $HB = \gamma_1 \circ \omega' \circ \delta$.

2.4.4.-**5** Zurückführbar auf das Halteproblem: nimm für T eine normalisierte Turing-Maschine und für q den Endzustand.

2.5.1.-$\underline{1}$ a) Ähnlich wie Übung 1.2.2.-$\underline{2}$.

c) $f = \{(NV(i), f(NV(i))) \mid i \geq 0\}$.

2.5.1.-$\underline{2}$ c) $(x,y) \in f$ genau dann, wenn $y = f(x)$.

2.5.1.-$\underline{3}$ Jede dieser Mengen ist rekursiv.

2.5.3.-$\underline{1}$ Für $((x_1, \ldots, x_n), y)$ berechnet eine Turing-Maschine für die Akzeptorfunktion $F(x_1, \ldots, x_n)$; wenn diese Berechnung zu einem Resultat führt, prüft sie, ob dieses Resultat y ist.

2.5.3.-$\underline{2}$ Der Beweis ist dem aus Hilfssatz 2.5.3.3 ähnlich.

2.5.3.-$\underline{3}$ Eine Abzählung des Bildbereichs der Funktion F ist $E \circ F$, wobei E eine Abzählung des Definitionsbereichs von F ist.

2.5.4.-$\underline{1}$ Aus den Hilfssätzen 2.5.4.2, 2.5.4.3 und 2.5.4.4.

2.5.4.-$\underline{2}$ a) Wie die vorige Übung.

b) Wie Hilfssatz 2.5.4.4.

2.5.6.-$\underline{1}$ Nur $\underline{A} \smallsetminus \underline{B}$ ist nicht unbedingt rekursiv-aufzählbar: setze $\underline{A} = \underline{V}^*$ und $\underline{B} = \underline{S}$, wobei $\underline{S}$ die Menge aus Satz 2.5.5.4 ist.

2.5.6.-$\underline{2}$ a) Eine Abzählung von $\underline{S} \smallsetminus \underline{T}$ kann aus einer Abzählung von $\underline{S}$ abgeleitet werden.

b) Die Rekursivität von $\underline{S} \smallsetminus \underline{T}$ impliziert die Rekursivität von $\underline{S}$.

2.5.6.-$\underline{3}$ Wie der Beweis von Satz 2.5.6.2.

2.5.6.-$\underline{4}$ a) Die Akzeptorfunktion der Menge der vorigen Übung wäre berechenbar: für jedes $x \in \underline{D}$ konstruiert man eine Turing-Maschine TX, die für jedes Argument y den (konstanten) Wert $f_{T(x),1}(\varepsilon)$ berechnet.

b) Setze $F = \bar{E}_D \circ E_S$, wobei E_D eine Abzählung von $\underline{D}$ und E_S eine Abzählung von $\underline{S}$ ist. Sezte

$$\underline{S}_1 = \{F(x) \mid x \in \underline{D}, \ f_{T(x),1} \text{ ist total}\}$$
$$\underline{S}_2 = \{F(x) \mid x \in \underline{D}, \ f_{T(x),1} \text{ ist nicht total}\}.$$

2.5.6.-$\underline{5}$ Ähnlich wie a) aus der vorigen Übung.

2.5.6.-$\underline{6}$ Aus Übung 2.5.3.-$\underline{3}$ und Satz 2.5.6.3.

2.5.7.-$\underline{1}$ a) $\underline{R} = \{(x,x) \mid x \in \underline{P}\}$;   b) $\underline{S} = \underline{V}^* \times \underline{P}$.

2.5.7.-**2** Wegen $\underline{P} = (\exists y)\underline{R}(y,x)$ ist $\underline{P}$ rekursiv-aufzählbar; wegen $\underline{P} = (\forall y)$ $\underline{S}(y,x)$ ist $\underline{V}^*\text{-}\underline{P}$ rekursiv-aufzählbar.

2.5.8.-**1** b) Setze $K(x) = \begin{cases} \text{conc}(F_x(x),a), & \text{wenn } F_x(x) \text{ definiert ist,} \\ \varepsilon, & \text{wenn } F_x(x) \text{ nicht definiert ist.} \end{cases}$

c) K ist nicht berechenbar.

3.1.3.-**1** a) $\text{reverse}(\varepsilon) = \varepsilon$

$\text{reverse}(xa) = \text{conc}(S_a(Z_2(\text{reverse}(x),x)), U_1^2(\text{reverse}(x),x))$
$$a \in \underline{V}$$

b) $\text{le}(x,y) = \text{empty}(\text{diff}(x,y))$

d) $\text{WVe}(\varepsilon) = \varepsilon; \quad \text{WVe}(xc) = \text{succ}(U_1^2(\text{WVe}(x),x)), \quad c \in \underline{V}.$

$\text{succ}(\varepsilon) = a \ ;$

$\text{succ}(xa) = \text{conc}(U_2^2(\text{succ}(x),x),S_b(Z_2(\text{succ}(x),x)));$
$\text{succ}(xb) = \text{conc}(U_1^2(\text{succ}(x),x),S_a(Z_2(\text{succ}(x),x))).$

e) $\text{W2W}(\varepsilon,y) = \text{ssum}(y);$

$\text{W2W}(xa,y) = S_a(S_a(\text{conc}_3(\text{W2W}(x,y),x,y))).$

$\text{ssum}(\varepsilon) = \varepsilon;$

$\text{ssum}(xa) = S_a(\text{conc}(\text{ssum}(x),x)).$

f) $\text{V2W}(x,y) = \text{W2W}(\text{VW}(x),\text{VW}(y))$

i) $\text{VnW}(x_1,\ldots,x_n) = \text{WnW}(\text{VW}(x_1),\ldots,\text{VW}(x_n)).$

l) $\text{eq}(x,y) = \text{eq}_a(\text{diffeq}_a(x,y)).$

$\text{eq}_a(\varepsilon) = \varepsilon;$

$\text{eq}_a(xa) = \text{empty}(x);$

$\text{eq}_a(xb) = Z_1(x), \quad b \in \underline{U}, \ b \neq a \ .$

3.1.3.-**2** $f(x_1,x_2,\ldots,x_n) = f'(\text{reverse}(x_1,x_2,\ldots,x_n).$

$f'(\varepsilon,x_2,\ldots,x_n) = g(x_2,\ldots,x_n);$

$f'(xa,x_2,\ldots,x_n) = h_a(f'(x,x_2,\ldots,x_n),x,x_2,\ldots,x_n)$
$$\text{für jedes } a \in \underline{V}.$$

3.1.3.-**3** $f(x_1,\ldots,x_n) = \mu_a y[g'(y,x_1,\ldots,x_n) = \varepsilon]$

$g'(z,x_1,\ldots,x_n) = \text{empty}(\text{eq}_c(g(z,x_1,\ldots,x_n))).$

(siehe Übung 3.1.3.-**1** (l)).

3.1.3.-**4** b) $\text{headbody}(x) = U_1^2(\text{headbody}_p(x),\mu_a y[\text{empty}(U_2^2(y,x)) = \varepsilon]).$

$\text{headbody}_p(\varepsilon) = p \ ;$

$\text{headbody}_p(xa) = U_2^2(\text{headbody}_p(x),x)$

c) $\text{bodytail} = \text{reverse} \circ \text{headbody} \circ \text{reverse} \ .$

d) $\text{ssub}(x,y) = \text{ssubr}(U_2^2(x,y), U_1^2(x,y)).$

$\text{ssubr}(\varepsilon,x) = U_1^1(x);$

$\text{ssubr}(ya,x) = \text{headbody}(U_1^3(\text{ssubr}(y,x),y,x)).$

e) ähnlich wie d).

3.1.8.$-\underline{1}$ b) $WW2_1(\varepsilon) = \varepsilon$; $WW2_2(\varepsilon) = \varepsilon$;

$$WW2_1(xa) = \begin{cases} S_a(WW2_1(x)), \text{ wenn } WW2_2(x) \neq \varepsilon \\ \varepsilon, \text{ wenn } WW2_2(x) = \varepsilon. \end{cases}$$

$WW2_2(xa)$ wie für Teil a) der Übung .

3.1.8.$-\underline{2}$ b) $VV2_i = VW \circ WV2 \circ U_i^2$.

d) $WVn_i = WWn \circ U_i^n \circ WV$.

3.1.11.$-\underline{1}$ Benutze eine k-Band-Turing-Maschine.

3.1.11.$-\underline{2}$ Ähnlich wie die vorige Übung.

3.1.11.$-\underline{3}$ a) Es gilt z.B.:

$$config_1(\varepsilon,x_1,\ldots,x_n) = q_s$$
$$config_1(ta,x_1,\ldots,x_n) = q', \text{ wenn}$$

$$config_1(t,x_1,\ldots,x_n) = q,$$
$$head(config_3(t,x_1,\ldots,x_n)) = a$$
$$\text{und } (q,a) \to (q',a',\delta) \in \underline{I} .$$

3.1.12.$-\underline{1}$ a) Ähnlich wie Abschn. 2.3.2.

3.1.13.$-\underline{1}$ a) $sum(O,y) = y$; $sum(x+1,y) = S(sum(x,y))$.

c) $fac(O) = 1$; $fac(n+1) = prod(fac(n), S(n))$.

3.1.14.$-\underline{1}$ Aus Satz 2.5.6.1 kann abgeleitet werden, daß die Menge $\underline{M}_1 U\underline{D}_{PR}$ nicht rekursiv-aufzählbar ist.

3.2.3.$-\underline{1}$ d) $P = (Ba \to BB, aB \to BDa, aD \to Da, Da \to D, aCa \to B, D \to F,$
$B \to F, F \to A, aC \to C, Ca \to C, C \to .\varepsilon)$.

f) $P = (ab \to C, Ca \to \varepsilon, a \to .C, b \to .C)$.

g) $P = (bA \to Aa, aA \to b, A \to a, Ca \to AC, C \to .\varepsilon, a \to AC,$
$\varepsilon \to .\varepsilon)$.

3.2.3.$-\underline{2}$ Jede haltende Produktion $\varphi \to .\psi$ wird durch $\varphi \to R\psi$ $(R \notin \underline{VUA})$ ersetzt, $R \to .\varepsilon$ wird als erste Produktion hinzugefügt und $\varepsilon \to R$ als letzte.

3.2.3.$-\underline{3}$ Die Funktion $\{(a,\varepsilon),(b,a)\}$.

3.2.3.$-\underline{4}$ Man wendet auf M_1 und M_2 die Konstruktion von Übung 3.2.3.$-\underline{2}$ an. P besteht essentiell aus P_1 gefolgt von (einer Kodierung von) P_2; außerdem gibt es Zeichen E_1 und E_2, die eine "Kodierung" von ε darstellen und die korrekte Anwendung der Produktionen $\varepsilon \to \ldots$ aus P_1 und $\varepsilon \to \ldots$ aus P_2 garantieren.

4.1.2.-$\underline{1}$ b) q_s kann in q_1, q_2 oder q_3 überführt werden; q_1 führt zu
$l(y) > l(x)$, q_2 zu $l(y) < l(x)$ und q_3 zu $l(x) = l(y)$.
$\underline{I}$ umfaßt u.a. die Instruktionen

$(q_2,a) \rightarrow (q_2',B,R)$ für jedes $a \in \underline{V}$

$(q_2',a) \rightarrow (q_2',b,R)$ für jedes $a \in \underline{V}$, $b \in \underline{V}_B$

$(q_2',B) \rightarrow (q_f,B,O)$.

4.2.1.-$\underline{1}$ a) $\underline{P} = \{D \rightarrow \varepsilon\} \cup \{D \rightarrow Da | a \in \underline{V}\}$.

b) $\underline{P} = \{DD \rightarrow \varepsilon\} \cup \{DD \rightarrow aDD | a \in \underline{V}\}$.

c) Ähnlich wie Übung 4.1.2.-$\underline{1}$ (b); $\underline{P}$ umfaßt u.a. die Produktionen der Menge $\{D \rightarrow Q_2\} \cup \{Q_2 a \rightarrow Q_2' | a \in \underline{V}\} \cup$
$\{Q_2' a \rightarrow bQ_2' | a \in \underline{V},\ b \in \underline{V}\} \cup \{Q_2' a \rightarrow Q_2' | a \in \underline{V}\} \cup \{Q_2' D \rightarrow \varepsilon\}$.

4.2.1.-$\underline{2}$ Ähnlich wie der Beweis von Hilfssatz 3.2.4.2.

4.2.2.-$\underline{1}$ a) $\underline{P} = \{Z \rightarrow ABD,\ A \rightarrow aAC,\ A \rightarrow \varepsilon,\ B \rightarrow bBC,\ B \rightarrow \varepsilon,\ Cb \rightarrow bC,$
$CD \rightarrow Dc,\ D \rightarrow \varepsilon\}$

b) Ähnlich wie a)

c) Ähnlich wie a) und b); das erste b (bzw. a), das über das rechte Randzeichen "geschoben" wird, wird verdoppelt, während die anderen b's (bzw. a's) nur kopiert werden.

4.2.2.-$\underline{2}$ G generiert das Wort xcDXD, wobei X eine Kodierung von x in einem neuen Zeichenvorrat ist; dann simuliert G die Wirkung von S (in dem neuen Zeichenvorrat); schließlich liefert die Dekodierung des Resultates von S das Wort y.

4.2.2.-$\underline{3}$ Durch Induktion über die Länge des Wortes. Man beachte, insbesondere, daß $A \rightarrow aBa$ und $B \rightarrow b$ einmal angewandt werden und daß $B \rightarrow aBC$ und $Ca \rightarrow baa$ gleich oft angewandt werden.

4.2.2.-$\underline{4}$ Jedem Zeichen α aus $\underline{V}U\underline{A}$ wird ein Zeichen $\bar{\alpha}$ zugeordnet. Jede Produktion $\alpha_1 \ldots \alpha_n \rightarrow \beta_1 \ldots \beta_m$, $n \geq 1$, wird ersetzt durch $\bar{\alpha}_1 \bar{\alpha}_2 \ldots \bar{\alpha}_n \rightarrow E\bar{\beta}_1 E\bar{\beta}_2 E \ldots E\bar{\beta}_m E$ und jede Produktion $\varepsilon \rightarrow \ldots$ durch $E \rightarrow \ldots$. Außerdem gibt es Produktionen $\bar{\alpha} \rightarrow \alpha$ und $E \rightarrow \varepsilon$.

4.2.2.-$\underline{5}$ Ähnlich wie die vorige Übung.

4.2.5.-$\underline{1}$ Folgt aus Hilfssatz 4.2.3.3.

4.2.5.-$\underline{2}$ Ähnlich wie die vorige Übung.

4.2.6.-$\underline{1}$ Das erste Element einer Lösung muß (10,101) sein; für jedes
andere Paar (x,y) gilt, daß x und y gleich viele Zeichen 1
enthalten.

4.2.6.-$\underline{2}$ Es hat genau dann keine Lösung, wenn entweder p>q für jedes
(a^p,a^q) aus $\underline{C}$ oder p<q für jedes (a^p,a^q) aus $\underline{C}$.

Die wichtigsten Notationen $^{(*)}$

$\underline{N}$	0.1.1
$\underline{S} \times \underline{T}$	0.1.1
$\underline{S}^n$	0.1.1
$\text{card}(\underline{S})$	0.1.1
$2^{\underline{S}}$	0.1.1
$\underline{DEF}_f$	0.1.2
$\underline{BIL}_f$	0.1.2
$f: \underline{A} \to \underline{B}$	0.1.2
$f: \underline{A} \twoheadrightarrow \underline{B}$	0.1.2
$f \mid \underline{S}$	0.1.2
$f \circ g$	0.1.2
$\bar{f}$	0.1.2
ε	0.2.1
$\underline{V}^*$	0.2.1
$\underline{V}^+$	0.2.1
$l(\varphi)$	0.2.1
$A \cdot \underline{B}$	0.2.1
a^n	0.2.1
$(\underline{V}, A)$	0.2.1
$\underline{Q}$	2.1.3.1
B	2.1.3.1
q_S	2.1.3.1
$\underline{I}$	2.1.3.1
$\underline{V}_B$	2.1.3.1
$\underline{C}$	2.1.3.2
$\overset{\ast}{T}$, $\twoheadrightarrow$	2.1.3.4
$\overset{+}{\underset{T}{\twoheadrightarrow}}$, $\overset{+}{\twoheadrightarrow}$	2.1.3.4
$\overset{*}{\underset{T}{\twoheadrightarrow}}$, $\overset{*}{\twoheadrightarrow}$	2.1.3.4
$f_{T,n}$	2.1.3.5

(*) Siehe auch die alphabetische Liste der wichtigsten Funktionen.

$DE_{Q,I,T}$, DE_T	2.3.2.2
D_T	2.3.2.4
$\underline{DE}$, $\underline{D}$	2.3.3.1
C_{DE}, C_D	2.3.3.1
$TE(x)$, $T(x)$	2.3.3.2
U	2.3.4.2
$\mu_a x[\ldots]$	3.1.2.5
$\underline{D}_{R,n}$, $\underline{D}_{PR,n}$	3.1.12.1
f_x	3.1.12.1
$\underline{A}$	3.2.2.1, 4.2.1.2
P	3.2.2.1
$\alpha \rightarrow \beta$	3.2.2.1, 4.2.1.2
$\alpha \rightarrow .\beta$	3.2.2.1
$\vec{M}$, $\dot{\vec{M}}$, $\overset{*}{\vec{M}}$	3.2.2.3
$f_{M,n}$	3.2.2.4
$\underline{P}$	4.2.1.2
$\vec{S}$, $\rightarrow$	4.2.1.2
$\overset{*}{\vec{S}}$, $\overset{*}{\rightarrow}$	4.2.1.2
$\underline{r}_{S,n}$	4.2.1.2
$\vec{G}$, $\rightarrow$	4.2.2.2
$\overset{*}{\vec{G}}$, $\overset{*}{\rightarrow}$	4.2.2.2
Z	4.2.2.2
$\underline{L}_G$	4.2.2.2

Alphabetische Liste der wichtigsten Funktionen

A_S	2.5.3.1
bodytail	O.2.2
C_S	O.1.3
conc	O.2.2, 3.1.3 (5°)
$conc_m$	3.1.3 (6°)
$cons_p$	3.1.3 (2°)
delete	O.2.2
diff	3.1.3 (8°)
div_m	3.1.8.3 (2°)
empty	3.1.3 (3°)
eq_p	3.1.4.2 (1°)
eq_n	3.1.4.2 (3°)
head	O.2.2
$head_p$	3.1.7.3
headbody	O.2.2
I_n	O.1.3
$keep_c$	3.1.6.3
mul	3.1.3 (7°)
NNn	1.3.2.2
NnN	1.3.2.2
NV	1.3.1.2
NVn	1.3.2.3
reverse	O.2.2

Alphabetisches Sachregister

Springer
Hochschultext
Universitext

In diese Sammlung werden preiswerte Lehrbücher aufgenommen, die, was Anordnung und Präsentation des Stoffes betrifft, nach didaktischen Gesichtspunkten aufgebaut und in erster Linie für Studenten mittlerer Semester geeignet sind. Die einzelnen Bände – es sind entweder Ausarbeitungen von aktuellen Vorlesungen oder Übersetzungen bekannter fremdsprachiger Bücher – geben jeweils eine solide Einführung in ein nicht nur für Spezialisten interessantes Fachgebiet.

M. Aigner, **Kombinatorik. I. Grundlagen und Zähltheorie.** 1975. DM 36,-

M. Aigner, **Kombinatorik. II. Matroide und Transversaltheorie.** In Vorbereitung

K. Bauknecht/J. Kohlas/C. A. Zehnder, **Simulationstechnik.** In Vorbereitung

W. Giloi/H. Liebig, **Logischer Entwurf digitaler Systeme.** 1973. DM 32,-

H. Grauert/K. Fritzsche, **Einführung in die Funktionentheorie mehrerer Veränderlicher.** 1974. DM 19,80

M. Gross/A. Lentin, **Mathematische Linguistik.** 1971. DM 38,-

H. Hermes, **Introduction to Mathematical Logic.** 1973. DM 34,-

H. Heyer, **Mathematische Theorie statistischer Experimente.** 1973. DM 19,80

K. Hinderer, **Grundbegriffe der Wahrscheinlichkeitstheorie.** Korr. Nachdruck der 1. Auflage. 1975. DM 19,80

K. Jörgens/F. Rellich, **Eigenwerttheorie gewöhnlicher Differentialgleichungen.** 1976. DM 28,-

G. Kreisel/J. L. Krivine, **Modelltheorie.** 1972. DM 35,-

H. Liebig, **Logischer Entwurf digitaler Systeme.** Beispiele und Übungen. 1974. DM 24,-

H. Lüneburg, **Einführung in die Algebra.** 1973. DM 24,-

S. MacLane, **Kategorien.** 1972. DM 38,-

J. T. Oden/J. N. Reddy, **Variational Methods in Theoretical Mechanics.** 1976. DM 29,80

G. Owen, **Spieltheorie.** 1972. DM 36,-

J. C. Oxtoby, **Maß und Kategorie.** 1971. DM 24,-

G. Preuss, **Allgemeine Topologie.** 2. Auflage. 1975. DM 38,-

B. v. Querenburg, **Mengentheoretische Topologie.** Korr. Nachdruck der 1. Auflage. 1976. DM 16,80

B. Roy, **Modern Algebra and Graph Theory Applied to Management.** In Vorbereitung

D. Seitzer, **Arbeitsspeicher für Digitalrechner.** 1975. DM 29,-

H. Werner, **Praktische Mathematik I.** 2. Auflage. 1975. DM 19,80

H. Werner/R. Schaback, **Praktische Mathematik II.** 1972. DM 22,-

Preisänderungen vorbehalten

Springer-Verlag
Berlin
Heidelberg
New York